世家记

中国历史上的家族兴衰

唐昊 —— 著

陕西新华出版 陕西人民出版社

图书在版编目（CIP）数据

世家记 / 唐昊著. — 西安：陕西人民出版社，2023.11
　　ISBN 978-7-224-14895-4

Ⅰ. ①世… Ⅱ. ①唐… Ⅲ. ①家族—史料—中国 Ⅳ. ①K820.9

中国国家版本馆 CIP 数据核字（2023）第 057767 号

出 品 人：赵小峰
总 策 划：关　宁
出版统筹：韩　琳　王　凌
策划编辑：晏　藜　张启阳
责任编辑：王　倩　武晓雨
封面设计：侣哲峰

世 家 记
SHIJIA JI

作　　者	唐昊
出版发行	陕西人民出版社 （西安市北大街 147 号　邮编：710003）
印　　刷	陕西隆昌印刷有限公司
开　　本	787 毫米×1092 毫米　1/16
印　　张	22.75
字　　数	285 千字
版　　次	2023 年 11 月第 1 版
印　　次	2023 年 11 月第 1 次印刷
书　　号	ISBN 978-7-224-14895-4
定　　价	69.80 元

如有印装质量问题，请与本社联系调换。电话 029-87205094

目 录

| 前言 | 中国世家文化的变迁 | 001 |

第一章 先秦贵族世家 001

第一节	贵族世家：以礼传家，君子德风	001
第二节	初代贵族："礼"的塑造者、传承者和践行者	022
第三节	晋国六卿：世家内斗与礼法规制的破坏	039
第四节	田氏代齐：先秦贵族世家的绝响	057

第二章 两汉武德世家 073

第一节	武德世家：以武传家，家国栋梁	073
第二节	陇西李氏：名将辈出的传奇家族，文武相济	079
第三节	东汉豪门：从云台二十八将到东汉六大世家，德在武先	089
第四节	扶风四姓：最具代表性的帝国武将世家，长留英雄气概	101
第五节	武德世家如何被门阀士族所取代？	117

第三章 南朝门阀士族 126

第一节	门阀士族：以经传家，簪缨不替	126
第二节	琅琊王氏：王马天下，政治世家	150
第三节	陈郡谢氏：什么是精英？就是关键时刻能够拯救国家的那群人	160
第四节	陈郡袁氏与汝南袁氏：源出同门而风格迥异	166
第五节	兰陵萧氏：历史上真实的琅琊榜是怎么回事？	172

第四章 隋唐"五姓七望" 187	第一节	陇西李氏与赵郡李氏：文武相济，是家族长久之道	187
	第二节	清河崔氏与博陵崔氏：世家和君主处不来是怎样一种体验？	200
	第三节	范阳卢氏：世家子弟成大儒，学生是刘备，粉丝是曹操	208
	第四节	太原王氏与荥阳郑氏：从政治而入文学，家族影响深远绵长	213
	第五节	皇权与世家的共生和相杀	225

第五章 宋元明清科举世家 232	第一节	科举世家：以文传家，雅道相连	232
	第二节	教育名门：河东裴氏变迁与江西士子崛起	244
	第三节	明清科举世家：新城王氏与莆田林氏	253
	第四节	清代的科举文化世家与军功武德世家	263
	第五节	近代四大文化世家：出身科举却学贯中西的家族	275

第六章 近代善财世家 285	第一节	善财世家：富而好礼，继创有道	285
	第二节	浙商家族：吴兴沈氏家族的兴衰	292
	第三节	晋商家族：人才培养、股权设计与产业链思维	303
	第四节	徽商家族：成也官家，败也官家	310
	第五节	粤商家族：谁人敢为天下先？	318
	第六节	不断演进的善财家族传承方式	325

后记
中国世家的传承密码
337

前言
中国世家文化的变迁

人，必先以其缘起的过去作为立足点，才能眺望远方。而家族血脉，就是我们最开始的立足之地。所以，关注世家的原因很简单——他们是我们的祖先，我们就是他们传承至今的血脉。在《世家记》中，我们将和祖先一起经历跌宕的命运，探寻那些对国家兴亡和我们的现实生活影响巨大的家族，追溯他们的血脉渊源，感受他们的家国情怀，解析他们的得失成败。当然，也会发现那些湮没在历史风尘中、属于我们自己的神秘基因。

那么，究竟什么是世家？世家的内涵是什么？

一、真正的世家子弟

2015年3月，山东省济南市一个村庄在兴建工程时，无意中发现了一座唐代古墓。据考证，墓的主人是一位世家子弟顾忾。墓志铭上写得很清楚，这位顾忾并没有参加科举，而是以世家子的身份被举荐为官，后来成为章丘、临济等几个地方的县令，官声不错。在唐朝那个科举制度已经实行的年代，为何一个年轻人仅以家族声望就可以超越千万科举士子而入朝为官？这又是一个什么样的家族，何以有如此之大的影响力？

其实，在唐朝时，顾忄所属家族的最光彩时刻已经过去了十七代人、数百年之久了，也并无多少亲戚在朝，但仍然得到了举荐，还被时人夸赞其风度"年始初冠，远播风猷"。墓志铭中还记载，顾忄后来当临济县令时非常勤政，连休息的时间都很少，并且还很有文采，所谓"懿文与诗""敦学好礼"。更难得的是其才华横溢又不自骄，"纳忠而柱石不转，交贤而风雨不愆"。这些赞誉之语说明，在中国古代社会，那些真正的世家可以长久地兴旺发达，世家子弟在十几代之后仍可为人中翘楚。

顾忄所属的这个在数百年之后仍具备现实的政治影响力的家族，就是在三国两晋南北朝时期赫赫有名的会稽顾氏。

会稽顾氏源自越王勾践的七世孙闽君瑶，因辅助刘邦灭楚而在汉惠帝三年（前192）受封为东海王，建都东瓯。闽君瑶封其子为顾余侯，于是其子便以封爵得姓。从汉初开始，顾氏世居江东会稽。

作为多年居于江东的本地豪族，顾氏有着雄厚的经济基础，这为家族的崛起打下了基础。但问题是，在江东这个才俊众多的地方，为什么那么多的本地士族和外来士族都会公认以顾氏家族为首呢？这就是家族领袖的魅力所在了。会稽顾氏真正崛起是在三国两晋时期。那时顾氏家族里出了两位关键的人物，一是三国时孙吴丞相顾雍，二是东晋时的家族掌门人顾荣。

三国时期，在孙权领会稽太守时，顾雍就是孙权的副手。凭借其过人的才能和与孙权深厚的关系，顾雍在东吴为丞相十九年，治理江东颇有成效，并保持了孙吴政权与江东世族之间的合作关系。顾雍本人持重、谦谨的作风，对其家族门风的形成影响甚著。

到了西晋末年，皇族司马氏避难江东，又是顾雍的孙子顾荣接纳了司马氏和北方士族，带来东晋偏安格局。特别是在顾荣身上，可以看到那个时代世家子在为人、为家、为国等方面真正可贵的地方。

首先，顾荣这个人具有一种高贵的善良，能够看到他人的痛苦。这形成了他最具特色的人格魅力。有一次他在朋友家做客，朋友招待他吃烤羊肉。客人们都在品尝美味佳肴，唯有顾荣注意到，那个给客人端烤肉的仆人脸上显露出一种渴求的神色。顾荣询问了这个年轻的仆人，才知道他虽然经常端着羊肉上菜，却从来没有吃过羊肉。于是顾荣就把自己的烤肉让给了那个仆人吃。这在等级观念非常严重的魏晋时代，算得上是惊世骇俗的行为。而顾荣却觉得很自然，只是淡淡地说道："哪能让天天烤肉的人，不知道烤肉是什么味道呢！"

此后顾荣遭遇"八王之乱"，从北方返回江东，一路上兵匪战乱、艰险异常。而每当顾荣遇到危难的时候，总是有人舍身去救护他，使其转危为安。后来才发现救助他的，就是当年那个端烤肉的仆人。事实证明，善良和尊重比金钱更能够结交到真正的忠诚者。士族子弟的仁爱之心与普通平民的知恩图报，在乱世中相得益彰。对顾荣来说，对他人的宽容和尊重，其实是来自他骨子里的信念，这让他在当时那个乱世深受士族和平民阶层的爱戴。

其次，顾荣具有作为家族领袖和政治领袖的眼光，并非盲目善良的老好人。作为东吴丞相顾雍的孙子，顾荣在洛阳难以避开晋朝波谲云诡的政局。当时恰逢"八王之乱"前夜，每一股政治势力都在拼命拉拢人才、打击对手。很多藩王想要利用顾家的资源，一定要延请顾荣出来做事。而顾荣坚持住了原则，用醉酒的方式一退再退，不与那些人同流合污，最后在北方乱局中返归江南。这显示出他独立的个性和决不随波逐流的意志。当时与顾荣同赴洛阳的其他江东世家子弟，如吴郡陆氏家族的陆机、陆云等人，虽然才能出众，却因投靠了某一方势力，而在"八王之乱"中丢了性命。顾荣凭借出众的判断力，在残酷的政局中全身而退，还利用自己廷尉长官的职位保全了很多人，是非常难得的。

再次，顾荣具有国士之风和大局观念。顾荣退居江南后，北方各大家族才纷纷南迁。此时的顾氏家族在本地经营多年，根基深厚，自然在各大家族中取得首要位置。作为江东第一家族，顾氏本可割据一方，但顾荣却主动接引受到战乱影响而不得不南迁的北方家族，并和永嘉南渡后的北方豪族琅琊王氏联合，将司马睿扶上皇位。在这一点上，顾荣显示出其价值观始终未变，即以国家稳定和生民保全为重，眼光超越了那些狭隘的割据派。顾荣的顾全大局，为南北中国士族在建康合作开辟了新的局面。

另一方面，东晋的建立也成为顾氏家族发展的一个极好的政治机遇。东晋皇室为取得本地士族的支持，不能不重点依赖顾氏家族，许多顾家子弟就此成为东晋官员，步入政坛核心。由此我们可以理解，会稽顾氏不但在当时成为名门望族，而且由于家族掌门人的能力和眼光、家族对于国家的历史性贡献，会稽顾氏甚至可以遗泽子孙达十七代人之后，历经千年仍为世人所铭记。

其实，在浩繁的中国古代家族历史上，会稽顾氏的辉煌经历并不算罕见；顾雍、顾荣、顾忏等人作为世家子弟的做派，也是当时世家大族成员教养和见识的体现。回溯以往，几乎每个经久不衰的家族，都有着自己独有的文化特色，这里蕴含着至高无上的家族荣誉感、使命感，以及对家和国的责任感。正是这种责任驱动的家族精神支撑着许多世家大族走向辉煌。

要了解世家之所以成为世家的最重要精神文化内涵，首先要了解中国的家族文化和家族传统的来源。中国古代的家族大多源起于东亚农耕文明。这也可以理解为什么在许多家族的家训中总是要提到家族的传统是"耕读传家"。

中国古代农耕文明的特点，也决定了这块土地上人们世代定居的生活方式。在古代中国，一个人如果没有特殊的际遇，很难离开他祖辈生活的土地。绝大多数家族往往在同一片土地上世代耕作，繁衍几代甚至几十代人，由此便产生了祖先崇拜的家族文化和家族内部的等级制度。

农耕文明下的世家大族要取得会稽顾氏那样的成就，家族内部管理的制度非常重要。因为多代聚居的大家族，必然人口繁杂，事务众多，矛盾重重，家族解体的风险无处不在。所以每个望族都会有家族组织的管理人，在上古叫作宗子，后世成为族长。如果没有宗子或族长，族人之间虽有血缘关系，却无法形成家族组织，家族甚至不可能举行大规模祭祀祖先的活动。而那些分散行动的小家庭，在社会上大概率会默默无闻，更难成为望族。

仍以会稽顾氏为例，其作为江东本土文化世族的代表，自汉代以来就形成了厚德重义的门风。《世说新语》中对于江东的顾、陆、朱、张四大家族有一个概括，即"吴四姓，张文、朱武、陆忠、顾厚"。这里以"厚"来概括顾氏门风，即《周易》所言："君子以厚德载物。"多年以来顾氏家族就是以此来管理和约束子弟的行为，并有严格的家规家法，以此教育子弟成才。这一点连当时的皇帝汉明帝都知道。顾雍的祖父顾综曾做过尚书令，汉明帝专门去请教他，并将其当长辈奉养。所谓"袭三代之礼，正月上日践辟雍，严设几杖，乞言受诲焉"①。

东晋以后的世家子弟中流行玄学，但顾氏子弟却因家教严格仍重视

---

① 宋人朱长文《吴郡图经续记》卷下"家墓"条记载："顾三老坟，在娄门外塘北，盖顾综坟也。综字文纬，吴人，辟有道，历御史大夫、尚书令、殿上三老。汉明帝袭三代之礼，正月上日践辟雍，严设几杖，乞言受诲焉。吴丞相雍，其裔孙也。"转引自王永平、姚晓菲：《顾雍论——从一个侧面看江东大族与孙吴君权之关系》，《江海学刊》2005年第5期，第152—160页。

儒学，因循汉代的治经风尚。《晋书》中记载，顾荣的后代顾和被朝廷升迁为尚书仆射，但他念在母亲老迈在堂，固辞不受。他被朝廷强留之后，又在母亲去世后决意辞职丁忧。此后多位朝廷重臣，甚至皇帝亲自下诏请他出来，都被他拒绝了。顾和对当时人的"轻忘孝道"是很不满意的。而他自己居丧守孝之做派，完全是一个严正的礼法之士。[①]这应该就来自顾氏"厚德载物"的家庭文化传统。

司马迁曾在《史记》中为诸侯世家作传，南北朝的门阀士族也被称为世家。这些大家族的共同点都是占据社会高位，并且累代传承。而笔者基于对世家文化的理解，对世家的定义如下：所谓世家，是世代相沿、有着明确的家族管理体系，并且至少连续三代有出色的精英子弟的家族。如会稽顾氏这样的名门世家，正是那些如恒河之沙数不胜数的中国古代家族中的翘楚。

二、中华世家分类及其传承密码

根据不同类型的世家在文化内涵和传承方式上的差异，本书将中国世家的传承密码定义为五个字：礼、经、文、武、财。五种家族文化分别对应着历史上出现过的五种类型的世家：一是开启于西周时期、繁荣于春秋战国的先秦贵族世家；二是成长于两汉统一战争和帝国扩张战争

[①]《晋书》卷八三《顾和传》："……迁尚书仆射，以母老固辞，诏书敕喻，特听暮出朝还，其见优遇如此。……顷之，母忧去职，居丧以孝闻。既练，卫将军褚裒上疏荐和，起为尚书令，遣散骑郎喻旨。和每见逼促，辄号踊恸绝，谓所亲曰：'古人或有释其忧服以祗王命，盖以才足干时，故不得不体国徇义。吾在观日犹不如人，况今心中荒乱，将何以补于万分，祗足以示轻忘孝道，贻素冠之议耳。'帝又下诏……和表疏十余上，遂不起，服阕，然后视职。"

中的两汉武德世家；三是崛起于东汉三国极盛于两晋南北朝的门阀士族；四是肇始于隋唐，文脉绵延千年之久的科举世家；五是在近现代经济开放背景下成长起来的善财世家。这五类世家在不同历史时期展示出家族文化上的巨大差异，其源出、秉性、才具，以及和皇权之间的关系，都截然不同，但也会在一定的条件下相互转化。

这些被称为世家的名门望族往往可以跨越数百年时间，超越王朝的寿命。中国历史上每一次皇权的更替、社会的转型，都伴随着核心社会结构的瓦解和重建，以及随之而起的战乱和纷争。在这个过程中，无论是精英还是平民都死伤甚巨，王朝更替之时的人口锐减，在极端情况下甚至可以达到80%以上。

在中国古代定期出现的乱世中，大家族往往是最后的避难所，特别是那些拥有土地和护卫的大家族往往可以在乱世中自保，并成为其他平民附庸的对象。至于那些势力更加强大的统治精英世家，往往具有左右帝王功业的实力，其影响力可以跨越几个王朝，成为变动国家社会秩序的来源。

也是在这个过程中，世家往往也会经历迭代，即旧有的世家纷纷消亡，适应新时代的新型世家渐次崛起。以贵族世家、武德世家、门阀士族、科举世家、善财世家为代表的古代世家及其世家文化，在历史的变迁中经历了多次建构和转型。具体说来：

先秦贵族世家

作为中国家族史开端的先秦贵族世家，诞生于商周朝代更替之际，崛起于中国历史上第一次大分裂时期（春秋战国），彻底消失于秦末楚汉战争之中。这些贵族世家不但成为很多中国人姓氏的来源，也为数千年来的世家绵延奠定了文化根基和家族传统，其影响直到今天。

为了稳固新生的周朝政权，在武王在世时，周公旦就和武王一起制定了以家族拱卫国家的策略，简而言之就是将王室的成员以及功臣之后分封于各地，建立封国以拱卫王室。周初分封的七十一国之中姬姓子弟就占了五十三人之多，都是周天子的宗室子弟。[1]祖先崇拜、家族制度，这正是周文化的核心内容，而武王和周公所建立的这些和周天子有着千丝万缕的关系却保有相对政治独立性的诸侯世家，也标志着中国封建社会的开端。

周朝的宗族文化之下，那些重要的诸侯都和王室有着血缘关系，"家"和"国"自然而然地融为一体。而原来在周地被用来治理家族成员的那些规矩，也被用来建立政治秩序，就是理所当然的了。于是，为建立新的政治秩序，周公以家族宗法制度为基础，重塑了周礼，并用其来规范诸侯贵族的行为。"礼"所规范的对象，是作为统治阶级的贵族世家，而非平民，所谓"礼不下庶人"。周礼培养出一批杰出的贵族精英，拥有坚定的信念和不屈的精神。不仅如此，周礼还越出家族的范畴，形成了包括"五礼"在内的一整套政治、经济、社会和文化生活的安排，融法制和德制于一体。

但是到了春秋战国时代，"礼"对于统治精英的约束大大削弱。这是因为在周天子式微、国家统治秩序解体的情况下，"礼"能够调控的范围也相当有限。春秋后期有些家族干脆无视"礼"的规范，抛开周天子自行其是，甚至凌驾于天子之上。到了战国时期，那些原本由姬姓子弟所建立的诸侯国都已消亡或易主，周公创设的"礼"也随着贵族世家的没落而没落，人们更加崇尚武力而忽视礼法。

但历史的奇妙之处在于，那些在历史上出现的东西都是有原因的。

---

[1]《荀子·儒教》：周初"立七十一国，姬姓独居五十三人"。

"礼"这种宝贵的文明遗产并没有随着秦始皇的大一统和先秦贵族世家的退场而完全消失,而是被后世的儒家发扬光大,再造了中国古代社会新的统治精英阶层。

两汉武德世家

大分裂之后就是大一统。中国历史上的大统一几乎都是由大决战来完成的,而维护一个大一统王朝也往往需要维持这个王朝的武力不辍。中国历史上第一次大一统时代(秦朝和两汉时期)就经历过多次全面战争。其中,秦灭六国战争、秦末农民起义和楚汉战争这三次大决战几乎消灭了先秦所有的贵族世家,但也催生了周勃、樊哙等汉初的武德世家;此后在汉武帝大举进攻匈奴的战争中又出现了李广家族、卫青家族、霍氏家族等纵横漠北屡立战功的英雄世家;新朝末年的绿林赤眉起义和刘秀建立东汉的战争中,来自南阳与河西的云台二十八将成功上位;此后东汉帝国的扩张又让扶风四姓脱颖而出。西汉和东汉武德家族的群像式崛起,就是在这些对内对外的大规模战争中出现的。

武德世家的家族文化内涵和"以礼传家"的贵族世家有相通之处,但更多的是不同。所谓"武德传家",指的是武和德两种传统,强调的是文武兼济,才能让家族长久发展。这就不难解释,在两汉时期,许多武德世家都在承平年代顺利地转型为门阀士族,是有着"武德"作为文化转型的基础的。

通过家族文化的升级转型,一个世家可以获得更大的发展机遇。像王翦家族就是典型的武德世家,其子弟从秦昭襄王以来世代为将,在秦统一战争中王翦、王贲父子趁势崛起,成为秦朝武力支柱。但在王翦的孙子王离被项羽击杀后,其后代离开关中,在中原播迁繁衍,并从单纯凭借武功上位转而鼓励子弟接受儒家经学教育,以孝作为家族文化之本,最终形成了两个顶级门阀世家:琅琊王氏和太原王氏,重新回到权力的巅峰。此时王氏家族的武德传统早已转变为经学传承。

门阀士族以经学传家

所谓经学，指的是儒家的今文经学和古文经学，包含儒家的各种经典，如《诗》《书》《礼》《易》《乐》《春秋》等。在古代那个文化水平不高的环境下，书籍也非常难得，因此只有权势家族才能一代代地传承学术和文化。而这些家族子弟也凭借学问和人脉世代为官，让家族代代兴旺下去。

在东汉历史上，弘农杨氏家族不但出过经学大儒——有"关西孔子"之称的杨震，也有过"四世三公"的辉煌家族史，算得上是经学传承的名门，但究其祖上却是不折不扣的武德家族。弘农杨氏开宗立派的家族始祖是刘邦部下大将杨喜。在垓下之战中，杨喜因在项羽自杀后抢得项羽的一部分尸首而得到刘邦封赏，被封为列侯，从此跻身世家之列。

其他以经学传家的家族如陈郡袁氏、汝南袁氏、琅琊诸葛氏，家族始祖都是武将。但在王朝平稳发展的承平年代，缺乏凭借武力立下功勋的机会。要想家族得到可持续发展，必须寻找新的动力和资源。于是，读书和积攒人脉，就成了这些家族的不二选择。特别是，要想家族子弟世代为官，就要依赖家族内部经学人才的培养。因而家族教育的主要内容就是经学教育。所谓"家学渊源"，实际上说的就是一个家族的学养深厚、文脉流传，特别是由儒家、道家、纵横家、阴阳家、兵家等所共同派生出来的"经世济用"之学，让世家子弟从小就受到第一流的学术训练，具备洞察和解决问题的能力。无论在乱世还是治世，这些政治人才脱颖而出、登堂入室，为家族和国家建功立业，都是大概率事件。

隋唐三类世家交相辉映

隋唐是一个世家大族得到巨大发展的时期。在这个中国历史上的第二次大一统时代（隋唐时期），以宇文泰、独孤信（隋文帝杨坚的岳父）、李虎（唐太祖李渊的祖父）等为首的关陇军事贵族集团在隋唐统一之战中崛起，并且一度恢复了北方武德家族的辉煌。但值得注意的是，这次的大一统并不仅仅为武德世家的上升打开了通道，也让各种类型的世家都繁荣发展。其中不但包括在战争中崛起的武德世家（关陇集团），也有传统的门阀士族（五姓七望），甚至还包括在后世极为重要的科举文学世家。

隋唐时期实行的科举制对世家文化和世家历史影响深远。因为原本世家大族的子弟凭借门第就可以世代为官，但现在必须通过考试，和寒门士子相竞争，传统高门大族遇到了巨大的挑战。科举制的实行也让寒门庶族和平民子弟有了出头的机会，打破了原有的高门士族们垄断政治权力的局面。一些缺乏教育竞争力的传统世家开始出现崩解的迹象，而普通平民开始通过科举取士而跻身官场，并且逐步建立了自己的家族体系。

不过，有意思的是，尽管这一时期推行了科举制，但传统的世家大族并未衰落，反而因为很多家族的家学传统和教育优势，其科举成就完全可以和其他科举世家交相辉映。如山西闻喜的裴氏家族，就因为家族教育的先进性，让裴氏子弟在上千年的时间内人才辈出，特别以在各个朝代盛产宰相而著称。其家族所在的裴柏村也因此被称为"宰相村"。至于其他士族子弟凭科举上位的大有人在。从这个角度来看，传统门阀士族因为有了科举士子的竞争，反而可能变得更有活力。

唐宋明清的科举世家

唐朝之后的中国再次进入战乱时代，五代十国的分裂局面维持多年，受到重大打击的士族精英在战乱中难以复原。等到宋朝重新统一中原，原有的世家大族几乎都已消失。在宋太祖赵匡胤时期，有人整理了当时的大家族名录，排名在前三十位的大家族，已经无一是隋唐世家大族的后裔了。

从唐朝之前世家大族掌握政权，到宋元明清的布衣卿相格局，中国的政治结构、经济重心、社会文化结构都发生了根本性的变化。特别是士族的整体消失和平民阶层的上位，让中国从中古步入近世。这样的历史观被称为"唐宋变革论"。

由于读书的目的是为了参加科举，而科举的目的则是选人做官，所以，中国人传统上对教育的重视，所谓"以文传家"，实际上目标指向做官。这也可以理解古代中国人对于读书人的尊重，背后仍然是对权力的敬畏。并且隋唐、宋朝和明清的科举考试，虽然形式类似，但其实内容和要求有很大不同。唐朝是以诗赋取士，宋朝在王安石变法后以经义取士，而明清则是以八股取士。明清之后科举考试的内容原来是诗文，后来是策论，后期则变为八股文。刻板僵化的八股要求和唯上服从的官僚系统之间，借助考试建立了直接的关联，科举选拔人才的正面作用逐渐被禁锢思想的负面作用所侵蚀。

但即便如此，接受了系统儒家教育的知识分子仍为唐宋之后的中国社会提供了精神价值的圭臬和人才精英的源泉。科举世家在朝为官，在野为士，在乡为绅，形成的影响力直达今日，是谓"士大夫"阶层。

近代善财世家与武德世家

当中国的历史走到晚清大变局的时代（清末民初），原有的贵族世家、门阀士族、科举世家都随着时代变迁而没落，中国商品经济的发展为善财世家的成长奠定了深厚的基础，与此同时连绵不断的战乱也让武德世家有了重新崛起的机会。这两类家族，再加上在战乱中幸存的文化世家，也构成了中国近代社会的基本家族格局。

明清时期产生过很多富可敌国的大商人，并且很多大商人的财富都能够几代甚至十几代地流传下来，形成了传统的善财家族。像元末明初的沈万三家族，从土地经营和放贷起家，随后抓住海上贸易的机会，成为诸多财富家族中的佼佼者。即使在沈万三本人被流放之后，沈家仍然保持着巨富的地位，并且一度试图参与明初政治。

在清朝历史上，善财家族以浙商、晋商和粤商等商帮的形式抱团发展，并与海外经济体系相结合，形成了新一代的善财家族，并创建了具有现代性的经营体系。家族史纵越明清的"康百万"家族，在多种经营之下打造了一个经济综合体，并保持其巨富地位达十二代之久；伍秉鉴作为十九世纪闽商和粤商的代表，经营范围遍及世界各地。

在晚清民国的交替时期，除了善财家族，武德家族也一度复兴。近代史上，中国土地上战乱不断。而军阀混战和反抗外来侵略的绵延经历，也奠定了新生的武德世家的地位。在民国初期，由军事领导人转型为政府领导人的情况较为普遍，这些领导人也纷纷扶持自己的家族子弟上位。特别是北伐战争之后，新的国民政府中军人出身的官员占大多数，很多高级军官来自黄埔军校和保定军官学校，也有很多军官在日本、苏联、德国、美国等国家的军校接受过军事训练。

这一代武人和中国历史上传统的武人不同的是，他们都持有政治意识形态理念，而非单纯为挣得功名。所谓"武德传家"的传统中的"德"也从保家卫国的观念变成某种意识形态的传承。而随着历史的发展和领导层地位的巩固，这些军事领导人和他们的后代，也日益成为社会中举足轻重的家族，深刻影响着国家的政治、经济和军事格局。

三、中国世家文化的影响与迭代

这五种类型的中国古代世家，其间既有区分，又有联系。如以礼传家的先秦贵族世家，虽然在秦汉之交的战乱中纷纷消灭，但"礼"作为一种家族文化还是得以流传，并融入后世的家族，成为"诗礼传家"宗族文化的重要内涵。而两汉以武德闻名的那些家族则更强调子弟为国效力、保家卫国的使命感，这是中华世家"家国情怀"的重要内容。经学传家的门阀士族，和后来通过科举考试上位的科举世家，其"家学"的内容都是儒家经典，且其晋升之途都是通过学问而跻身朝堂，在他们累代得享高位的同时，儒家文化也成为社会主流文化。

在跌宕而延绵的中国家族史上，世家及世家文化的演变脉络是非常清晰的。一般来说，在大分裂时代，贵族世家、门阀士族、武德世家这些综合实力超群的精英家族会在内外斗争中脱颖而出；而在大一统时代，科举文学世家、善财世家则会慢慢积累资源而渐次上位。

无论何种类型的大世家，如陇西李氏、琅琊王氏、兰陵萧氏、会稽顾氏，往往都不是一个家族在战斗，而是成批地出现，并且彼此联络，互为姻亲，互相支持。如东汉王朝就是靠邓、阴、窦、耿、梁、马六大家族的辅助而延续的；孙权主政江东时笼络了顾、陆、朱、张四大家族；南朝掌权百年的是王、谢、袁、萧四大世家；北魏后期和北周倚重的是以宇文世家为首的关陇军事贵族集团；隋唐时期公认的一等世家是"五姓七望"，包括陇西李氏、赵郡李氏、清河崔氏、博陵崔氏、太原王氏、范阳卢氏、荥阳郑氏。

不过，如果把世家仅仅理解为某一时代的豪强群体，那就把他们看简单了。在中国，家族制度和家族文化的影响早已超越了家族的范畴，辐射到社会生活的各个方面。

在伦理层面，传统中国将社会关系分为五种，是为五伦：君臣、父子、夫妻、兄弟、朋友，其中三种和家庭有关。冯友兰更是敏锐地指出：除此之外的另外两种社会关系，君臣是比附了父子关系，朋友则比附了兄弟关系。同时由家族责任而推演至家国责任，塑造了中国人宝贵的品格。像忠孝为本、节义双全等，就成为精英阶层的道德准则。由此形成了"家国同构"的政治社会格局。

在政治层面，只有中国将家和国的概念联系在一起，是谓"国家"。中国古代的政治制度，特别是周朝的政治制度，在很大程度上就是由家族制度演化而来。不仅如此，中国的世家大族以其教育传统、经济条件和礼法门风使得读书子弟成为治国人才，练武者跻身帝国主将。以各个世家为核心，还形成了各种各样的官僚派系。在家族传统深厚的中国，如果对家族制度和家族文化缺乏认知，也就难以对这个国家形成深度认知。

在社会层面，中国的世家又和西方的贵族有相似之处，特别是地方上的大家族的宗族祠堂甚至担负了比中世纪欧洲教堂更多的功能。包括慈善、信仰、司法、教育，还有经济管理，深具社会自治的价值。世家的影响不但行于庙堂之上，也及于江湖之远。

在理念层面，中国的世家精英也不惜为其名教理念而殉身。明末的山东新城王氏在明朝灭亡时，家族精英几乎全部殉难。先是崇祯五年清兵攻济南，王象复父子号令家人登城抗战，父子均死难殉国。崇祯帝自缢于煤山后，王氏家族另一位家族掌门人王与胤自缢而死。

在家族和王权的关系层面，世家与皇权之间的死结一直没有打开。历史上强悍如陇西李氏、刚烈如新城王氏的家族不胜枚举，东汉刘秀能够统一天下，所依靠的最坚强后盾，正是通过联姻、乡谊而结为一体的南阳豪族集团。其所加封的云台二十八将中南阳人多达十一人，此后这些家族多成为东汉王朝的统治支柱。三国、两晋时期，世家乘乱世成为历史的主角。司马氏避难江东，就是因得到江东豪族顾氏和北方豪族王氏的支持，才能建立东晋政权。晋元帝司马睿甚至真诚地拉着王导一起接受大臣的朝拜，时有"王与马共天下"的说法。

如此强悍的世家大族既是皇权统治的支柱，也是其威胁。两汉魏晋南北朝时期，中央和地方政治均为这些家族所把持。有些家族甚至可以决定皇位的归属。至于势力凌驾皇权、霸有江山而称帝的家族也并不罕见。兰陵萧氏就在南朝建立过齐、梁两个王朝。

中国的贵族世家、门阀士族和科举世家，以及近现代成长起来的善财世家，其实不过是一个松散的统称，他们之间从未形成自己明确的政治主张，也没有在信仰的基础上联合起来。士族取得权威后通常是篡位，而皇帝则通过屠戮、科举和秘书小组，不断地消灭世家大族。

中国古代世家一直缺乏的，其实不是权力，也不是家族荣誉感，而是更高层次的信念和对未来的想象力。想解开世家命运的死结，必须走向现代化，而非陷在旧有的框架内为一家一姓去追求权力和财富。这才能真正践行千百年来中国古代世家的理想——家国一体。

基于以上对于古代世家文化的理解，本书将沿着中国大家族演进的历史脉络，梳理在不同历史时期占据主流地位的贵族世家、武德世家、门阀士族、科举世家和善财世家的家族命运，以探索这些大家族的历史关联、文化基因和传承密码。

第一章
先秦贵族世家

第一节 贵族世家：以礼传家，君子德风

中国最早的世家系统是周朝封建制度的直接产物。封建制度在历史上肇始于西周分封建国、结束于秦统一六国，是中国早期政治统治制度。在封建贵族制度下，血缘继承成为决定阶层划分的基础，因此不难理解，家族会成为这种制度设计和运行的核心单位。

从周朝的分封过程可知，大部分被授权封土建国的诸侯贵族，都是周天子的近亲，他们建立诸侯国的目的也是为了拱卫皇室。这些贵族世家不但成为周朝封建制度的统治单元，也塑造了中国传统文化的早期形态。特别是其用以指导家族成员和家族关系的规范性安排，被尊称为"礼"。"礼"在当时被确立为周朝的基本统治法则，是贵族世家的精神血脉所系，在后来的历史中则跨越千年凝聚成中国传统文化的内核。

一、封建的由来

封建，字面上的意思就是"封土建国"，即君主把土地分给宗室和功臣，让他们在这土地上建立诸侯国，也可以叫分封世袭制。

"封建"一词里，"封"的意思是诸侯在划定疆土后，在边界线上挖沟为界，然后又在沟里种上树木，将挖出的土壤回填，把沟封起来，这个过程就是"封"。为了让诸侯有能力守卫自己的封土，周天子会给一块地方允许诸侯建设城池，这就是所谓"建"。当时并不是所有人都有资格建城，因为城市不仅可以成为经济中心，而且能攻能防，所以允许诸侯或大夫建城等于是给了很大的权力。故而"封建"这个词意味着在周天子的名义统治之下，各个贵族世家之间的分疆裂土、分封建国。

周初广泛推行分封制，这便是中国封建社会的开端。建立周朝的姬姓家族始祖据说是后稷，所以周人认为自己是与陶唐虞夏一样古老的部族，传承有自。周文王姬昌是商朝末年周族的领袖，既有政治才能又为人贤德。《史记》里记载，周文王"笃仁，敬老，慈少，礼下贤者"[1]。但实际上，周的壮大不仅仅是统治者的贤德所致，更是商朝刻意扶持的结果。

商朝中后期统治日久，对周边部落的控制力减弱，而来自华夏民族之外的蛮族部落也经常入侵，威胁到商朝的统治。其中来自西方的西戎和来自东方的东夷更是大敌。商朝的应对之法是扶持周人作为征伐西戎的助力，如同后来周扶持秦一样。《竹书纪年》记载，武乙三年商王"命周公亶父，赐以岐邑"。却不料，周人在讨伐西戎的战争中连连获胜，势力不断壮大，甚至威胁到商朝的地位。于是纣王帝辛暗动杀机，囚禁姬昌于羑里。而根据《史记》的记载，纣王后来又因接受了周人的贿赂而

---

[1] 司马迁：《史记·周本纪》。

释放了他。

这里面不合理的地方在于，无论是《史记》还是其他史书，都记载纣王帝辛实际上是一个颇有政治能力的君主。既然如此，他又为什么会干出这种得罪重要诸侯又放虎归山的蠢事呢？特别是因为接受贿赂而释放大敌，这不大像一个政治家的选择。而根据另一部史书《竹书纪年》来推测，纣王释放姬昌实际上另有原因。

如前所述，纣王主政时面临西戎和东夷两线的威胁。商朝大军此前连年发动大规模征战争讨东夷，极大消耗了商朝国力。而一旦杀掉姬昌，周及西方部落定会反叛，从西部联结西戎威胁商朝。正是为了避免两线作战的危险，纣王不但没有杀掉姬昌，而且封其为西伯，赐给弓矢斧钺和征讨特权，还希望他能像先辈一样为商朝抗击西戎。

但从此以后，周和商之间的矛盾就显性化了。几年后姬昌去世，纣王又派出主力大军征讨东夷。武王姬发趁商朝国内空虚之机，率兵出征，一举灭亡了商朝。正是因此，《左传》认为"纣克东夷而陨其身"，即把征讨东夷视作商朝灭亡的根本因素。所以，周取代商的真相并不是什么"天命所归"，而是商朝在扩展东方势力的时候，被来自西方的诸侯从背后所消灭。

说起来周与商的战争之所以在中华文明史上至关重要，是因为这次战争不仅仅带来朝代更替，更导致了文明内核的彻底更替。商朝人相信巫术鬼神，甚至在重要仪式上大规模使用活人祭祀，商朝墓葬出土显示用于祭祀的活人经常达到数百人之多，这是典型的巫鬼崇拜文化；而周人则更加重视家族亲属的团结，祭天、祭祖最重要的是礼乐，而非用活人献祭，是典型的祖先崇拜文化。所以，周灭商实为礼乐文化、宗亲文化对巫鬼文化、祭祀文化的替代。中国的贵族世家和家族文化，正是在周朝之后才兴盛起来的。

周朝贵族世家的崛起，首先是出于政治上的原因。武王伐纣成功之后,面对的第一件事并不是享受成功,而是如何处理危机四伏的局面。因为商朝在中原的数百年统治建立了深厚的根基,也有着强大的武装力量。武王是趁着商朝十几万主力部队征伐东夷、国内空虚之机才以区区五万部队占领了商都朝歌。面对朝歌地区新近征服的商朝子民和重兵在外的商朝军团,周武王不敢久留朝歌,在灭掉商纣之后就率军退回岐山旧地。

这时,如何处理商朝强大的残余势力,统治其所留下的危机四伏的广阔领土,就成为周朝统治者首要考虑的问题。武王的策略是实行封建制,将土地和人民分别授予王族、功臣和其他贵族,让他们建立领地,拱卫王室。不过,分封刚刚开始,周武王就英年早逝,即位的成王年仅十几岁,无法处理如此复杂的问题。于是,武王的四弟周公旦作为摄政王登上了政治舞台,继续执行武王的分封政策。

武王姬发和周公姬旦先后分封天下的情况,被《荀子》记载为:"兼制天下,立七十一国,姬姓独居五十三人。"①就是说分封时大部分诸侯国都分给了周武王的亲属。其中文王的弟弟被封在东虢、西虢;文王的儿子们被封在管、蔡、郕、霍、鲁、卫、毛、聃、郜、雍、曹、滕、毕、原、酆、郇;武王的儿子被封在邗、晋、应、韩;周公的儿子被封在凡、蒋、茅、祭。此外,还将今天山东省的部分地方封给了首功之臣姜子牙,建立齐国。

周初分封所建立的诸侯国有二百多个,至于说为什么要建立这么多诸侯国,这就是武王和周公的政治智慧了。因为如果只建立几个,或十几个诸侯国,这些诸侯强大之后很可能尾大不掉,成为国家的内患。而

---

① 荀子《荀子·儒效篇》:"大儒之效:武王崩,成王幼,周公屏成王而及武王以属天下,恶天下之倍周也。履天子之籍,听天下之断,偃然如固有之,而天下不称贪焉;杀管叔,虚殷国,而天下不称戾焉;兼制天下,立七十一国,姬姓独居五十三人,而天下不称偏焉。"

有了二百多个诸侯，就意味着每一个诸侯都有一定的实力，但相对于国家来说，势力却很小。这正是后来经历了战国七雄时代的政治家们所总结出来的长治久安的经验，即《治安策》所言，"众建诸侯少其力"。

周初分封的这些诸侯国的国君及其家族，就是中国封建贵族世家的最初来源，也是中国诸多姓氏的源头。这些诸侯国君大多数都是世袭的贵族，即所谓"君子"（君王之子）。至于那些在中国后来的历史上赫赫有名的贵族世家，很多早在周朝初年就已经存在了。

二、周礼的产生

为了规范这些贵族在封建制下的行为，确立统治秩序，周公推行了影响深远的"周礼"。岐山姬姓家族是周朝的开创者，并且特别重视家族礼制，所以周朝的国家礼制最初多出于姬姓家族的宗法制度。所谓周礼，正是岐山姬姓家族的家族之礼上升到国家层面所形成的。

礼的繁体字是"禮"，从字形上看，从示从豊，豊亦聲，表示一种祭祀仪式。《说文解字》就说："礼，履也，所以事神致福也。"但周礼的祭祀和殷礼的祭祀在内容和形式上都有所不同，前者主要是祖先祭祀，而后者则是巫鬼祭祀。

在周朝兴起之前，华夏各大家族就有祭祀天地、神明、先祖等活动，以及为求取农事丰收祭祀所形成的一系列仪式和规矩。以各种礼仪中最早产生的丧礼为例，丧礼于死者是安抚其鬼魂，于生者则成为分长幼尊卑、尽孝正人伦的礼仪。这原本是典型的家族之礼。而各个家族的祭祀礼仪内容是不一样的。殷商王族子姓家族的以活人献祭之礼是最为隆重和血腥的，而周地的姬姓家族的祭祀礼仪更注重礼乐仪式，而非祭品本身。在周朝的丧礼上，尽管也零星出现活人殉葬的情况，但在数量和规模上与殷商不可同日而语。而在春秋之后，由于孔子对活人殉葬这种陋习的抨击，这个传统基本上就已经消失了。

此外，殷商子姓家族的祖先最开始是以商业立国，其先祖王亥曾因驯化牛、马并用之于长途贸易而获得巨大的经济利益，从而奠定商朝的立国根基。而周朝的姬姓家族则是西北农耕文化的代表，其家族各个支系、附庸大多以务农为业。

如冯友兰所言，农耕文明下，几十代人定居在某一地方的生活，较为容易产生权威意识，天地、神明、祖先都形成了对普通人的权威。所谓"礼"其实是这种权威意识的外化表现形式。像中国的父权、大家长制度等，都是农耕文明下代际传承的自然产物。

在姬姓家礼的基础上，周公旦将上古礼仪和夏礼、殷礼、周礼一起进行整理、改造，合称为夏、殷、周"三代之礼"。周礼作为家礼的特性非常明显。农耕家庭中，人们更加尊重因为经验积累所带来的权威，这就不可避免地形成了"大家长"的传统，而所谓的家礼、家族规矩，其实都是大家长要求其成员所遵守的伦理守则和行为规范。而将家礼推广为国礼的后果，就是权威主义政治从家的制度演变为国的制度。从周朝开始，人们也经常把"家"和"国"相互比附，成为后来儒家思想中"家国一体""家国情怀""忠孝两全"这些理念的源头。

经过周公重塑的"周礼"，其具体内容主要体现在礼制（国家制度安排）、礼仪（贵族行为规范）和礼教（贵族精神养成）这三个层面上。

三、"礼"的实现形式之一：礼制

礼制是对国家而言的，指"礼"中那些调节统治阶级政治关系的制度安排，包括分封制、宗法制、等级制等。其作为一种法律法规体系，是当时政治和社会制度的体现。而周朝礼制的核心就是在国家层面对封建制度的建立和维护。

在周初那样一个王权未稳、强敌环伺的环境下，为维护周王朝的封建统治，周公旦将礼制的重点放在统治阶级内部关系方面，即王权和诸侯之间的关系。他不但设置了影响深远的中央制度建构，即《周礼》记载的"天、地、春、夏、秋、冬"六官来管理不同领域的事务，这成为此后中国各个王朝治理所采用的"六部制"的源头；还规定了贵族世家和中央王权之间的权利和义务——贵族世家名义上需服从王室的政令，向王室朝贡、述职、服役，以及出兵勤王。这就规范了统治阶级的内部关系和秩序，确立了封建制度中最重要的封建宗法等级制度。

在周初分封诸侯的时候，很多诸侯国的国君其实是周武王的弟弟和儿子。周武王的弟弟很多，因为他的父亲周文王以多子而著称。传说中有言"姬昌百子"，这也是农耕文化中家族注重生育的传统的体现。而武王姬发虽然年轻，也有几十个儿子。而分封子弟的后果就是让家族血脉和家礼文化像种子一样到处落地生根。在以后的数百年间，姬姓不但是周朝的国姓，也通过武王及其后人分封子弟，建城立国，而成为鲁国、燕国、卫国、晋国、郑国、曹国、蔡国等诸侯国国君的姓，并从姬姓演化出来更多的姓氏。

在封建制下，这些贵族子弟们到封国就封，成为诸侯。依据礼制，诸侯有权利选官、造钱、组织军队，成为地方治理的主体。礼制还规定了贵族阶层内部的君权、朝聘权、财产所有权、宗主权以及延展到社会层面的等级制度和伦理秩序，其本质是封建君主对于政治权力的分配。这些大大小小的贵族均秉持"以礼传家"的传统，对内以礼法维护家族秩序，对外以礼法处理与王室的关系。

在王权之下，先秦时期的贵族阶层形成了五级爵位制度：公、侯、伯、子、男。诸如齐侯、晋侯都是侯，宋是公爵。当时的公爵很少。宋之所以能为公爵，和它是殷商后人所封之国有关。郑伯、曹伯就是伯爵。楚国国君则是子爵，所以《春秋》《左传》中称为"楚子"。当时大部分国君在泛称的时候也可以叫"公"，作为一种尊称。至于"公子"这个称呼，其实指的就是公爵或"公"的儿子。当这些诸侯国的国君去世之后，嫡长子继承爵位和封国，其他孩子降为卿大夫（如赵襄子、赵宣子、季文子、田桓子等，在这里"子"也是对贵族的一种尊称）。卿大夫去世后，由嫡长子继承爵位，其他孩子降为士，再往下传就是布衣百姓。

在一个诸侯国中，被广泛使用的"士"的称号，是指贵族里没有封地的贵族。所以士也是贵族，但是最低一级的贵族。他们主要辅佐卿大夫。如果能够建功立业就可以升迁为大夫，如果不能就往下走成为庶民。儒家的士都追求入世成为社会精英；墨家之士则不追求做官，相对较为清贫。

上述贵族的爵位传承也是有规矩的，一般来说几代之后，只有嫡长子家族可以保留原有爵位，其他的支系家族则需要降低一个爵位等级。以此类推，直到有旁系支脉降入平民阶层，不再具有贵族身份。这种制度可以被视为贵族阶层的"退出机制"。

周武王和周公旦所施行的封建制对于中国政治制度的发展有着巨大贡献。在封建制下，统治的重心在地方而不是中央，所以中央的治理结构相对简单。包括六部制度，在当时并未表现出后来"三省六部制"那种繁复的格局。这种简单的中央事务管理和治理重心下移，对于及时解决社会问题和从基层缓解社会矛盾，起到了重要的作用。后世的人们认为一个大国的中央集权是理所当然，但在中国历史上，国运最长的朝代却是采取了分封制的周朝，维系了八百年左右的时间。

四、"礼"的实现形式之二：礼仪

和礼制针对的是国家层面的制度和统治秩序不同，礼仪是针对人的行为而言的，指的是那些显示权力和秩序的具体礼节仪式，以及由此形成的一系列贵族行为规范。源起于农耕文化的周朝，在礼仪方面有着先天的发展优势。这是因为农耕民族的定居生活，让礼仪、音乐等文化的代际传承和积累成为可能，也让礼仪不断完善和烦琐。

为规范封建制下的贵族阶层行为，在先前各代的礼仪基础上，周公旦创建了更加系统化和可操作的礼仪体系，称之为"五礼"，即吉礼、凶礼、宾礼、军礼、嘉礼。祭祀之事为吉礼，冠婚之事为嘉礼，宾客之事为宾礼，军旅之事为军礼，丧葬之事为凶礼。"五礼"让贵族们的饮食、起居、祭祀、丧葬等社会生活，都有"礼"可遵循，呈现出孔子所说的"郁郁乎文哉"的景象。中国正是因为礼仪之盛而被称为"礼仪之邦"。

周礼之首为吉礼，也就是祭祀之礼。无论在东方还是西方，祭祀都是一件大事。中国虽然缺乏西方那种有体系的宗教，但仍然有自己的信仰。那就是对"天"的信仰。和西方的君权神授一样，祭天的主要目的是为统治者提供统治合法性。周王也因此自称为"天子"。但"天"之下并不是人人平等的，包括在贵族内部。所以，谁有权进行祭天、祭地、祭宗庙、祭先师先圣等就非常重要，体现的是不同的贵族在社会中的地位。历代统治者都非常重视祭天。周代的祭天也叫郊祭，冬至之日在国都南郊举行；明清祭天的场所叫作天坛，祭地的场所叫作地坛。

嘉礼的主要内容有饮食之礼，婚冠之礼，宾射之礼，飨燕之礼，脤膰之礼，贺庆之礼，即位改元礼等。嘉礼的推行有助于形成一种富有仪式感的生活，其目的在于规范秩序与导正人心。以冠礼为例，《礼记·冠义》说，冠礼是"成人之道也"，要按照"为人子，为人弟，为人臣，为人少者"四个方面的礼的规范加以约束，使之成为具有"孝、悌、忠、顺"完美品德的人。

宾礼，指的是贵族之间的社交礼仪，如宴请诸侯、大夫，都要共同遵循延续三代礼乐规定，有着天下统一的标准。从穿衣戴帽到在宴会上怎么与客人交谈，甚至摆放的器具品类和使用规则，每一个细节都有繁缛的要求。其所体现的，是一种深入骨髓的教养。

凶礼，即有关哀悯、吊唁、忧患的典礼。周朝贵族以丧礼来哀悼死亡，以荒礼来救助饥荒与疫病的流行，以吊礼哀悼发生的严重自然灾害、水火灾祸，以禬礼相助被围而遭祸败的盟国，以恤礼慰问国内的动乱或曾遭寇乱的邻国。

军礼是在行军打仗时需要遵循的礼仪，内容包括尊礼、重信、轻诈、尊王、从礼、敬德、重仁和"先礼后兵"等。春秋时期的战争，更像体育比赛，要遵守一定的规矩，讲究"堂堂之阵，正正之师"。至于偷袭、欺诈、乘人之危都属于犯规行为，更是不道德的。

公元前770年，作为王室主要辅臣的郑庄公因为和周桓王发生争端，双方爆发了冲突。庄公在战场上大获全胜，手下将领祝聃还射中了周桓王的肩膀。但在周桓王逃跑之时，郑军并没有追击。庄公说："君子不欲多上人，况敢陵天子乎！苟自救也，社稷无陨，多矣。"[1]意思是，我与周天子作战是迫不得已，怎么敢再凌辱天子！当天晚上，郑庄公专门派了使者去探周桓王，并且问候他的左右近臣。郑庄公知道他对战天子是一种"无礼"的行为，已经坏了规矩，因此不能穷追猛打，否则会招来其他诸侯的群起攻之。

从更大的范围看，宋襄公曾经因为遵守战争礼仪而输掉了对楚国的战争。但他所说的"不重伤（不让人二次受伤，就是不攻击伤员），不禽二毛（不俘虏老年人），不鼓不成列（对方没有排好队列时，本方不能进攻）"[2]，和《淮南子》中记载的"古之伐国，不杀黄口，不获二毛"[3]，都是那个时代普遍的战争规范。春秋时代的"战争礼"最大的特点在于讲究承诺，遵守信义，不以阴谋狡诈取胜。这很像欧洲中世纪骑士的行为准则——在1023年波未主教向贵族要求的一份誓词中说："我决不带走

---

[1] 左丘明：《左传·桓公五年》。
[2] 左丘明：《左传·僖公二十二年》。
[3] 刘安：《淮南子·氾论训》。

公牛或母牛或其他任何驮兽；我决不捕捉农民或商人；我决不从他们那里拿取分文；也不迫使他们付赎身金；我不愿他们由于他们的领主所进行的战争，而丧失他们的货物；我也决不殴打他们来获得他们的食物。"[1]东西方的贵族，在行为规范和贵族精神内核方面有很多相通之处。

所以，在历史上经常被嘲笑的宋襄公，其失败的原因并不在于其坚守战争礼仪和仁义准则，而是过高估计了自己的实力和仁义的号召力，采取了不明智的策略。当时的春秋五霸中，包括齐桓公在内的其他霸主都是在自身富国强兵后，凭硬实力打败其他诸侯后，才去会盟诸侯，并谋求王室承认其霸主地位。而宋襄公的错误恰恰是在自己尚未具备相应硬实力之前，就想主动召集会盟，让其他诸侯承认自己的霸主地位，结果当然是自取其辱。但在春秋时期战争礼仪逐渐走向衰落之时，宋襄公却依然秉持"礼"的精神和程序，确属难能可贵。

《论语·学而》子曰："礼之用，和为贵。先王之道，斯为美，小大由之。"即礼的作用，以做事恰当为尺度。人人行为举止分寸有度，社会就能和谐有序。如果人人不约束自己的行为规范，家庭无法实现和睦，社会也会失礼失范。作为一种行为规范，它是奴隶主、贵族和封建地主阶级的行为准则，也包括个人在待人接物时所表现出来的道德修养。

在西周和春秋，贵族礼仪的形成是有条件的。最主要的前提便是周朝数百年的和平生活。在周朝，人们在统一的局面下承平日久，和善相待，才能培养出建于相互尊重基础上的贵族礼仪传统。与此相反，战争和混乱所带来的不确定性和不公平性，会不断降低人对礼仪的尊重，以及人的品格本身的下限。这也是春秋战国时期被孔子称为"礼崩乐坏"时期的原因。

---

[1] [美]汤普逊：《中世纪经济社会史》（下册），耿淡如，译，商务印书馆，1985，第286—287页。

五、礼的实现形式之三：礼教

礼教指礼的教育，即以礼为教、以乐为教。语出《列子·杨朱》："卫之君子多以礼教自持。"所以周礼不只是反映在制度和仪式对于贵族等级制度的维系，还反映在对各类社会关系的价值认同感中。而这种认同感也是维护周天子统治地位、维系宗周血缘分封制的价值支柱。

先秦贵族世家对子弟所进行的"君子六艺"教育，是中国传统文化中的宝贵遗产。其具体内容有礼、乐、射、御、书、数。其中"礼"的部分指的是礼制、礼仪和礼教，相当于今天学科教育中的政治学、法学、伦理学等；"乐"指的是与礼仪相配合的音乐歌舞教育，相当于今天的艺术学；射和御是指军事技能，因为春秋时期战争以车战为主，驾车、射箭的技术是武士所必备；而书则是文学、历史学等人文主义教育；数不仅指数学，而且泛指自然科学学科。

在"君子六艺"中，礼的教育作用自然是毋庸置疑的，懂规矩、讲礼仪才是贵族做派；以礼传家、以礼治国才是贵族精神。包括周公"五礼"在内的礼制和礼仪教育在贵族教育子弟的过程中是核心内容，中国的"孝"文化和"敬"文化都是从礼仪、等级、尊卑、长幼等"礼"的教育而来。

但"礼"一般来说还只是体现于一个人的外在，那么如何涵养一个人的贵族精神呢？从上古时期开始，中国人就发现了"乐"的作用。《史记·五帝本纪》记载，在周之前，尧命舜摄政，"修五礼"；舜命伯夷为秩宗，"典三礼"；《礼记·乐记》记载"昔者舜作五弦之琴，以歌南风；夔始作乐，以赏诸侯"。舜曾任命夔为典乐，"教稚子"，"诗言意，歌长言，声依永，律和声，八音能谐，毋相夺伦，神人以和"。[1]

---

[1] 张祥龙：《〈尚书·尧典〉解说——以时、孝为源的正治》，生活·读书·新知三联书店，2015。

尧舜之后，夏朝从禅让制进入世袭制，需要新的规范来约束社会成员接受新的统治方式，因此除了法典《禹刑》以外，夏礼就是最重要的行为规范准则。代夏而起的商朝的商汤、盘庚等人又将夏礼完善成为殷礼。殷商虽然奉行巫鬼祭祀之礼，但也同样强调"乐"的作用。而源起于农耕文化的周朝，因礼仪繁多，对于"乐"的重视程度更超过了商朝。在岐山姬姓家族的家礼传统中，"礼乐"扮演着重要的角色。

夏商周"三代之礼"都强调音乐对于人心的教化作用。所以周代礼教在某种程度上可以称为礼乐，即除了以礼的规范来教化贵族精英外，还要运用音乐等六艺教育进行礼制和礼仪层面的加持，培养贵族具有超越世俗生活的超越性精神及审美趣味。

而其他四艺，射、御、书、数，则是在培养贵族子弟具体能力的同时，还着力培养贵族子弟的勇敢精神、理性精神、献身精神、节制精神等。其内涵仍然是"礼"的教化功能。

同时，除了正面的价值和能力教育外，中国传统的家族之礼还非常重视惩罚的作用。在古代大家族中，孩子犯了大错，大家长会说"请家法"。执行家法的通常是木制的棍棒。这里面重要的文化内涵是：执行惩罚的是规则而不是父母，孩子挨打是因为触犯了规矩而不是因为触怒了父母。所谓"棍棒底下出孝子"，指的不是无根据的胡乱惩罚，而是本着家训家法的有依据的惩罚，是一种严格的行为规范教育。孩子应当敬畏的是规矩，而不是父母。而这个象征着规矩的"家法"是在父母之上的，也不能常用，以保持对家族规矩的敬畏之心。

作为中国古代的贵族精英教育，"君子六艺"的内容体系是相当完整的，并且伴有言教、身教、惩罚执行体系等。和孔子同时代的西方哲学家柏拉图首创阿卡德米学园，也是为培养古希腊的政治精英子弟而开设的学校，其教育内容叫作"博雅七艺"，包括文法、修辞、逻辑、算术、几何、天文、音乐，等等，很多时候还加上体育教育。这些内容和"君子六艺"颇有相通之处。

值得指出的是，"六艺"教育首先是为了营造一种贵族性的精神气质，其次才是传授技艺。在以周礼为核心的"六艺"的传授过程中，既重视文事，也重视武备；既训练人的外在行为规范，也陶冶人的内在情操。这种贵族教育设计得均衡合理，也让贵族世家出身的子弟成为高门血缘与人文教养相结合的产物。

我们经常说，"三代培养一个贵族"，说明贵族阶级的养成是需要教育和传承的，也要假以时日。贵族精神的塑造过程，在很大程度上来自贵族化的教育。在当时，也只有贵族阶层能提供代代相传的、不间断的、高质量的贵族教育。礼的教养要求贵族在任何时候都要保持尊严和风度。

六、中国先秦世家的贵族精神

周朝长期奉行的分封制和宗法制，让贵族阶层得到制度化的保障。贵族世家的不断积累使得家族实力不断扩展壮大。于是，贵族阶层与其他阶层相比，不仅在物质上，而且在精神文化上也达到了更高的层次。财富和地位让贵族有了超越于物质利益的视野，以及更多的时间和精力，来关心自己的尊严，完善自己的风度，重视自己的精神世界。与此同时，周朝保持内部和平稳定的时间比较久，这就让贵族礼制、礼仪和礼教在周王朝的封建体制环境下延续下来。

各种因素的汇集，造就了春秋时期稳定的贵族阶级，以及稳定的贵族精神价值体系。中国古典的贵族精神主要表现在三个方面：责任感、荣誉感和勇敢。

关于责任感，先秦时期的贵族阶级是统治阶级，是拥有权力的精英人群，但权力也意味着责任，更大的权力意味着更大的责任。先秦贵族世家也是一个地区的管理者，对内要管理地方政务，对外要抵御外敌入侵。贵族子弟从小就要学习"君子六艺"，跟随长辈参与军务政务，准备着治理家族和自己的领地。

西方的航海业有一个不成文的规定，当一艘船沉没时，船长必须最后一个逃生。掌握权力的贵族阶层在古代社会中的作用就如同船长。一个合格的先秦贵族在享受特权的同时，在关键时候也必须能挺身而出，甚至为国为民献出生命。秦末农民大起义时，魏国宗室传人魏咎被大将周市拥立为魏王，结果在秦军反攻之下，大梁城岌岌可危，魏王咎为保护百姓，和秦军商定了投降条件才自焚而死。

比之责任感，许多先秦世家子弟更重视荣誉感。先秦贵族是一个视荣誉重于生命的阶层，强调做事要光明磊落，不愿也不敢以卑贱的行为来玷污自己的名声。

先秦的贵族如果在名誉上受到侮辱，是要用生命去讨回的。晋国军官狼瞫在军中受到主将先轸的羞辱，没有来由地被免去了"车右"之职。周围人劝他刺杀先轸，但狼瞫认为这不是下属所为，于是没有去报复，而是选择冲入敌阵，战死沙场，用勇敢杀敌赢回自己作为"车右"的荣誉。

似乎命运自有轮回，此后的先轸和狼瞫一样，也因为伤害了主公的荣誉，而付出生命为代价。晋献公时期，秦晋之间发生过一次大战，晋国获胜并俘虏了秦国大将孟明视。不料晋献公母亲是秦国人，认识孟明视，于是力劝晋献公放走了孟明视等三位秦将。先轸得知后当着晋献公的面怒斥其非，并向地上吐了口水。晋献公也感到后悔，派人追之未及。这三位秦将后来果然成为晋国大患，几次击败了晋军。事后，先轸认为自己太冲动，侮辱了主公，只能以死赎罪，于是就在和狄人交战时脱下盔甲冲入战斗最激烈的地方，中箭而死。狄人尊重这位勇敢的将领，将他的头还给晋国，先轸的面目还栩栩如生，晋国人无不感叹。

当时人们对狼瞫、先轸这种行为是普遍赞许的。左丘明就评价说，"君子如果发怒，那么祸乱很快就会止息（君子如怒，乱庶遄沮），一个人发怒了却不犯上作乱，而是把这种怒气用在战场上，称得上是一位真正的君子"①。这也反映了春秋时期的贵族重视荣誉远远胜过生命。

当然，重视荣誉感有时也会成为贵族的弱点。著名的"二桃杀三士"的故事，就表明古代贵族轻生死、重名誉的精神容易被卑鄙小人所利用。即便如此，长期以来荣誉感仍是先秦贵族精神的一大支柱。

先秦贵族的荣誉感可以在家族中世代传递，影响到子孙的人格养成。楚国的将军们打了败仗有时会自杀，比如子玉。这可能和楚国对外战争比较多有关。楚国名将项燕，在战国后期对抗强秦失败自杀。西楚霸王项羽作为项燕的后代，英勇作战，灭亡了秦国，却在与刘邦的战争中，战败于垓下。在仍有退路回到江东的情况下，他想到的是当初率江东八千子弟兵出征，如今只身渡江回去，无面目见江东父老，于是选择继续作战，战至只剩一人后自刎，维护了他最后的尊严。

贵族精神的第三个表现是勇敢，当然，只有伴随着明智的勇敢，才能真正厉行责任和维护荣誉。

贵族男子几乎都是武士。贵族教育中要求学生掌握的"六艺"，就包括射箭这一项。贵族子弟为了保卫家族利益，经常要和其他家族交战，必须具备强大的个人武力和战争指挥能力。楚康王继位后，五年没有战事，他竟然认为这是自己的重大失职。在春秋战国时期，由战争所培育起来的男子汉的勇气和家族尚武精神，成为贵族精神的标配。

勇敢也意味着对于责任的担当和勇于任事的进取心。被视为史家名篇的《左传》在诸多篇章中记录了贵族的高贵事迹。整部《左传》找不到一个因胆怯而临阵脱逃的贵族。历史学家雷海宗认为，春秋时的贵族大多并不畏惧死亡，特别是战斗中的死亡，并且认为死在战场上是最好的死法。贵族世家具有强烈的意愿为家国和荣誉而征战沙场。在贵族的

---

① 《左传·文公二年》："怒不作乱而以从师，可谓君子矣。"

心目中，壮烈的死比平凡的生更值得追求。

钱穆对春秋时代的评论是："春秋时代是中国古代贵族文化发展到一种极优美，极高尚，极细腻雅致的时代，随着严格等级秩序的破坏，贵族精神逸出了上层社会的藩篱，流布到社会各个阶层，与社会底层的草根活力和创造力结合起来，激活了整个社会的正能量，创造了中国历史上一个不可复制的黄金时期。"[1]

七、"礼"对中国家族文化的影响

中国人对于"礼"的奉行，经常被误认为喜欢搞形式主义。但实际上这是在一个无神论传统的文化中能够培养人们敬畏之心和规则意识的不多的选项之一。例如，孔子就认为精英阶层的敬畏之心是其自我成就的前提，"君子有三畏，畏天命，畏大人，畏圣人之言。小人不知天命而不畏也，狎大人，侮圣人之言"。周礼的基本原则也是"尊尊""亲亲"。通过这些"礼"的遵行，使人们在政治上服从权威，在家庭中孝顺长辈，将家族文化和政治文化联系起来。

不仅如此，许多礼治原则还逐步提升为法律要求，甚至成为法律明文。这就形成了古代社会"出礼入刑"的局面，即违礼即是违法。如不孝顺父母，在现代社会多是道德问题，但在中国古代，就会被治以"忤逆"之罪，是要入刑的。就这样，礼制、礼仪，还是礼教，即使在周朝的贵族阶层覆灭之后，也仍然成为中国家族传统的圭臬，历代家族奉行不悖。在今天许多中国人的祖祠中，其门楣上高挂的牌匾上最经常出现的字眼就是"诗礼传家"。

和孔子提到"君子三畏"的思路一样，荀子在《礼论》中就把"礼"

---

[1] 钱穆：《国史大纲》第四章"霸政时期（春秋始末）"，商务印书馆，2013。

最核心的内容归结为"天地""先祖""君师"三项,即"礼有三本"——"天地生之本""先祖者类之本""君师者治之本"。"故礼,上事天,下事地,尊先祖而隆君师,是礼之三本也。"①

所谓"天地生之本","礼"的观念让后代的中国人形成了特有的关于"天"的概念,以及相应的信仰体系。

中国人"天"的概念和西方"神"的概念是不同的。在中国文化中,天首先是代表大自然四时之运转,其次是生万物以及人。所以敬天首先就是顺从大自然的规律。人类社会的许多制度规则,包括礼仪中的"五礼",都是人与自然关系演化的产物。而在西方文化中,上帝是有独立意志的,他是世界和万物的创造者、维护者和引领者,人生的福祉全仰赖于上帝。

关于天或神的权威内涵,中国文化中的权威是"天"。周朝的"天"没有商朝的"神"那样残酷,并不要求以活人献祭。同时周朝的"天"和人间的王是有着密切关系的。周王就自称"天子",定期进行"祭天"的典礼。《尚书·皋陶谟》有言:"天叙有典,敕我五典五惇哉!天秩有礼,自我五礼有庸哉!同寅协恭和衷哉!天命有德,五服五章哉!天讨有罪,五刑五用哉!政事懋哉!懋哉!天聪明,自我民聪明,天明畏,自我民明威。"在这里,天是王室权威的来源,而天心和民意之间是存在着直接的联系的。而《圣经》中的权威是"神",君权神授也意味着君主的权威来自神,和民众没有关系。

关于天人关系或神人关系。《周易·系辞》曰:"天地之大德曰生。"人得生命于天是"生",人得生命于神是"造"。这也是中国人经常说"天

---

① 荀子《荀子·礼论》:"无天地,恶生?无先祖,恶出?无君师,恶治?三者偏亡,焉无安人。故礼,上事天,下事地,尊先祖,而隆君师。是礼之三本也。"

生"，而西方人经常说"造物主"的原因。这种信仰层面的区别不仅是名称上的，更是实质性的。西方的神人关系和中国的天人关系也因此而产生了一系列不同的后果。在西方，神是律法的制造者，因此人必须服从法律。在中国，人"生"于天，要求人尊重的是天道或自然法。特别是对于统治阶层来说，所谓"体天而知仁"，意味着仁政德治才是顺天命的做法。

所谓"先祖者类之本"，是指周朝推广的宗法制度，让祖先崇拜成为每个中国家族的文化特征。这就把中国人的祖先崇拜仪式化和固定化了。

《礼记·郊特牲》有言："万物本乎天，人本乎祖，此所以配上帝也；郊之祭也，大报本反始也。"这就是传统文化里的"敬天法祖"。祖先崇拜意味着家族中前辈长者的灵魂可以庇佑本族成员、赐福儿孙后代。家族后代需要祭拜、祈求其祖宗亡灵，这是典型的父权制家庭文化的产物。对皇室来说，宗庙社稷也可以用来代指国家，并且皇帝还要定期举行"祭黄帝"的典礼。为维护"敬天法祖"的传统，皇家建有宗庙，民间则广建祠堂，家族的祖坟也要尽力保护。

除了规范统治精英阶层外，"敬天法祖"在移风易俗方面的功用也被社会广泛重视。人的生命有限，但人又要追求永恒的价值，这是人类精神世界面临的永远的难题。在西方是通过宗教去解决问题的，由上帝建立一切道德权威；而在中国则是通过历史来解决问题——长辈会教育子孙先祖是什么人，从哪里来，家族的根本是什么，人不能忘本，等等，从而生发出道德规范。

所谓"君师者治之本"，是指中国的历代统治阶级都着力构建以"礼"为依据的政治权力秩序和社会伦理秩序。

在政治层面，礼制成为许多中国古代政治制度的来源。以隋唐的六部制为例，六部正是由《周礼》中记载的"天、地、春、夏、秋、冬"六官制度演化而来的，对应关系如下：天官为冢宰，六官之长，兼管宫廷事务——吏部；地官大司徒，主管民政——户部；春官大宗伯，主管祭祀——礼部；夏官大司马，主管军政——兵部；秋官大司寇，主管司法——刑部；冬官大司空，主管营造——工部。

在社会层面，礼的作用在于移风易俗，让社会变得更文明。汉高祖出行经过鲁国，特意用太牢祭祀孔子；汉武帝始立太学；东汉明帝又立辟雍，并于辟雍亲行大射礼、养老礼。这些礼教传承，对于中国特有的社会伦理秩序起到了基础性的作用。而后世代的中国人，无论是精英世家还是普通百姓，都很好地继承了这些"天地之礼""先祖之礼""君师之礼"，让中国成为名副其实的"礼仪之邦"。

贵族世家传承的体制也影响到中国人的姓氏文化。秦汉以前，"姓"和"氏"不同，"姓"为"氏"之本，"氏"自"姓"出。夏、商、周三代，氏是姓的支系，用以区别子孙之所由出生。而到了汉代之后姓和氏就没有太大分别了，可以混用。后来中国历史上的大家族的建立，就是以拥有自己的姓氏为标志的。

在贵族世家传承的过程中，为了尊崇嫡长宗系的地位，世家子弟传到几代人之后，除了直系"大宗"外，其他子弟就要改氏。即使是直系血缘，几代之后根据一定的条件也可能要更改姓氏，建立自己的家族，是谓"君子之泽，五世而斩"。当然，五世之后改氏这个规定，在实际的操作中也不是严格地限于五代，只是表明至少五代之后，血缘关系就疏远了。根据《左传》的记录，很多人的氏在第二代就可以有别。像孟氏这样的家族里，大宗是家族族长，无论多少代都可以孟为氏。而庶出的子弟，就因为封地、官职或祖父的字等有了各种分支、各种氏。比如南宫敬叔和孟懿子，孟懿子作为家族继承人，是大宗，自然是孟氏；他的弟弟就变为南宫氏了。

以周朝君主的姓氏"姬"为例，姬姓是中华上古八大姓之一，到今天有近五千年历史。相传黄帝出生在一条叫姬水的河边，于是黄帝就姓姬。而周武王姬发建立周朝后，就分封天下，将自己的很多同姓亲族分到天下各地为诸侯。在"君子之泽，五世而斩"的传统下，姬姓在数百年的传承中演化出了王姓、张姓、杨姓、周姓、吴姓、李姓、孙姓、胡姓、朱姓、林姓、郑姓、郭姓，等等。据考证，中国的姓氏里出自姬姓的多达一百二十多个。这种姓氏发展的历史，是家族传承依"礼"而行的结果。

在周朝大部分的时间里，"周礼"成为先秦贵族世家做人做事的标准，其对于中国的贵族文化及其后续世家传承影响深远。史书《左传》就始终坚持勇于担当的贵族立场，以"礼"作为历史人物的评判依据。与之相适应的便是中国人对待历史的伦理视角。所谓"君子之德风，小人之德草"，周礼作为中国古代伦理的核心内容，早已从贵族世家的行为规范，扩展为普遍性的社会行为准则。

第二节　初代贵族："礼"的塑造者、传承者和践行者

一、周公世家："礼"的塑造者

对历代世家大族乃至于整个中国历史都有着深刻影响的周礼，严格说来是由周武王和周公旦两个人塑造出来的。

周朝刚刚建立，国势未稳，武王姬发就去世了。武王的儿子姬诵即位，当时才十三岁，年幼不足以治国。于是武王临死前命自己的弟弟周公旦摄政辅佐。周公旦是周文王姬昌的第四个儿子，武王姬发的同母弟弟。武王死后的公元前1403年，周公旦正式摄政，代成王掌控了天下政权。因为他的封邑在周地（今陕西省岐山县），所以被后人称为周公。

在摄政期间，周公是否曾经称王，是一个至今仍在争论的历史问题。两方面的史料和考古证据都存在。但无论其是否称王，周公事实上确实掌握了王的权力，而且在那个朝代初创、危机四伏的年代，有时也不得不乾纲独断。也是因为这一点，他引发了其他兄弟的不满和猜忌。

周武王灭商后，依照不绝祀前朝王室的传统，将商纣王的儿子武庚封为殷侯，仍然管理朝歌。同时武王又派自己的三个亲兄弟姬鲜、姬度和姬处在殷都周围建立封国以监视武庚。因为兄弟三人的封国分别在管地、蔡地和霍地，所以成王称这三人为管叔、蔡叔和霍叔。这三位诸侯原本的年龄和

地位都和周公相仿，现在看到周公大权独揽，一方面是嫉妒，另一方面是认为成王大权旁落，于是在朝中散布周公马上要发动政变夺取王位的谣言。

更过分的是，管叔等人为了自己的利益，甚至支持殷商之后武庚起兵反叛。这就完全将对权力的欲求凌驾于家族和国家利益之上。此时的周王朝根基未稳，内有流言，外有反叛，稍有差池就会让王朝大厦倾覆。而天下人都在看周公如何处理前朝遗民的叛乱，以及自己三个兄弟的反对。

周公的策略是，先是取得成王和其他大臣的支持，稳定内部；又让太公望率军阻断东夷部落对武庚的支援，让局势不再恶化，这才亲自领兵东征讨伐武庚，并一鼓作气攻下殷都，杀死武庚。殷商遗民的有组织反抗就此才告一段落。接着周公又力排众议，将煽动叛乱的管叔斩首，蔡叔流放，霍叔贬为平民。在对自己兄弟的处理上，周公没有表现出任何的偏私。

周公总结夏商灭亡的教训，认为根本原因是道德缺失。他提出敬德保民的理念，将"礼"身体力行。为此他日理万机，兢兢业业。传说他常常在吃饭时听到有人来报告事情，就连忙将口中的饭吐出来，立刻与人交谈；在洗头时临时有事情要处理，便用手握着湿淋淋的头发就地办公。这就是成语"吐哺握发"的来源。无论是对人还是对事，周公都能把他的诚意表现得淋漓尽致。曹操在《短歌行》中提到过这个典故，并写下名句"周公吐哺，天下归心"。

为进一步稳固周朝在中原地区特别是原来商朝地区的统治，周公确立了对原属商朝的国土分而治之的策略：在洛水北岸营建洛邑（成周，今河南洛阳），作为周的东都，以强化对东部的控制；封投降周朝的商朝贵族、纣王之兄微子启于宋（今河南省商丘市），建立宋国，以续殷商之祀；封周武王少弟康叔于朝歌，建立卫国；封周公自己的长子伯禽于奄国旧地，建立鲁国。

周朝初期，主要政治和社会矛盾集中在争权夺利的统治精英内部，而统治精英的成员大多来自周文王的姬姓家族，所以武王和周公的治国理政方法就是将姬姓家族的宗法制度推而广之，成为国家制度，用以约束统治阶级成员的行为，是为"礼"。当然，维系一个政权不能只靠道德和制度，最终还是要靠实力。周公对礼治的推行过程表明，有德性能让自己奉行礼治，有实力才能让别人奉行礼治。

在最重要的制度和权力分配方面，为巩固周天子的权力，让周朝世代稳固流传，周公旦在"礼"的三个层面都做了制度设计：

在礼制层面，周公延续武王的做法，进一步推行分封制。武王所开启的分封制，实际上是在周公手里完成的。周公将姬姓兄弟和周朝的功臣分封到各地，支持他们建立诸侯国，在国内享有世袭统治权，并定期向中央朝贡和提供钱粮、军队等方面的支持。这些诸侯都与周天子有着密切的关系，他们承担着守卫疆土、巩固王室的使命。

至于诸侯权位的传承，周公推行代际变迁的规则，其核心是嫡长子继承制。即周天子把土地分给子弟建立诸侯国，而诸侯国国君去世之后，嫡长子继承爵位（公爵、侯爵、伯爵不等）和封国，其他孩子降为卿大夫（子爵）；卿大夫去世后，也是由嫡长子继承子爵爵位，其他孩子降为士族。

值得注意的是，也是根据嫡长子继承最高权力的宗法法制，周公在摄政七年后一定要将政权还给已经成年的武王长子姬诵。从周朝八百多年历史的前半部来看，分封制和嫡长子继承制的推行，对于周朝政权的长治久安有着重要意义。

在礼仪层面，周公根据封建家族道德原则，制定了一套维系贵族们尊卑贵贱、亲疏关系的典章制度，即之前所述的"五礼"（吉礼讲祭祀，凶礼讲丧葬，军礼讲征伐，宾礼讲会客，嘉礼讲婚冠宴饮）。

因为中国是一个重视礼法的国家，礼的规范性甚至和法律一样重要，所以从周公起始，礼仪就已不仅仅是一种仪式，而是一种不可逾越的行为规范。特别是上下长幼、尊卑有序，都是规矩，不能破。谁要违犯尊卑、嫡庶这些等级含义的礼仪规定，便视为非礼、僭越。

在礼教层面，周公强调以宗法血缘为纽带的"家国一体"政治伦理，树立新的文化意识形态。周公自己不但是一位政治家，也是一位思想家，具有成体系的政治思想。他摄政后为了做前朝遗民的思想工作，特意发布《康诰》《酒诰》《梓材》《多士》等多篇文告，来安定殷民。《康诰》《梓材》宣布"明德慎罚"，明确商民的权利义务；《酒诰》禁止商民大量饮酒浪费粮食；《多士》则宣扬周朝是"天命"所在，如果商民服从天命，就会保有自己的耕田和家室，甚至能被任命为高官，如果不服从，就会失去土地和生命。

这些文告很好地解释了为什么周会取代商，将掌握权力的依据从自然传递变为执政者的德行，即统治者必须勤用明德、保民，才能"万年惟（为）王"。这里的"礼教"思想，在另一方面也形成了对周朝统治集团的约束。当然，礼只实行于贵族内部，所谓"礼不下庶人"。如忠、信、孝、悌、敬、让、义、顺等都体现在贵族阶层内部的伦理秩序中。

但周公也比较实用主义，对贵族讲的是"礼"和"以礼教化"；对平民讲的却是实实在在的利益，而不是看不见摸不着的"礼"。为合理分配国家和平民之间的利益，周公在经济领域推行"井田制"，将"公田"置于"私田"的中间，农夫们在耕作自己的"私田"的同时，也必须耕作国家"公田"，由此保证"公私两利"，在促进经济增长的同时，进行了利益分配，取得了农民的支持。

周公一生的功绩被《尚书·大传》概括为："一年救乱，二年克殷，三年践奄，四年建侯卫，五年营成周，六年制礼乐，七年致政成王。"就是说，在周公摄政的七年内，先是平定各地叛乱，后是制定典章制度。到了周公摄政的第七年，制度已经稳固，成王已经长大，周公按照当初的承诺，归政于成王。但在这个过程中，出了一个周公意想不到的大问题，险些危及周公的性命。

公元前1037年，这是周公制礼作乐的第二年，也是周公摄政的第七年。在这一年，周公返政成王。但就在周公结束摄政回到自己的封地后，有人在成王面前讲周公的坏话。周公感到很害怕，就逃到楚地去了。这时的周公，心内一定愤懑不平——自己顶着巨大的压力为国家奋斗多年，竟然在失去权力后面临如此结局。

但命运是公平的，不久后成王翻阅库府中收藏的文书，发现在自己生病时周公的祷辞，为周公忠心为国的无私品质感动得流下眼泪，立即派人将周公迎回来。周公回来后不计前嫌，依然尽心辅佐成王。

此时周公的几个儿子都已成年，其中长子伯禽被封于鲁国。作为从小受到周公教诲的贵族公子，伯禽将鲁国也治理成为礼仪之国，很好地传承了周公的理念和精神。后来孔子称赞鲁国的礼治时说，"齐一变而至于鲁，鲁一变而至于道"。周公去世后，成王把他葬在毕邑之地、文王墓的旁边，表示不敢以周公为臣。

在面对内外强敌，出兵平灭武庚时，周公刚强果决、坚毅英武；在治理殷遗民的问题上，周公宽宏大量、仁厚为怀；在面对朝野猜忌时，周公又明智地选择暂时离开避祸，终于得到机会复出。这三个层面都表现出周公政治家的格局，确是大丈夫所为。

周公及其家族对国家的贡献当然与周公自己的高尚品格有关，也和周公与周王之间血缘关系的亲近有关。周公所服务的对象归根到底并非自己的侄子，而是姬姓家族的王权。这本就是当初周武王分封与自己关系亲密的兄弟、功臣建立诸侯国的初衷。从王权与世家关系的角度来看，在国家危难的时候，作为世家大族的代表，周公不避艰险挺身而出，担当起王的重任；当国家转危为安后又功成身退，还政于成王，可谓是中国历史上世家与王权相互支持、相互认可的典范。

在周公所有的功绩中，以周礼的塑造最为重要。这套以宗法制度为基础的贵族统治制度，将家族和国家融合在了一起，起到了维护周天子地位的作用。这次"礼治"改革不但让周朝享有近八百年国祚，成为古代历史中寿命最长的王朝，也对中国封建社会的发展产生了极大的影响，对后世影响深远。也是因此，司马迁专门在《史记》中为周公和他的家族立传，称为"鲁周公世家"。

周公长子伯禽所就封的鲁国，在各诸侯国中武力不算突出，却一直保持着政治道德上的高水准，让周公所开创的礼治传统得以继承和推广。在以实力决定地位的政治斗争中，鲁周公世家随着周公的去世，影响力逐渐弱化。但周公所推行的周礼，却成为周朝贵族普遍奉行的制度内涵和行为准则。

二、荆楚世家："礼"的践行者

由周公开创、孔子集大成的"周礼"，特别是其中"礼仪"的部分，是调节贵族世家行为的重要指南。对此，中原贵族自然需要遵行不悖。但有趣的是，在春秋时期对礼法遵行得最好的，却公认是当时被视为蛮夷之地的楚国贵族世家。而楚世家最开始时只是子爵，所以春秋时人们经常称呼楚国国君为"楚子"。

和周公世家的姬姓一样，楚国的王室公族芈氏也是黄帝之后。具体说来是黄帝之孙、高阳颛顼氏之后。颛顼氏兴起于高阳，传到季连的六代孙，因为"君子之泽，五世而斩"的传统，这一支脉就开始姓芈，楚国就是芈氏的后代。周文王时，芈氏后裔鬻熊的曾孙熊绎因祖上有功，被封在楚，居丹阳（今湖北省秭归县）。这就是楚国建国的开始，而熊绎便是楚国的第一代国君。

春秋战国时期，贵族姓氏的规定较为严格。楚国国君熊氏，既属商末鬻熊之后，而国君的家族又是颛顼氏芈姓后裔，所以就把这两者区分开来："公族以芈为姓，国君以熊为氏"。也就是说，楚国公族的姓是"芈"，国君的氏为"熊"。所谓春秋战国时的公族，就是和国君拥有同一父系祖先的贵族。所以，楚国公族中的成员，只有在其当了楚王以后，才能以熊为氏，否则都姓芈。当然，楚王在以熊为氏的同时，自己也以芈为姓。楚威王叫熊商，而他的小女儿，也就是公主芈八子，后来成为秦国的宣太后。

司马迁在《史记·楚世家》中记录了楚国公族世家的事迹，主要就是楚国国君为了扩大强权而四处扩张的事迹。楚国内部的公族世家数量不多，但都非常强势。家族人才辈出，使楚国成为春秋战国时期的强国。以熊姓、芈姓等王族姓氏为首，诸多荆楚公族、世家的文化基因中浸润着刚烈、强悍的家族传统。恰如现在的湖南人的性格。不过，即使是在四面扩张的暴力过程中，其对武力的使用还是颇有贵族之风，充分表现了对礼的尊重。

周定王九年（前598），春秋五霸之一的楚庄王出兵陈国，杀了当时掌权的将领夏征舒。而发动这一场战争的理由，是因为夏征舒杀死了自己的国君，所以楚国为陈国国君复仇而杀死了他。攻下陈国后，楚国就把它划作自己的县。群臣都庆贺楚庄王，只有申叔时不贺。庄王问他为什么，申叔时回答说："俗语说，牵着牛笔直地走到人家田里，田的主人抢走了牛，牵牛走入人家田里确实不对，但抢走牛不也太过分了吗？当然，庄王您是因为陈国动乱才率领诸侯们攻伐它，明明是有理攻伐，但贪婪地把它划归为自己的一个县，这怎么能在天下发布命令呢！"[1]庄王于是又恢复了陈国国君后代的地位。

公元前597年，即周定王十七年春天，楚庄王用三个月时间攻克了郑

---

[1]司马迁：《史记·楚世家》。

国国都。郑国投降的时候，郑伯脱去上衣露出胳膊牵着羊迎接庄王，并说道："我不为上天所保佑，不能侍奉您，您因此发怒，来到我国，这是我的罪过。我怎敢不听从您的命令呢！您把我遗弃到南海吧，或者把我当奴隶赏赐给诸侯，我也唯命是听。假若您不忘记周厉王、宣王、郑桓公、武公，不断绝他们国家的祭祀，让我侍奉您，这是我的心愿。"①

楚国的大臣们都劝楚庄王不要答应，庄王却说："郑国国君能这样谦卑，就一定能任用自己的百姓，怎么可以断绝他的祭祀呢？"②说完，庄王亲自举起军旗，让军队退后三十里驻扎下来，答应与郑国国君讲和。郑大夫潘尪来订立盟约，子良到楚国当人质。当年六月，晋国救助郑国，与楚国大战，楚庄王率军在黄河畔大败晋军，楚军一直打到衡雍才回国。

公元前594年，宋国杀死楚国使者，楚国进攻宋都，围城五个月之久，都城内粮食吃尽，人们互换亲子骨肉而食，劈开人骨当柴烧。宋国的华元出城向楚军讲明实情，庄王说："这是君子啊！"于是撤军离去。

很多后世历史学家认为楚庄王有迂腐的一面，刻意地遵循礼法，放过了很多扩张的机会，但实际上楚庄王的做法恰恰显示出了其绝佳的政治智慧。春秋时期，不仅楚庄王，其他的君主贵族也经常表现出君子之风，多是出于两个原因：

一方面是在春秋早期，周天子和周礼的制约作用还在，要想扩张成功，必须有道义的基础。而当时国家的贵族都源自姬姓或芈姓、姜姓这些祖辈颇有渊源的姓氏，并且服从一整套周公礼治的规范，消灭这些国家必须有充足的理由，否则难以得到天子和其他国家的认可。所以春秋的战争一般不灭国，而只是要求小国服从，因而战争都有节制，并且严格遵循"军礼"。

---

① 司马迁：《史记·楚世家》。
② 司马迁：《史记·楚世家》。

另一方面是由于封建的关系，在周初就建立了许多小诸侯国，导致当时并没有优势特别突出的强国，一旦某个相对强一点的国家不遵循礼法而攻灭别国扩张自己，其他的诸侯就会联合起来遏制这个强国的扩张。像楚国强大之后向北方的扩张就遭到中原诸侯的集体抵制，先是齐国，后是晋国，后是吴国，再后是秦国，都让楚国北进无功而返。

这些内外的限制因素，都让春秋时期的战争在争取有限战争目标的情况下遵循一定的礼法而进行。这就可以理解，楚庄王对于礼法的尊重，并没有阻止他在周礼的约束下取得了最大的扩张成果，让楚国成为"春秋五霸"之一。

三、国君、公族、卿大夫的三难选择

在春秋战国时期，各个诸侯国之间的势力消长颇富有戏剧性。例如，秦国作为一个边陲小国却能在百年间持续地崛起；中原最强大的晋国却在权力的顶峰分崩离析；南方最强大的楚国在春秋时灭国无数，到了战国却先后被魏、齐、秦所凌压……背后的原因众说纷纭，但有一个因素是至关重要的，那就是各个诸侯国内部贵族世家的关系，直接影响了国家的发展。

在春秋战国时期，作为统治阶层的贵族世家内部可以分为三个部分：国君、公族和卿大夫。一个诸侯国的稳定发展，有赖于这三者之间的权力平衡。但很少有诸侯国能够做到这一点。其中在秦国是君主压倒了其他公族和卿大夫，形成了动员力强大的中央集权体制；在楚国则是公族占了上风，从而带来权力的内卷化；在晋国却是卿大夫凌压了国君和公族，最终导致国家分裂。

楚国公族的强大最开始是来自制度性的安排。楚国在春秋时灭国无数，每消灭一个小国后就会设置一个县。而县公的来源，主要就是楚国的公族。在春秋中后期，为防止当地贵族势力反弹，大量公族被派往楚国的各县担任县公。而这些公族之间经过博弈，最终形成了屈、景、昭三大公族主宰权力的局面。

其中屈氏源自楚国国君楚武王之子芈瑕。春秋初年，楚武王熊通的儿子芈瑕受封于屈地为卿，屈地就是现在的湖北秭归。芈瑕的子孙后代遂以封地名"屈"为姓。屈氏得姓后十分兴旺发达，作为楚国公族，曾经出过屈重、屈完、屈建等。或是善于辞令的外交家，或是统领千军万马的将军，曾给屈氏家族带来过极大的荣誉。楚怀王时期屈氏还出过更有名的三闾大夫屈原。

另一公族景氏，是楚景平王之后。在文的方面，其代表人物景差在楚襄王时任大夫。景差的辞赋，可与屈原、宋玉同享盛名。景差的子孙为了加以纪念，便以他的名字为姓，这就是今天景姓的起源。景氏故里就在楚国丹淅故地之商密、析邑。在武的方面，战国时有楚将景翠、景阳。《战国策》记载，齐、魏、韩三国攻燕，燕使太子求救于楚，楚王命景阳率兵救燕。景阳不赴燕而迂攻魏之丘，取之以与宋，三国恐惧，乃罢兵，燕国得以解围。

西汉初年，高祖刘邦采用娄敬的"强干弱支"策略，迁关东豪族以实关中。景氏一族被迁至关中长陵（今咸阳市渭城区）。两汉之际，景氏自长陵播迁至陕西、山西、河洛，甚至甘肃一带，一支还南下入蜀（梓潼）。自汉至唐，景氏一族形成了两大郡望，晋阳郡和冯翊郡，并因国内战乱、民族冲突、灾荒等众多因素而迁往全国乃至国外。

若论出现的顺序，屈氏一族出现得最早，景氏一族居次，昭氏一族居末，但是最后执掌楚国令尹大权最久的却是昭氏一族。昭作为一个姓氏在后来的历史典籍中湮没了，但实际上昭氏的子孙并没有消失，而是改了姓氏。现今的邵氏，就有一部分是楚国芈姓昭氏的后代。

在春秋后期大封公族掌管各县之后，战国时期的楚国君权进一步衰落。面对公族白公胜的叛乱，只能依靠同为公族的叶公平定，王权已经彻底衰落。而当时的三闾大夫屈原之所以遭到其他公族嫉恨，最终下台，主要原因并不是其品行太过高洁而不容于世，而是因为屈原作为公族的一员，却站在国家立场上，试图像吴起一样，在楚国开展变法，抑制公族的势力，伸张君权，这才遭到贵族势力的反扑。

屈原在楚国以才华卓越而闻名。他的名篇《离骚》的第一句"帝高阳之苗裔兮，朕皇考曰伯庸"就交代了自己的身世——高阳颛顼氏之后，父亲是王室公族后代屈伯庸。正因为这种公族的身份，屈原得以出任司徒和三闾大夫。而所谓"三闾大夫"就相当于后代王族的宗人府的主管，掌管的正是王族三姓的事务。

屈原为楚国强大而殚精竭虑，对内削弱公族势力，对外联齐抗秦，并一度得到楚怀王的信任。这也让他成为许多人眼中的敌人。在他一次次向楚怀王直言劝谏之时，也一次次被小人中伤。最终楚怀王不再信任他，并且将他一次次流放。

屡屡遭受打击的屈原始终不肯屈服，直到他听闻楚国国都郢被秦国攻占后，他的悲愤之情达到顶峰，最终选择了投江自尽。为家国而死，是屈原作为一个热爱家国的志士仁人的最后选择，也感动了无数国人。屈原的故事流传到今天，至今为人所纪念，已经说明了在中国人的心目中，真正尊重和欣赏的是什么样的人。

秦国和楚国之间的恩怨纠纷延续达百年之久，最终秦国对楚国取得了压倒性优势，甚至一度还欺骗和囚禁了楚怀王。根据《史记》记载，楚怀王客死于秦时，楚国人并未真正反省楚国衰落的真正原因。当时楚国南公还发狠说了一句名言："楚虽三户，亡秦必楚。"说的就是，虽然楚国的公族只有三户，但一定会灭亡秦国，报仇雪恨。这句话当然是出于南公对秦国的愤恨和楚人有仇必报、宁死不悔的性格。同时，也暗示春秋战国时代楚国的政权实际上是都由三大公族把持，这里用公族来代指国家，表明在贵族心目中"家国一体"的观念是如此自然而然。

不过，楚国的公族虽然孜孜于追求权力，却也不乏贵族本色，可以为了自尊而勇敢牺牲。这一点也成为一种群体文化性格，近现代还有"无湘不成军"的说法。荆楚世家的尊严、血性、勇敢不但体现在楚庄王这样的王者身上，其他公族也不遑多让。

在为秦所灭的六国之中，楚国所受的屠戮最惨，与秦国的仇恨最深。所以，大泽乡起义时陈胜吴广振臂一呼，各地楚人云涌响应。楚人就抱着"楚虽三户，亡秦必楚"的志向，加入了对暴秦的反抗。不过，在秦末大起义中，真正担任了反秦主力的，并不是这三大楚国王族，而是同为荆楚十八姓的另一楚国贵族——项氏。项梁和项羽拥戴楚王后代熊心为义帝，最终灭亡了秦国，为楚国复仇成功。

关于楚人的热血传统的描述，在中国历史上并不少见。所谓"楚虽三户，亡秦必楚"，"惟楚有才，于斯为盛"，"无湘不成军"，"若要中国果亡，除非湖南人尽死"，等等。一个民族要想在险恶的环境中生存下去，必须要有像荆楚世家这样的热血精英，敢于战斗，敢于胜利。

除了屈、景、昭这三姓外，楚国的公族姓氏芈姓后来还分化出很多其他姓氏。在湖北一代，一直都流传着荆楚十八姓源自楚国公族芈姓的说法。也就是说，作为春秋时期楚国贵族姓氏的芈姓，后来分化形成了很多其他的姓氏，包括伍、屈、项、蓝、麻、钟、左、靳、景、鄂、卓、能、庄、慎、敖、荆、红、上官等。

在这些楚国贵族后代的序列中，涌现出许多有名的家族。而世家大族之所以生生不息，就是因为代有人才出现，精神气质也传承不辍。像屈氏出了屈原，项氏出了项羽，景氏出了景差，庄氏出了庄周（庄子），慎氏出了慎到。而在上官家，就连唐朝女子上官婉儿也造就过辉煌的历史。荆楚世家追求权力和热血报国的传统，一直影响到今天的荆楚文化。

四、孔府世家：礼的传承者

春秋时期，不但各个诸侯国贵族阶层内部的权力结构剧烈地消长，各个诸侯国与周天子的关系、诸侯国内贵族与平民的关系也发生了重大变化。这是因为，当周朝的分封制延续百年之后，王权与诸侯世家之间的血缘联系逐渐变淡，他们之间的关系也将会彻底改变。特别是在"周召共和"[①]之后，周天子地位开始下降。到了周幽王时期，天子被蛮族击败并俘虏，诸侯更加不把周天子放在眼里。

这种周王室衰微、诸侯斗争加剧、周天子不被尊重的状况，被孔子评价为"礼崩乐坏"。当是时，周礼的调控功能开始下降，天子、诸侯、卿大夫的行为违反周礼之处比比皆是。而孔子在这个文化末世的最突出贡献，就是借助儒家学说复兴了周礼，并进一步发扬光大，成为中国历代皇朝的政治文化基础。与此同时，在孔子之后两千多年的时间里，孔府世家都成为守护礼治传统的文化家族。

孔子，名丘，字仲尼，祖先为商朝后裔。周武王灭殷商后，封殷宗室微子启于宋。微子启传了四代国君，到了湣公共的时代，湣公长子弗父何让国于其弟鲋祀，也就是宋厉公。而弗父何自己做了卿。孔子先祖遂由诸侯之家转为公卿之家。

宋国国君公卿本来继承的是商朝国君的姓氏"子"，但当弗父何这一支传到孔子的六世祖孔父嘉的时候，已经"五世亲尽"，也就是到了分支自立门户的时候了。按照规矩，分支的时候，可以用族长自己的名号，也可以用祖先的"字"，孔氏这一支因为都迁移到了鲁国，为了标识因为宋

[①] 公元前841年，因为周厉王的胡作非为，国人发生暴动，推翻周厉王。周公（周公旦的后代）和召公代行执政。

国华督之乱而死的孔父嘉这一支，就以其字为氏。嘉是孔父的名，孔父是其字。于是孔父嘉的字"孔"就成了氏，孔氏家族由此诞生。

孔父嘉本人的命运不算好。当时宋国的重臣华督发动叛乱，孔父嘉死于这场叛乱，而孔父嘉的儿子则被亲信们保护着逃到鲁国。这时的孔家已不再是公卿之家，而属于"士"的阶层，在鲁国又经历了几代人，直到孔子的父亲叔梁纥担任了陬邑大夫，才再次短暂地跻身显贵行列。

孔子家族最初是以勇力而闻名鲁国的。孔子的父亲叔梁纥身高十尺，差不多有两米，以勇力著称。有一次鲁国跟随晋国为首的多国联军进攻逼阳国，逼阳国城池牢固，联军久攻不下。最终鲁国的勇士趁逼阳人打开城门上的悬门时杀进城内。想不到悬门此时缓缓落下，要将冲进城内的鲁国人关在城内。危急关头，叔梁纥挺身而出，将悬门托住。攻进城内的鲁国勇士，包括平时号称最勇敢的秦堇父和狄虎弥，都趁机从悬门下跑出城外。直到鲁军退尽，叔梁纥才放脱悬门，回到本营，对秦堇父和狄虎弥说："二位将军之命，悬于我之腕也！"[1]受到嘲笑的秦堇父和狄虎弥则在第二天的战斗中奋勇争先，秦堇父三次被打落城墙，依然奋勇登城，最终让守军叹服，主动撤退。由此叔梁纥的威名传遍诸侯。而孔子身形魁梧、身高在一米九以上，当然是得自孔武有力的父亲的基因遗传。

公元前551年9月8日，孔子生于鲁国。鲁国不是普通的诸侯国，第一任国君是周公旦的长子伯禽。作为周公世家的后代，鲁国在各国中最强调"周礼"，对周代文物典籍保存完好，素有"礼乐之邦"之称。时有"周礼尽在鲁矣"的说法。孔子后来还有"齐一变，至于鲁；鲁一变，至于道"的说法。鲁国的"周礼"文化传统对孔子思想的形成有很大影响。

---

[1]《左传·襄公十年》。

孔子早年丧父，孔子的母亲在他三四岁的时候，就教他读书认字。而孔子最感兴趣的则是礼仪，几岁的时候就会自己拿着一堆石头，按照礼仪的规矩来排列摆放。在读书方面孔子也很争气，读书不辍，刻苦钻研，终有所成。可以说，孔子就是靠不断学习而成为一代圣人的。所谓"天行健，君子以自强不息"。

孔子在三十岁那年学有所成，授徒讲学。颜路、颜回、曾点、子路、伯牛、冉有、子贡等，都是在那一时期成为孔子较早的一批弟子。连当时著名的学者鲁大夫孟僖子，以及他的儿子孟懿子，还有南宫敬叔都来向孔子学礼。

孔子所创设的私学，不但打破了"学在官府"的传统，促成了学术的民间化，更是突破了周朝"礼不下庶人"的传统。因为孔子的弟子，大多数都不是来自君主卿族之家，而是普通的"士"，甚至平民子弟。他们学习了原本属于贵族教育的"君子六艺"，就有可能出仕成为官员或大夫。像孔子的弟子冉求就因为会带兵打仗，被季孙氏看上而成为季氏的家大夫。

鲁国国君听说了孔子的贤名，让孔子先后出任中都宰和大司寇。孔子"以礼治国"的实践在内政上取得了"夜不闭户，路不拾遗"的治理效果，在外交上不战而屈人之兵，从齐国手中得回三城。这段时间内孔子的治国成就为人瞩目。但孔子试图削弱鲁国各大世家，让权力归于君主的努力，却遭遇极大阻力而失败，被迫带领众弟子流亡国外十几年，最后是在鲁国季孙氏的准许下回归鲁国。

孔子一生的主张是"克己复礼"，试图改变春秋乱世"礼崩乐坏"的局面，回归到周公时代以"礼治"为核心的政治制度中去。虽然孔子在乱世中难有机会施展他的政治主张，但这套关于"礼治"的强烈信念和相关的秩序安排却流传了下来。在中国的历史上，只要一个大一统皇朝强调以政治德行和政治秩序来统治，孔子的学说就有着无可替代的价值。

曲阜孔氏家族在春秋时期就已经成为儒学传承的重镇。孔子的孙子子思，也是一位大学问家。因子思对儒家学说做出特殊贡献，和孟子、曾子、颜回一起并称"四配"，历代帝王均对这四位给予极高的礼遇，并由其后人世袭领爵，由此形成了儒学的四大家族。其中当然以孔府世家为首。

自西汉王朝开始，汉高祖刘邦就加封孔子的第八世孙世袭爵位。此后历朝历代的皇帝都对孔子的嫡系后代进行册封。这么做的目的很明显，作为春秋时期最有影响力的教育家，孔子的学说被天下无数的读书人传颂学习，孔子也是读书人心中的神。尊重他的后代，有利于维护统治者们在读书人心中的印象。

到了宋代，公元1055年，宋仁宗封孔子的后代为衍圣公，定位世袭公爵。衍圣公这个封号也自此确定，流传了八百多年，历经宋、元、明、清四朝。在清朝灭亡、民国建立之后的1920年，刚满百日的孔家嫡系传人孔德成还在受封此号。直到1935年，国民政府才取消封号，将第三十二代"衍圣公"孔德成封为"大成至圣先师奉祀官"。但俗称还是衍圣公。

孔子后人中有作为的也不少，第二十代孙是东汉末年的北海太守孔融（153—208），小时候就流传下来"孔融让梨"的故事，后来成为著名文学家、"建安七子"之一；第六十四代孙清初的孔尚任（1648—1718），曾创作了戏剧名篇《桃花扇》。

虽然出了很多人才，但这个家族的终极使命却并非安邦治国，而是守护文明。很多人批评孔家后人没有原则，不论哪个朝代的册封，孔子家族都接受。但其实，如果把思考的维度超越政治而上升到文明的高度，就很容易理解孔家人的选择。在中国的历史上，朝代更迭是很正常的。如果皇权失德，自然会消亡。但只要中国人的文化血脉不断，世俗政权由谁统治，其实和孔家无关。孔家负责的是中华核心文明的传承不辍，在每个朝代都能将周公所发明的礼治传统发扬光大，并以此敦化民风和指导国家治理。

而且孔府世家并不孤独，在中国，保持"以礼传家"传统的家族不胜枚举。特别是前文所述，和孔子一样配像孔庙的"四配"家族。其中孔子的大弟子颜回的家族，号为"琅琊颜氏"，在中唐时期出了颜真卿、颜杲卿这样的忠臣，名垂千古；曾子的后人中有曾国藩家族，一门中出过政治家、军事家、科学家，两院院士不胜枚举；孔子的再传弟子孟轲的家族，作为儒家"亚圣"代代受皇封，其现任家族掌门人在民国时期被任命为"亚圣奉祀官"。这些家族和鲁周公世家、孔府世家一样，所守护的其实是中国人的文化血脉。

第三节　晋国六卿：世家内斗与礼法规制的破坏

一、周天子和诸侯之间关系的错位

即使有荆楚世家的贵族精神传承、孔府世家的文化加持，由周公旦所开创的礼治传统还是在春秋时期没落了，无法再承担调节贵族阶层内部，特别是君权、公族和卿大夫之间关系的使命。而贵族礼治传统的衰落，和封建制度的衰落、贵族世家的衰落几乎是在同时发生的，这应被视为封建制的必然结果。

因为贵族的地位虽然是世袭的，却并非简单地承袭权力和地位。姓氏的代际更改，其实暗示着血缘关系以及据此所建立的政治秩序的衰落。在周朝，王室子孙传到几代人之后，除了君主自己的直系大宗之外，其他子弟就要改姓。即使是直系血缘，几代之后根据一定的条件也可能要更改姓氏，建立自己的家族，如晋国六卿中的荀氏、中行氏、智氏，其实都来自公族姬姓的改姓，而范氏、韩氏、赵氏、魏氏则来自大夫的姓氏。这样就意味着贵族世家越到后代权力就越小，关系就越淡，并且从一个大家族分化为许多分支家族。

周天子分封诸侯的目的之一，就是要建立一个由兄弟的家族、亲戚的家族、功臣的家族来拱卫王室的统治格局。但情况往往是：在最初的几代人中，世家还保持着对王权的尊重和效忠。例如周公旦就曾经帮助周成王匡扶天下。周公旦之子也分别被封到鲁国、凡国、蒋国、邢国等国为君,和周天子保持着良好的关系。但这种基于血缘关系的分封制传了几代人之后,各个世家和周天子之间的感情和血缘都变淡了,关系越来越疏远,甚至反目成仇。随着周天子的地位衰落,诸侯们渐渐地不把周天子放在眼里了。春秋时期那些权势熏天的贵族世家,对礼治传统的衰落,是负有相当大的责任的。

在春秋时期,姬姓诸侯国里最有名的几位,像姬寤生、姬重耳、姬夫差,都曾经建立了霸业,不但在实力上超越了周天子,有的更成为周天子的保护人。春秋战国时代,也是诸侯世家以自己的武力凌驾于天子之上的年代。

第一个破坏了周天子尊严和地位的世家诸侯,是郑庄公姬寤生。

郑庄公曾在春秋早期称霸中原。当时郑氏长期担任周朝的上卿。但周桓王和郑庄公关系不好。公元前707年,年轻气盛的周桓王取消了郑庄公的卿士头衔。郑庄公大怒,在四月和九月,两次派士卒将本属于周王属地的麦子割得一干二净。在双方关系恶化后,周王集结了陈国、蔡国、卫国等几个国家去讨伐郑国。刚一交战,陈国等就已经落败。当周天子直属的军队和郑军交战时,郑国大夫祝聃还一箭射伤了周桓王。此时郑国的将军们还想继续追击,心里过意不去的姬寤生阻止了。这一次王师惨败,天子被臣下射伤,明显违背礼法的以下犯上,让王权的威严扫地。天下各个诸侯的野心都开始蠢蠢欲动。

第二个让周天子的虚弱曝光于天下的世家诸侯,是晋文公姬重耳。

姬重耳,就是晋文公,春秋五霸之一。当年周朝两王子姬郑显和姬叔带争位,哥哥姬郑显就是靠齐桓公的帮助上位成功,成为周襄王。此后弟弟姬叔带私通王后,还发动叛乱赶走了哥哥周襄王,自己称王,这就是王子带之乱。此时齐桓公已死,被夺取了妻子和王位的周襄王只好求助于另一位霸主晋文公。晋文公出兵击败王子带,帮助周襄王复位。复位的襄王想酬谢晋文公，被晋文公谢绝了，但晋文公提出另外一个要求，就是在自己死后可以用隧礼安葬。这是只有天子才能享有的礼仪。周襄王拒绝了晋文公，但也付出了另外的巨大代价——把四座本属于周天子的直辖城池赐封给了晋国。

此后，姬姓世家和周天子之间的关系越来越疏远。各国诸侯世家纷纷僭越礼仪，不把周天子放在眼里。当吴国国君姬夫差称霸中原的时候，也只是派人告诉了一下周天子而已，周天子也只能默认。

不过，僭越礼仪并架空周天子的晋国国君，后来也遭遇了同样的报应。晋国按惯例将土地分封给六卿家族，结果六卿家族长时间把持中枢权柄，慢慢地架空了晋国国君。分封对象的坐大最终会反噬分封者，也许是所有封建社会的死结吧。

二、诸侯内部卿大夫家族之间的权力斗争

在诸侯国林立的春秋战国时期，贵族世家不但是外战扩张的先锋，也勇于在一国之内进行家族战争。而即使有着共同或相近的祖先，贵族之间的权力斗争也是非常残酷的。这种冲破"礼法"的权斗，是贵族世家覆灭的重要原因，周天子如此，晋国如此，晋国之后的韩赵魏诸侯皆是如此。而在先秦时代持续时间最长也最为惨烈的贵族世家权斗，发生于中原第一大诸侯国晋国的内部。

晋国卿大夫势力的崛起有明显的外部因素：晋国作为姬姓王族后裔，中原第一大国，地处和西北胡人部族交锋的前线，在整个春秋时期都担负着维护华夏文明正统的使命。而这数百年使命的达成，不但有赖于晋国国君明智和士卒拼命，也有赖于那些掌控军事力量的卿相世家。由此也造成晋国内部卿大夫世家权力的增长。有时卿大夫家族甚至凌驾于国君之上。这在很大程度上就是对礼制的僭越。

晋国历史上权势最大的世家有十一个，包括狐氏、先氏、郤氏、胥

氏、栾氏、范氏、中行氏、智氏、韩氏、赵氏、魏氏等。这些大家族们按照"长逝次补"的原则，轮流担任晋国内部最重要的"六卿"角色，执掌政权。这些担任六卿的家族们出将入相，有的家族甚至连续十代人都参加了晋国执政团队。

六卿世家们在面对外敌时能够团结一致，特别是面对胡人入侵时奉行"尊王攘夷"的原则，捍卫着华夏文明，正所谓"春秋大义看晋国"。但另一方面，晋国公室本身也不争气，多年来公室子弟因为争夺国君位置而自相残杀，致使公室家族衰落，人才凋零。各个卿大夫世家则不断坐大。

如前所述，诸侯国内部的稳定有赖于统治阶级内部的国君、公族和卿大夫之间的权力平衡。但在晋献公时期，为了防止其他公室成员觊觎国君之位，晋献公竟然使用士芿之谋，离间群公子，对公室成员进行了大屠杀，甚至把屠刀伸向了自己的儿子。晋献公所宠爱的骊姬为让自己的儿子继承君位，经过一系列阴谋安排，在公元前655年逼死太子申生，晋献公的另外两个儿子重耳、夷吾不得不逃亡国外。但随后骊姬自己的儿子在政变中被杀死，晋国陷入内乱。直到公元前633年，姬重耳才在秦军的护送下，结束流亡生涯回晋国即位，是为晋文公。

晋文公时期，王室公族极度衰落，也缺乏人才。为了增强被内乱折腾得虚弱不堪的晋国军力，晋文公建立了三军制度。每军设将、佐各一名，依次为中军将、中军佐、上军将、上军佐、下军将、下军佐，其中中军将为正卿，执政晋国。对车兵的"三军六卿"的军制改革，实际上是"军礼"在晋军中的实践应用，军制改革让晋军实力大增，不但巩固了原来中原霸主的地位，还在晋楚战争中战胜了强大的楚国。

不过，这次军制改革却导致卿大夫家族的势力开始超越国君和公族。六卿的主要来源正是当初追随晋文公流亡的那些大臣。他们组成了一个世袭的贵族统治集团，通过军制改革来划分各自的势力范围、提升家族地位。这些执掌三军的六卿家族出将入相，掌管军政大事，建立了中国最早的议政大臣制度。卿大夫家族地位的上升实际上也违反了周礼的上下等级原则。但在六卿制度的开端，卿大夫家族还没有堕落，仍然强调礼仪和礼教，是政治权力和国家稳定的支柱。

在晋国十一大世家中，姬姓郤氏作为晋国公室后代，曾经是最强势的家族。姬姓郤氏原本姓姬。其立姓始祖是郤豹。当时晋献公在位，将豹封于郤邑，立郤氏。郤豹有三个儿子：郤称、郤芮和郤义，嫡长子郤芮继承了郤豹的家主地位，骊姬之乱中，郤氏几兄弟拥护公子夷吾继位，是为晋惠公，晋惠公死后，几兄弟又拥护夷吾的儿子公子圉继位，是为晋怀公。

郤豹另外的两个儿子——郤縠和郤溱在晋惠公死后，支持在外流浪的重耳回国继位，是为晋文公。晋文公很感激郤縠兄弟，在建"晋国三军"的时候，任命郤縠为第一任中军将，郤溱被任命为中军佐。

不过，郤縠郤溱的儿子们没有什么大作为，而作为罪臣郤芮儿子的郤缺却很贤能，被另一大家族的胥臣推举出来做官。后来郤缺成为众卿之首"中军将"。

另一位让郤氏权势得以升上高位的是郤克。在晋楚争霸的第二战——"邲之战"之后，原本掌握晋国大权的先氏犯下历史性的错误。在这一战前中军将是荀林父，中军佐是先縠。战败之后，荀林父承担责任，引咎辞职，而先縠则选择通敌造反。在这种情况下先氏被驱逐出晋国，晋国众卿出现重大空缺，于是，郤克上位，先是成为中军佐，后来在士会退休后成为中军将。

郤克去世后，他的三个儿子仍然掌握了晋国大权。那是晋厉公时期，晋国原本的"三军六卿"制度由于增加了一军"新军"而成为"四军八卿"。而郤克的三个儿子居然在八卿中占据了三席，史称"三郤"，一时间权倾朝野。

但权势这个东西往往盛极而衰。《左传》记载,"三郤"占据高位后飞扬跋扈,郤犨夺施孝叔之妻,郤至夺周天子之田。这些无礼的举动得罪了太多人。特别是卿大夫一族在晋国越来越庞大,威胁到晋国公室的统治,导致晋厉公决心清除卿族势力。于是派出和"三郤"有深仇大恨的长鱼矫与清沸魋二人假装诉讼,请"三郤"为其评判。"三郤"本来准备在一个台榭中为他们调解,谁知长鱼矫突然就拔出戈,杀死了郤锜和郤犨。郤至见势不妙,急忙逃走,也被长鱼矫追上杀掉。晋厉公一日之内连杀郤氏三位卿士,并将他们陈尸朝堂,诸卿无不震恐。

平心而论,"三郤"虽然长期嚣张跋扈,无礼至极,却并未打算谋反,也因此才会毫无防备地被晋厉公剿灭。但这件事引起的连锁反应却是,各个卿大夫家族人人自危,自觉即使没有反叛之心,只要势力一大就会被君主剿灭(事实也是如此)。既然横竖都会引起君主的剿杀,还不如真正地反叛夺权。

晋平公八年(前550),栾氏面对来自国君的威压,铤而走险发动叛乱,失败后也被灭族。此后晋国国君还进行了几轮卿大夫势力的清洗。原有的十一家卿族经过轮番打击,仅剩韩氏、赵氏、魏氏、智氏、范氏、中行氏六家。

表面上看起来,晋国国君对卿大夫连番打击均以大获全胜而告终。但如果从国君和卿大夫的权力之争的角度来看,晋国国君的这些全面打压卿族的举措,其实是选错了方向,用错了力量。因为卿大夫的势力其实是来自"三军六卿"的体制,而非几个家族自身的实力。所以,在制度不变的情况下,只是诛除领头的几个家族,是不可能改变卿族坐大的状况的。

果然,余下的六大家族达成默契,联合起来对付国君,这样就再难被单独灭族了。同时六卿每个家族都占据一个卿位,长期把持晋国军政大权。所以后来的晋国六卿又被用来特指此六大家族。晋国的国君在铲除卿大夫势力的问题上，针对的是人，而不是制度，犯下了历史性的错误。之后卿族凌驾于国君之上的状况更加严重。

不过，在卿族们通过抱团解除了国君的威胁后，各个卿大夫家族之间却彼此不能相容，开启了更残酷的卿族内斗。特别是在只剩下六个卿族之后，六卿家族自己内部争斗升级，接连进行自我淘汰。这淘汰的效率甚至比来自国君的打击更高。到了晋国后期，也就是春秋末期，卿大夫家族开启了真正的自毁进程。

三、中行氏与范氏：贡献最大的家族在权斗中一朝陨灭

在六卿斗争中，首先出局的是中行氏与范氏。本来这两家在六卿中的实力是最强的。其中中行氏和智氏一样，都是出于荀氏，但却一度势同水火。范氏则是中行氏的姻亲，最后两家双双被灭。

晋国荀氏本来为姬姓原氏。周文王第十六子被封到原地（位于今河南省济源市）为伯爵，号为原伯。原伯的后代中有一位叫原黯，是晋武公时的大夫，辅佐晋武公多年。原黯就是荀氏、中行氏和智氏共同的祖先。原黯曾以封地的"郇"（位于今山西省临猗县）字而改氏为"荀"，字息。原黯就是荀氏之祖荀息。

晋武公死后，其子晋献公继续重用荀息。荀息献计假道伐虢，帮晋国灭掉虢国和虞国。献公临终前任命荀息为执政大夫，嘱他立骊姬的儿子奚齐为国君。献公去世后，荀息遵嘱立奚齐为君。大夫里克、丕郑发动政变，刺杀奚齐。荀息又立骊姬妹妹的儿子卓子为君，又被里克等人杀掉。君权和公族双双遭到重创，荀息因感有愧于献公而自杀。

此后晋国经历了一系列的内斗，晋文公重耳上位。重耳的舅舅兼近臣狐偃就进言道："先臣荀息，死于奚齐、卓子之难，忠节可嘉。宜录其后，以励臣节。"晋文公听从了舅舅狐偃的建议，任命荀息的长孙荀林父担任晋文公的御戎。

公元前632年，为了对付日益强大的戎狄，晋文公再次扩军，在以车兵为主力的"三军"之外另设了以步兵为主力的"三行"，此举开创了春秋时期的集团式步兵作战传统。因为荀林父有带军之才，晋文公便任命他做"中行"的主将，可见对荀林父很是看重。荀林父作为中行主将，由此得姓，号称中行桓子，这个名字和原名荀林父并用。而荀林父的后代也因此称为中行氏。

后来荀林父的地位进一步上升，成为"三军"里的"中军将"（上卿），荀林父的弟弟荀首后来任中军佐（亚卿），食邑于智地，开辟了智氏一脉；荀林父的另一个弟弟荀骓后来任新下军将（下卿），食邑于程，开辟了程氏一脉。

公元前597年邲之战爆发。这是春秋时期最重要的争霸战之一。当时已经和秦国结盟的楚庄王亲率楚军围攻郑国，晋国派荀林父率三军救郑。当晋军到来时郑国早已投降楚国。荀林父本不愿再为郑国而与楚军交战，但手下将领主战派居多。于是双方在邲地（今河南郑州北）摆开阵势对战。由于晋军对外需要同时防备楚军和秦军，内部则将帅不和、各自为战，故而遭遇惨败，楚庄王也因此役获胜而奠定了中原霸主地位。

晋师归国后，作为主将的荀林父并未获罪，仍担任上卿执政。这时的晋国面临楚国和秦国的夹击，又逢新败，局势严峻。但荀林父没有丧失斗志，而是接受失利教训，在晋军中统一指挥体系，并再次率军伐郑，让曾经投降楚国的郑国脱离了与楚国的同盟；并在邲之战三年后的公元前594年率三军击败前来捡便宜的秦军，还占领了狄人地盘，开拓了疆土。公元前593年，荀林父自觉部分弥补了邲之战的过失，宣布退休，并推荐士会执政，荀林父之子荀庚代父入六卿。

晋国此后的政治格局又发生了变化。在扩张战中谁得地谁占之的原则，让晋国卿大夫对外扩张的积极性大增。在范氏、中行氏、赵氏等家族带领下，晋国军队大败狄军，占领了现在的晋中和晋北。此后兵锋又指向了东阳（太行山东）的赤狄鲜虞，也就是后来的中山国。公元前530年，荀吴伐鼓，进入鼓都昔阳（今河北省晋州市西）。同年八月晋灭肥（今河北省藁城县），公元前529年冬，荀吴破鲜虞中人城（今河北唐县峭岭）。公元前520年，鼓叛晋，晋复使荀吴灭之。后来荀吴又率晋军灭了陆浑戎，即位于晋国南端的姜戎。①

这些扩张夺得的地盘，大部分被各大家族瓜分了，成为家族的领地。但由于彼此之间分赃不均，将领之间争功的事件时有发生，也产生了深刻的家族矛盾，并带来某些家族的灭顶之灾。对外扩张的成功反而导致各大世家因为争夺胜利果实而内斗加剧，这可能是当初政策制定者所没有想到的。

在晋国卿族内部争斗加剧的背景下，中行氏和范氏结为姻亲，对其他家族采取进攻姿态。公元前497年，卫国进贡给赵氏五百户人家，晋阳赵鞅因为邯郸赵午没有把这五百户人给他而杀了赵午。赵午是荀寅（中行寅）的外甥，于是中行氏、范氏和邯郸赵氏一同攻打晋阳赵氏。而智氏、韩氏、魏氏趁机联合起来，以晋国国君的名义解救晋阳赵氏，开启了长达八年的"六卿之战"。战争的一方是中行氏（荀氏）、范氏和邯郸赵氏，另一方是智氏、韩氏、魏氏和晋阳赵氏。

中行氏和范氏在战争一开始就犯下大错：荀寅对晋定公一向不满，此时看到其他四卿打着晋定公的旗号，竟然和范氏联手进攻晋定公。问题是，赵鞅和赵午之争乃家务，中行氏和范氏插手本就于理不合，现在又公然造反，成了晋国公敌。其余四卿智氏、韩氏、魏氏、赵氏联合起来讨伐二氏，大战于铁（河南濮阳）。后二年，再战于邢（河北邢台）、任（河北任县）、栾（河北赵县）、逆畤（保定西南）、阴人（山西灵石）、孟

---

① 《左传·昭公十七年》。

（山西阳曲）等地。几场大战下来，中行氏和范氏大败。

公元前491年，中行氏荀寅逃奔鲜虞中山，荀寅原是中山的死敌，但此时中山为了对付晋国，将荀寅接纳到新占领的晋国属地柏人城。公元前489年春，晋大夫赵鞅大破中山并攻占了柏人城。中行氏（荀氏）和范氏二卿只好又逃奔到齐国。他们在晋国的领地被其他四卿瓜分。这场长达八年的六卿大混战结束，中行氏和范氏从此消失在了晋国的政治舞台。

中行氏一门五代世为晋卿。五代人中，荀林父、荀庚、荀偃、荀吴、荀寅都是晋国卿士。前四代"中行人"，都对晋国忠心耿耿，堪称能臣干将；到荀寅时却突然犯下大错，最终还被其他家族赶出晋国，让人唏嘘。

四、智氏：继承人选择不当导致灭族之祸

尽管处于敌对阵营，但其实智氏和中行氏同出于姬姓荀氏一脉。当荀林父开创了姬姓中行氏之后，荀林父的弟弟荀首任中军佐（亚卿），食邑于智地，卒谥庄，史称智庄子，开辟了智氏一脉。荀首的儿子是荀䓨，公元前566年，荀䓨出任中军将，荀林父之孙荀偃担任上军将，为了区分帅旗，荀䓨就以先父的采邑智为氏，别为智䓨，追尊先父智庄子为智氏创姓始祖。

智氏勇力非凡，在第一代荀首（或称智首、智庄子）时代就有所表现。公元前597年晋与楚的邲之战中，荀林父担任中军将，弟弟智首为下军大夫。此战，晋军指挥失当，中军佐先縠不听军令，与赵同独自渡过黄河。为免这一支晋军孤军深入，荀林父仓促下令主力渡河支援先縠。同时又派侄儿智䓨率战车二十乘，步卒两千人，前去接应赵同。结果智䓨遭遇楚军主力，兵败被俘。

此时，晋军主力也遭挫败，准备渡河撤退。荀林父和智首都已上船，但智首听说儿子智䓨被俘后，立刻率领家兵弃船登岸，想去夺回智䓨。荀林父怕智首再有闪失，劝他不要去。智首爱子心切，回答道："得他人之

子，可换回吾子！"于是率家兵杀了回去。智首虽然在敌阵中没找到智䓨，却射杀了楚将连尹襄老，并俘虏了公子榖臣。这一次反击多少为失败的晋军挽回了面子。

九年后，在郑国大夫皇戌的调解下，楚庄王之后即位的楚共王同意交换战俘，以智䓨交换公子榖臣。回国的时候，智䓨还和楚共王有一段很有意思的对话。当时楚共王问智䓨，回国后将如何报答楚王对他的礼遇和恩德。智䓨回答道："如果国君没有赐死我，而是让我继承宗子之位，执掌军旅，要是遇上大王您的军队，我会赴汤蹈火，力战而死，以尽臣礼。这就是我对您的报答！"①楚共王听后感叹道："晋国未可与争也。"更加尊敬智䓨，并赠予重礼送智䓨回国。

智䓨回国后恰逢新君即位，贤臣韩厥升任中军将，智䓨于是被升任上军将。不久，韩厥见智䓨才能出众，便主动引退让贤，将中军主帅的宝座让于智䓨。公元前566年，智䓨成为正卿，担任执政大夫兼中军元帅，他是智氏第一位正卿，开创了智氏几代人的辉煌家族史。

不过，到了春秋晚期，卿族阶层经过数百年的传承，长期处于固化的阶层地位，让很多卿族都失去了奋斗之心，从而走向了集体腐化堕落。尤以智氏家族为代表，经过几代的传承，先辈所遵循的礼仪、贵族精神和敬畏之心渐被弃之不顾。

智氏在智䓨之后几代人均位列三军六卿。其中智䓨、智跞、智瑶三代为中军将，智氏家族一时成为晋国顶级权贵。但传到智瑶这一代时却出了问题。在册立谁为智氏宗子的家庭会议上，智申想立智瑶，族人智果反对说"荀瑶不如荀宵"，智申回答"荀宵面相凶狠"。智果则针锋相

---

① 《左传·成公三年》："若不获命，而使嗣宗职，次及于事，而帅偏师以修封疆，虽遇执事，其弗敢违。其竭力致死，无有二心，以尽臣礼，所以报也。"

对地提出:"荀宵狠在表面,荀瑶狠在内心!""荀瑶有五种优点,这样本来就容易遭人忌恨,而他又没有仁爱之心,这样的人,谁能容忍得了呢?""如果立荀瑶为继承人,智氏家族必有灭门之祸!"[1]但智申最终没有接受智果的意见,还是立了智瑶为宗子。

在面对复杂斗争局面的古代社会,一个好的嗣子对家族的兴衰至关重要。后来的事实证明,智瑶(智伯)是一个足以为家族招来仇恨与灾祸的家族领袖。原因就是智瑶对于"仁德"及其外在表现"礼仪"的蔑视。

人与人之间讲究礼仪,意味着彼此的尊重。在春秋时代,贵族之间相互招待宴饮是有规矩的,是为宾礼。有一次诸卿一起饮酒,智瑶与韩康子、魏桓子在蓝台饮宴,席间智瑶戏弄韩康子,又侮辱他的家相段规。这不但违反了最基本的宾礼,而且毫无来由地得罪了其他卿大夫。

公元前475年智瑶成为晋国执政者,掌握大权,从此开始滥用权力,谋求其他三家的土地。当智瑶以国君的名义向三家索要土地时,韩魏两家慑于智氏强大,各自交出了一座万邑之城。唯独赵氏拒绝。于是智瑶联合了韩氏、魏氏二卿围攻赵氏于晋阳。大权在握的智瑶变本加厉地骄横,对其他人更是缺乏同理心。不过智瑶确实有才能,他想到了引晋河水攻击晋阳,还洋洋得意地向韩氏和魏氏说"吾乃今知水可以亡人国也"[2]。却未曾想,韩氏和魏氏都城的附近也有汾水和绛水。二卿听到智瑶的吹嘘后脸色大变——既然晋水可以灌晋阳,汾水就可以灌安邑(韩氏之城),绛水就可以灌平阳(魏氏之城)。他们不约而同地想到,智瑶在未来很可能用同样的手段对付他们。

---

[1] 司马光《资治通鉴·周威烈王二十三年》:"夫以其五贤陵人而以不仁行之,其谁能待之? 若果立瑶也,智宗必灭。"

[2] 司马光《资治通鉴·周威烈王二十三年》智伯曰:"吾乃今知水可以亡人国也。"桓子肘康子,康子履桓子之跗,以汾水可以灌安邑,绛水可以灌平阳也。

公元前453年三月，赵襄子派人联络了韩氏和魏氏，两位大夫临阵反戈，三家联合起来击败智氏。强大的智瑶因骄横地对待弱势家族而遭到反击，并致兵败身亡，智氏家族两百多人也被灭族。在晋国诸卿争斗中，智瑶本来占有绝对优势，但仁德的欠缺使其无法将自己的家族长久延续下去。恐怕智瑶到死还不知道他为什么而失败吧。

不过，智瑶也非一无是处，他对待其他卿族骄横轻狂，但对待有才能的士人还是非常礼遇的，堪称贤主。智瑶的门客豫让为报知遇之恩，伏桥如厕、吞炭漆身，不惜自毁也要去行刺赵襄子复仇，最终刺杀失败，并为智瑶而死，留下了"士为知己者死"的千古绝唱。但在这个故事中，人们为之感叹的也只是豫让，而不是智瑶。

五、魏韩赵三家分晋：周礼被新崛起的世家所破坏

春秋时代，国家与世家之间本是相互依存又相互斗争的关系。两者之间、世家内部都维持着微妙的平衡。但当这平衡被打破之后，特别是国君势力明显衰微时，世家坐大甚至反杀国君的情况比比皆是。在魏韩赵三家击败智氏之后，晋国公室最后的土地也被三家瓜分干净了。只不过三家都畏惧礼法限制，谁也不愿承担灭晋之祀的罪名，于是为晋国公室保留了"绛"和"曲沃"两座城邑，晋国成了一个小诸侯，反过来要奉三家为上。这个小小的晋国最终在战国中期被灭。

关于韩赵魏三家为什么要分晋独立，而不是在晋国继续掌权，原因很简单：春秋时代本是礼治天下，讲的是争霸臣服，只要对方臣服，大部分情况下不会夺地和灭族。但在晋国的家族斗争中，中行氏、范氏被夺地，智氏又被夺地甚至灭族，景况惨烈。原本在晋国掌权的卿大夫家族，经过激烈的权力斗争，从最开始的十一个，减少到六个，又从六个减少到四个，再从四个减少到三个，这种趋势不能不让剩下的三个家族不寒而栗。如果这三家还是在晋国的框架下继续内斗下去，结局只能是

灭族。他们选择分晋独立，也是自保之策。

公元前403年，韩赵魏三大家族向周天子请求诸侯的封号，承认其夺地独立的事实。这当然是违反礼法的，但周天子还是同意册封三家为诸侯，这标志着周礼的彻底崩坏。司马光将三家分晋作为《资治通鉴》的开篇，正是为此。[①]此后所有的世家都抛下了郑庄公式的贵族荣誉，更不会采取宋襄公的仁义，而是纯粹凭武力和权谋斗个你死我活。中国历史从春秋贵族时代真正进入了战国争雄时代。

而在战国期间最早脱颖而出的新生代诸侯，就是魏世家。因为在三家分晋中魏桓子分到了大部分晋国的资源，基本继承了晋国实力。等到魏桓子的孙子魏文侯魏斯在位的时候，重用李克、西门豹，后又有军事家吴起改革，这一系列举措使魏国成为战国初期最强的国家。魏国的"武卒"名闻天下，即使秦国也无法和魏抗衡，还一度被魏国夺去了原本属于秦国的河西之地，多年没有拿回来。

但魏世家却从战国最强大的世家开始，一路走低，这和魏世家的继承人有关。在《史记》中，司马迁专门写了《魏世家》一篇，记述了魏之兴在文侯之世，魏之衰从惠王开始，而安釐王的失策加速了魏的灭亡。之所以魏惠王时代的魏国会衰落，在很大程度上是因为魏惠王本人的能力不足。他在位三十六年，前十八年靠文侯打下的基础，与诸侯交战互有胜负；后十八年则连连在对外战争中遇败。一次是伐赵，被齐国派田忌、孙膑用计大败于桂陵；再一次是伐韩，又被田忌、孙膑大败于马陵；另一次是被商鞅率秦军打败，尽失河西之地。

到了魏安釐王时代，战国时期最杰出的君子信陵君就在魏国，本可

---

① 《资治通鉴·周记一》臣光曰："臣闻天子之职莫大于礼，礼莫大于分，分莫大于名。何谓礼？纪纲是也。何谓分？君、臣是也。何谓名？公、侯、卿、大夫是也。"

促使魏国复兴。作为魏安釐王的弟弟，信陵君尽心尽力让魏国重新强大，为救赵而亲自领兵击败强秦。在秦国卷土重来的时候，信陵君又率六国联军将秦军逼迫于函谷关内，使其不敢出关迎战。可惜，如此大才，魏安釐王却因为心胸狭窄和不自信而弃之不用。最终在信陵君去世后不久，魏国就被秦国灭亡了。

和魏世家的命运相反，三家分晋的另一家——韩世家的继承者则体现出乱世争雄中弱者的生存之道。

韩武子是晋国大夫，封于韩原，所以才以地为氏。而在群雄并起的战国时代，韩国是一个典型的弱者，在经济、政治、军事等各方面都弱于周边国家。

但韩国很好地利用了自己的战略位置。战国时期的韩国夹在魏国、秦国、楚国、赵国、齐国等几个大国之间，正好成为大国的战略缓冲区。假如一个大国灭了韩国，那么其领土就会暴增，并与其他两个大国接壤，会遭到其他两个大国围攻。所以各国互相忌惮，不敢造次。每次韩国面临威胁，最有效的办法就是向另外的大国求援，而大国出于自己国家利益的考虑总能有求必应。当魏国攻占了韩国东部的土地，韩国就向齐国求救，齐国为和魏国争霸，出兵击败了魏国；战国后期，秦国要攻占上党郡，韩国就把上党送给了赵国，把秦韩战争变成秦赵战争。就这样，韩国在整个战国期间保持了国家独立地位。

但这样做的问题也不小。韩国一直缺乏长久的争雄战略，继承人总是想要偏安，国力也一直没有大的增长。所以秦始皇灭六国，韩国首当其冲，不但国灭，连韩王安也被掳去。

和魏、韩相比，赵世家可谓能征善战，并且创建了中原第一支骑兵部队。但尚武精神虽然可贵，却要警惕善战者亡于战。而赵世家正是掉入了这个陷阱。

晋国赵氏和秦国嬴姓同源，但长期在晋国为卿大夫。三家分晋后赵氏成为王族。赵氏并没有将黄河以东作为自己的扩张方向。而是将目光锁定在今山西以北，向外开疆拓土。这里原本是胡人的地盘。赵武灵王通过学习胡人，胡服骑射，在战国七雄中率先建立了独立的骑兵部队，战斗力强悍。同时赵国也出现许多人才，肥义、楼缓、蔺相如、虞卿、赵胜、赵奢、廉颇、李牧都堪称良相名将。这让赵国向北向西拓疆数百里，成为强国。

作为对抗秦军的主力诸侯，秦赵之间经历了三次大战——长平之战，番吾之战，灭赵之战，最终顽强的赵国还是不敌强秦。秦赵之间的决定性战役是长平之战。当时上党被韩国割让给秦国，而上党郡守冯亭拒绝降秦，举城投向赵国，赵国欣然接受。很多人批评赵国贪图上党，横挑强秦。但从地理位置上看，上党位于赵国国土中段方向，是赵国必争之地。之前上党在韩国手里，对赵国形成不了威胁。但上党如果被秦国所掌握，那么赵国腹地就直接暴露在秦军攻击范围内，秦军既能打太原，也能对邯郸分进合击。上党之战后秦军能够直接攻击邯郸，就是因为上党的地理位置。在这个意义上，赵国是不得不战。当然，赵国对自己的武力也有相当的信心。

不过，后来赵国的经历验证了"善战者亡于战"这个规律。因为秦赵之战，赵国已处于必败之境地，能持平已是难得。后人多将长平之战赵国的失败归结于赵括的纸上谈兵，但实际情况并非完全如此。因为秦赵对决并不单纯取决于军事，还取决于经济实力和后勤供应。秦国在商鞅变法后农业增长很快，而赵国只有武力强盛，农业不及魏、齐、秦等国发达。赵国的后勤供应无法支持廉颇长期"坚守不出"的战略，只好寻求主动出击，这也是赵王临阵换将的原因。只可惜赵括的能力不足以指挥大兵团作战，最终赵国惨败，四十万人被秦将白起俘虏并杀害。

不过赵国人确实善战，即使经历如此大的打击后，赵国的战斗力也并未完全消灭，甚至在长平之战后仍然击败了趁火打劫的燕国。在之后的秦赵番吾之战中,名将李牧(赵郡李氏的先祖)再次击败秦军。

但军事上的长板抵消不了政治上的短板。赵国从立国开始就不善于处理和其他大夫家族的关系,以致政变不断,连赵武灵王也在沙丘之变中被困而死。内政的长期混乱让赵王室对其他大夫家族的将领,如廉颇、李牧、司马尚等人一向不信任。君臣离心,让名将们长期无法发挥作用。不仅如此,赵国还是秦国的反面,秦国是过度的"法制",老百姓动辄得刑,而赵国则是"重义轻法",赏罚不行、法令不彰,导致国内矛盾经常激化,限制了善战的赵世家的成就。

公元前 229 年,秦将王翦(琅琊王氏和太原王氏的先祖)进攻邯郸,李牧和司马尚率军迎敌,秦军急切不能下。王翦就利用赵王猜疑大将的心理,使用反间计,派人偷偷潜入赵国,用重金买通了赵国丞相郭开,在赵国散布谣言说李牧带着大军不进攻,就是想要自立为王。早已对李牧心存怀疑的赵王果然中计,最终李牧和司马尚都被赵王杀死。三个月后,自毁长城的赵国被王翦一战灭亡。

纵观晋国的十几个重要的贵族世家,他们相互之间的关系一向复杂,在主君强大、公族为辅、礼法规制完善的时期,尚能彼此相容,共谋国家的发展。但在君权衰落、公族几被消灭的情况下,君权、公族和卿大夫之间的势力平衡被打破,周礼的规制作用也被大大削弱,这让包括国君在内的所有贵族都面临危险。要知道,周朝的礼制、礼仪和礼教,不但是对周天子地位的维护,也能在礼法框架下保全诸侯公族世家和卿大夫世家。

晋国六卿家族世代带兵,没有一个家族不是能征善战的。他们作为晋国的统治精英阶层遵循礼法、团结一致的时候,晋国就成为中原霸主,天下无敌。但当他们彼此内斗不休,相互攻伐时,不但晋国早早地灭亡了,这些家族本身也难于保全。作为尚武文化的贵族世家,他们在战国争雄中的集体失败是非常可惜的。古人说,"善战者亡于战",在这里,善战者灭亡的原因并不是因为善战,而是因为善战者形成了路径依赖,解决问题总是用征战的方式,而非礼法德治等方式。久战之下,国家其他方面的发展自然就弱化了。

更有甚者,贵族世家之间的权力斗争不断升级,会一再突破制度框架。周礼的弱点就是随着各国国君的代际传承,宗亲血缘关系淡化,礼法制度又被废弃,权力斗争的残酷性就会进一步升级,这又导致礼法更加被弃之不顾。由此形成了权力斗争废弃制度的恶性循环。结果是既不能单纯地以礼来规范统治精英,更无法单纯用血缘关系来建构伦理秩序。晋国六卿家族,到后来完全背离了礼制的约束,沦为权力斗争的工具,最终灭亡于毫无信念和原则的内斗。而当中行氏被智氏攻杀时,恐怕没有人还会记起两大世家其实都是出自同一姓氏的祖先吧。

第四节　田氏代齐：先秦贵族世家的绝响

关于战国开始的标志性事件，历史学家们认为，除了公元前403年的三家分晋之外，还有另外一件，那就是差不多同时发生的田氏代齐。其内涵和三家分晋相似，那就是在君权、公族和卿大夫之间的势力平衡被打破的情况下，卿大夫世家坐大，诸侯传承被有实力的家族所主导，既不需要周天子的首肯，也不需要符合礼法的安排。由此造成儒家所最为痛心的"礼崩乐坏"。

一、姜姓公族：武王与周公的臂助，封建礼制的维护者

齐国的公族是姜姓家族，本身是非常务实和有才能的，而且有着开放的心胸，海纳百川。这就形成了这个家族的王者气象。齐国的第一位诸侯是姜太公，名尚，字子牙。姜尚也是包括渤海高氏（北齐皇室）在内的许多世家的先祖。姜太公因辅佐周武王得天下而获得齐国封地。

姜太公之所以被封在东方的齐国，是因为他受到周王家族的绝对信任。太公不但是文王、武王的两代帝师，还是武王之岳丈、成王之外公，把最远和最富的封地交给他让人放心。另一方面，姜尚善于兵事。当初周武王伐纣，是乘着殷商主力部队十余万人远征东夷，国内空虚而得手的。灭商后，十余万殷商主力部队还在东方，还和东夷联手。有鉴于殷商

残余势力的强大，周王室赋予太公在东方的征伐之权。征伐之权本为天子之权，现授予诸侯国，说明周王室对齐国的倚重。这对齐国崛起成为大国以及后来成为首个春秋霸主，都有着极其重要的作用。

不过，比起对外征伐权，真正让齐国崛起的，是太公姜尚的治国才能。太公采取软硬两手来治国。在处理商朝遗民和东夷反抗的问题上，姜太公毫不手软，强硬镇压了两者的反抗；但考虑到齐国风俗和西北岐山不同，在礼仪问题上姜太公尊重本地习俗。为让齐民受到教化，姜太公还简化了周礼，使之能够适应本地人的习惯。通过软硬兼施，恩威并用，齐国政治形势很快稳定下来。

针对当时齐国经济落后的问题，姜太公以务实的精神遍访各地，发现齐国的优势在于海洋经济，于是在齐国大力发展盐业、渔业、矿业、商品贸易。商品的流通和经济的发展不但让齐国富甲一方，也让齐国在经济发展模式上比其他国家单纯的农业经济高出了一个层级。

姜太公之后，姜姓家族也多有贤者。如齐文公吕赤是齐厉公之子。齐厉公昏愦暴虐，遭人痛恨。齐人在杀死厉公后拥立吕赤即位。吕赤当上国君后把参与杀厉公的七十人全部处死。他接受父亲的教训，小心谨慎地处理国政，齐国政局渐趋平稳，长期内乱也平息下来。吕赤死后因而得了一个良谥"文"，是为齐文公。

不过，齐国王室的内斗似乎已成为一种传统。族中子弟经常会为争夺权位而彼此攻杀。也是在王室内斗的过程中，子弟逐渐凋零，但也有一些脱颖而出。而姜姓吕氏中最为有名的，还是位列春秋五霸的齐桓公姜小白。在春秋五霸中，姜小白以宽厚仁德、尊王攘夷而著称。

二、齐桓公的君子之风

在春秋时期最有代表性的贵族君子就是春秋五霸之一、齐桓公姜小白。在那个周王室衰微、群雄并起的时代，齐桓公有用人之明、容人之心,能够任用自己曾经的敌人管仲,成就齐国的霸业——"九合诸侯,一匡天下",维护了中原地区的和平与秩序。

齐桓公上台时,恰逢周王室衰落,诸侯相互之间不断发生兼并国土的战争,也根本不理会周天子,天子权威几乎只剩下一个虚名。而在中原地区以外,四夷侵扰不休。所谓东夷、西狄、南蛮、北戎,几乎每个方向都有强大的蛮族部落,对中原虎视眈眈。面对如此内外交困的中原形势,齐桓公接受管仲的建议,打出"尊王攘夷"的旗号,决心恢复周礼传统,维护华夏文明的正统性。

"尊王"是从维护礼仪开始的。而要想臣子尊重礼仪,天子自己必须先尊重礼仪。公元前655年,周惠王有废除太子的想法,被齐桓公得知。于是齐桓公率领诸侯君主同周惠王会盟,在天下诸侯的支持下,确立了太子的正统地位。后来周襄王即位,齐桓公再次同诸侯和周襄王的使者会盟,承认周襄王的王位。

至于"攘夷",则是为中原诸侯寻求一个和平的环境。当时随着中原纷争不断、周天子权力衰落,四夷也蠢蠢欲动。特别是来自北方的山戎,更是把北部边境小国作为常年抢劫的对象。公元前661年,山戎袭击了处在中原边缘的邢国,邢国的都城被山戎捣毁。

齐桓公的丞相管仲认为,中原的各诸侯国毕竟都属于华夏文明,而山戎则像豺狼野兽,毫无理性。华夏文明内部的人应该相互照顾,共谋生存。于是齐桓公为保护北方小国,开始主动出击,帮助邢国、卫国、燕国等抗击山戎,恢复了国土。如果没有管仲和齐桓公的"攘夷"政策,可能中原早就被胡人蹂躏得不像样子了。特别是周礼,可能已经不剩什么了。孔子称赞说"微管仲,吾其被发左衽矣"[①],说的就是这件事。

[①]《论语·宪问》子曰:"管仲相桓公,霸诸侯,一匡天下,民到于今受其赐。微管仲,吾其被发左衽矣。"

其实，春秋时期贵族世家的礼仪非常繁复，并且在"礼"的实践中贯彻了尊卑等级等政治因素。如贵族的婚嫁六礼分为纳采、问名、纳吉、纳征、请期、亲迎。并且这些礼仪根据娶亲人的身份地位的高低有所区别。例如天子从来不亲自迎娶，而是让卿士代替迎娶。当时大多数贵族在结婚时都选择代替迎娶，只有特殊情况下诸侯才亲娶。如庄公十一年齐桓公亲自迎娶共姬，是因为共姬是周王室之女，亲迎是为了显示周王地位的尊贵。

不过，齐桓公确实是个君子，他不但在对待周王室的问题上遵循礼制，在对待弱者时也能做到"以礼相待"。当时燕国受到北方蛮族山戎的进攻，齐桓公亲自率军援助，挽救了燕国，帮燕国清除了边患。燕庄公非常感激，在齐桓公撤军时送了一程又一程，不知不觉送到了齐国境内。齐桓公发现后就说："根据周礼，国君相送不能出国境。"于是把燕庄公走过的土地都给了燕国，并叮嘱燕庄公要向周王室纳贡。①一个强国的君主对弱国如此以礼相待，让其他诸侯都很敬佩。

三、田氏代齐：礼崩乐坏的又一标志性事件

齐桓公之后，失去了春秋霸主地位的齐国王室不再以仁德立身，也就失去了号召诸侯的能力。姜姓家族日渐衰微，给了齐国的野心家们以机会。

西周建立之初，大封诸侯，虞舜的后裔妫姓被封在了陈国，后来就以陈为姓。等传到陈厉公的时候，他的儿子陈完出生。陈厉公给这个儿

---

① 〔西汉〕刘向《说苑·贵德》："齐桓公北伐山戎氏，其道过燕，燕君逆而出境。桓公问管仲曰：'诸侯相逆，固出境乎？'管仲曰：'非天子不出境。'桓公曰：'然则燕君畏而失礼也。寡人不道，而使燕君失礼。'乃割燕君所至之地，以与燕君。诸侯闻之，皆朝于齐。"

子卜了一卦，卦象显示出，陈完能光耀一个国家，但不是陈国。

当时陈国内乱不断，各位公子之间纷争不断。陈完被迫逃亡到齐国，并改名为田完。齐国的国君正是齐桓公。齐桓公是位宽厚君子，看中田完的才能，想拜他为卿。田完认为自己已经受了齐桓公大恩，也不想得罪齐国其他大夫，就谢绝了桓公美意，而担任了"工正"之位。这个管理工匠的职位可以世袭。从此田氏在齐国站稳了脚跟。

周灵王二十七年（前545），陈完的四世孙田桓子成为齐庄公的女婿兼宠臣。田桓子联合齐国内的另几大家族鲍氏、栾氏、高氏，消灭了当时势力最盛的庆氏。之后田氏、鲍氏联手打压栾氏、高氏，并最终占据上风。

田桓子对公卿贵族施行"凡公子公孙之无禄者，私分之邑"，对普通百姓施行"贫均孤寡者，私与之粟"的政策。之后田桓子的儿子田乞更是善待百姓，用大斗借出粮食，用小斗收回。于是齐国一改之前因为公卿贪腐而造成的百姓大量外迁的局面，出现了"齐之民归之如流水"的盛况。田氏成为民心所向。

此时田桓子想要篡夺齐国国君之位，又怕贵族和百姓不拥护，就想要借着打仗获胜来树立自己的威望，于是决定进攻鲁国。但鲁国当时还有一位著名的学者在，就是孔子。孔子于是派出自己的弟子子贡，劝说田桓子将争锋的对象指向南方的吴国，并且还积极游说其他国家。在子贡的操作下，中原地区的局势发生了重大变化，齐国被吴国击败，田桓子也不得不打消篡位的念头。

直到公元前391年，也就是周安王十一年，在齐国其他世家逐渐衰落、田氏独大的情况下，田乞的五世孙田和废齐康公，并"迁齐康公于海滨"，并通过魏文侯的帮助，得到周天子承认，册命田和为齐侯。至此，田氏正式取代姜氏，列为诸侯。史称"田氏代齐"。

不过，姜姓本身也并没有被消灭。和姬姓、妫姓、姚姓等姓一样，姜姓作为上古八大姓之一，后代不断繁衍，也衍生出来许多姓氏，有学者统计过，由姜姓衍生出来的姓氏有上百个。其中秦国相国吕不韦就是姜子牙的二十三世孙。齐国的高氏家族来自齐文公吕赤之子公子高，其后裔子孙以高为姓。高氏长期掌握齐国大权，直到被田氏联合鲍氏击败，才退出齐国政坛。南北朝时期，北朝的高欢家族以"齐"为国号（史称北齐），就是因为高姓与春秋时期齐国之间的渊源。

田氏家族虽篡夺了国君之位，但对于治下的人民其实仍延续了齐桓公宽厚仁义的政策，并且在稷下学宫等由王室扶持的学术平台上，支持各种学说流派表达观点，得到知识分子阶层的拥护。这些功绩也让齐国民众长期拥戴田氏家族。在整个战国时期，齐国仍然作为一个大国而存在，最强盛时，甚至和秦国并称为"二帝"，从东西两个方向对其他诸侯国施压。

等到秦国强势崛起，扫灭六国时，正是齐王田建在位。田建作为东方强国国君，却一反此前田氏家族的霸业主张，在位四十余年不思进取，对秦国谨慎侍奉，对其他五国也实行休睦政策。这应该和之前齐湣王等国君四处征战，引来外敌入侵，差点导致国家灭亡的经历有关。和平的外交政策本来也并无不妥，但当其他五国遭到秦国攻击并一个个灭亡时，齐国却出奇地迟钝，完全没有感到唇亡齿寒的危险。结果在五国灭亡后，面对秦军压境，齐王建无力抵抗，只好投降。

无论是曾经握有代天子征伐之权的姜太公，还是春秋五霸之一齐桓公，以及野心勃勃的田桓子，这些霸业的开创者可能都想不到齐国会有一个这样窝囊的结局。

四、先秦贵族世家的消亡史

在中国历史上，贵族世家繁盛于春秋战国，但也是在春秋时期，由于中央权力式微、国家政治统治秩序解体，许多世家背弃了礼治传统。礼的调控作用缺失，也导致贵族阶层的力量在不断内斗中整体滑落，并在秦汉之间的三次战争中迅速消亡。之前提到的田氏家族，就完整地经历过这三次打击才灭亡。

覆灭先秦贵族世家的系列战争，具体说来是由三次战争组成的：一是秦统一六国战争；二是秦末农民大起义；三是楚汉战争。

公元前238年，秦王嬴政铲除吕不韦集团，开始亲政，随后开启了统一六国的战争，从公元前230年到前221年，秦王嬴政先后消灭韩、赵、魏、楚、燕、齐六国。这场统一战争历时十年，结束了春秋以来五百多年的分裂局面。

嬴政第一个消灭的诸侯国是六国中最弱小的韩国。在赵、楚、魏等国都被秦国击败并削弱之后，韩国孤立无援，在秦国大兵压境之下，韩王安只得投降，随即被软禁。此后其他韩国贵族发动了反秦叛乱，很快便被秦王镇压，韩王安也被处死。韩国的贵族们被秦军四下追捕。其王室成员韩瑊为躲避秦军追杀，被迫改姓为何，这也成为何氏的由来。

第二个被秦灭国的是赵国。就在赵国大将李牧死后的第二年，王翦率大军攻破邯郸，俘虏赵王迁，秦王政将赵迁流放至房陵（今湖北房县）。而赵公子嘉率领宗族逃跑后成立流亡政权继续抗秦，最终也被轸灭。

韩、赵灭亡后，三晋之地只余魏国一家。公元前225年，王翦的儿子王贲率领秦军放黄河水淹大梁城，三个月后魏王假开城投降。秦国破魏后处死了魏王假，并追杀魏国公族。始皇还亲自下令："得公子者赐金千斤；匿者，罪至十族。"[1]

随后噩运降临到楚国。公元224年，秦国派王翦率六十万大军进攻楚

---

[1]〔汉〕韩婴《韩诗外传 卷九》令魏国曰："有得公子者，赐金千斤；匿者、罪至十族。"公子乳母与俱亡。

国。楚将项燕和四十万楚军在抵抗一年多后终究不敌。公元前223年项燕兵败自杀，楚国最后一位国君负刍被秦军俘虏后废为庶人，楚国灭亡。负刍的弟弟熊启曾在淮南被拥立为楚王，在秦军的追剿中陷入绝境自杀身亡。

灭楚之后，秦军以燕太子丹派遣荆轲刺秦为借口，派王翦、李信为将攻破燕国都城。燕国国君姬喜杀了太子丹，退到辽东求和，被秦王嬴政拒绝。公元前222年，嬴政又派王翦的儿子王贲为将攻破辽东，俘虏了在位三十三年的姬喜并将其斩首。燕国姬姓世家就此失国。

六国中最后一个被秦灭掉的是齐国。在其他五国灭亡后，秦王政派人诱骗齐王建，只要投降便赏赐他五百里封地，齐国的奸臣也劝说齐王建，于是公元前221年齐王建投降秦国，齐国灭亡。但齐王建不但没有得到封地，最后还被秦王活活饿死。就这样，在秦军一次接一次的攻击下，六国贵族失去了他们的国家。

在六国被灭后，秦王嬴政对六国贵族阶层进行了区别对待：对六国贵族上层特别是王族成员进行毫不留情的屠杀或拘禁。对于数量庞大的中下层贵族，则用收缴天下兵器、巡视弹压等方式，削弱他们的力量。

但秦灭六国，并以郡县制取代分封制也带来了治理上的难题，即中央集权式的统治取消了诸侯国这个中间治理层次，让底层民众对于政府治理的不满，直接就对准了中央政权。而秦朝统治阶层一味相信严刑峻法和武力压制，滥用苛捐杂税和徭役，让底层民众的生活被破坏，随时挣扎在死亡线上，更将这种不满推向了极端。

公元前209年，因不堪忍受秦的暴政，陈胜吴广率九百民夫在大泽乡起义，从而拉开了秦末农民大起义的序幕。当时还残存的六国贵族世家的影响还在，他们被各方势力裹挟到了政治的前台。发生这种事情的主因是，秦末农民起义的发动者和参与者大多来自社会底层，他们迫切需要利用贵族的号召力来鼓动民众进行抗秦斗争，并以此证明新政权的合法性。这给了那些本已退出历史舞台的六国世家以复国的机会。于是其他六国贵族的后代都趁机或主动或被动地举起了反秦大旗。

首先被推出的贵族是楚怀王熊心。陈胜在起义后建国号"张楚"，很快被秦军集中攻击，陷入危急存亡的境地。就在此时，项梁和项羽叔侄迎立了还在放羊的楚国王室后人熊心为楚怀王。陈胜被杀之后，楚怀王被尊为各路义军的"义帝"，以整合各路反秦力量。无论是陈胜还是义帝，都非常注重义军的联合，所以在对待六国贵族时都采取了同样的策略，即一边出兵攻打秦国的关中本土，一边出兵帮助赵魏齐燕韩等诸侯复国。

魏世家早在陈胜"张楚"时期就已经复国，当时陈胜的部将周市平定魏国旧地后，不肯自立为王，就拥立魏国王孙魏咎，并得到陈胜的同意。《史记·魏豹彭越列传》里说："五反，陈王乃遣立咎为魏王。"而新任魏王魏咎被证明是个真正的世家君子。当章邯的秦军攻破魏地杀死周市后，魏咎在和秦军商定投降条件、保护好百姓，才自杀身死。此后楚国再次帮助册立了魏王豹，延续魏国国祚。

与魏世家几乎同时复国的是齐国田氏家族。在周市攻打魏国旧地并立魏王咎的同时，田氏趁机杀了地方官，复国成功。不过田氏虽然复国成功，但王室成员的相互内斗让他们难以有更大的进取空间。

此后在楚国义帝的支持下，赵歇宣布复国，并得到张耳、陈余的拥护。也是在义帝和项梁的扶持下，韩王成宣布即位韩国国君，但其出兵复韩地不利，最后是张良靠刘邦的力量才帮助韩国复国。六国中唯有燕国，虽然复国成功，但国君已不再是姬姓家族。燕国在起义中被奉命解救燕地的韩广所占领，韩广自立为燕王，此后另一大将臧荼又赶走了韩广，成为燕王。

至于曾经灭亡六国的秦国王室嬴氏家族，其覆灭得比六国贵族世家更早。秦二世胡亥被赵高逼杀后废除帝号立子婴为秦王，秦朝最后一位国君"子婴"在位四十六天，即被刘邦大军包围咸阳，子婴投降后被项羽诛杀，嬴氏家族也惨遭屠戮。

就这样，在秦末农民大起义中，六国贵族世家除了燕国国君从姬姓家族先后换为韩氏和臧氏家族之外，全部复国成功。而历史的吊诡之处在于，秦国嬴姓世家曾经摧毁了其他六国，但其王室家族竟先于其他王室家族而灭亡。不过，六国贵族世家的这次复国时间非常短暂，国君更是如走马灯般迅速更替。在之后爆发的秦末第三次战争——楚汉战争中，各大贵族世家迎来了他们最终的命运。

五、先秦贵族世家的消亡和中华之礼的存续

在秦汉之间，有一个朝代往往被人们忽略，那就是项羽建立的西楚王朝。西楚作为一个朝代而存在，这正是司马迁在《史记》中将项羽传定名为"项羽本纪"的原因。因为在史书中，"本纪"是用来记述皇帝的生平，如刘邦的"高祖本纪"，而"世家"则是用来记述王侯等大贵族的生平，如"韩世家""魏世家"等。

公元前208年，项羽以义帝之名分封天下，将天下三十六郡分为十八国。在这十八国中，不但有六国贵族后代，还有很多新的诸侯。例如原来的赵国被分割成几部分，赵地北部分给了赵国丞相张耳，称为赵王，原来的赵王歇被册封为代王。原楚国部分旧地也划给了衡山王、临江王、九江王三个诸侯。项羽自封为西楚霸王，控制的领土远超过其他诸侯。

本来分封功臣是为自己积累资源和权威的手段，但历史证明，这次分封成了此前战无不胜的霸王项羽败亡的开始。因为这十八国的分封，是以项羽的好恶和利害为标准的，而非对诸侯功劳的尊重，早已激起了很多人的不满。如刘邦第一个进入关中立有大功，却被封到当时闭塞落后的巴蜀之地；陈馀和张耳功劳不分上下，项羽封张耳为王却只给了陈馀一个"十万户侯"；田荣因和项羽有旧怨，根本没有被封；彭越虽然在山东反秦建功，但项羽瞧不起他的盗匪出身，也没有封他。项羽的分封没有得到几个诸侯的感恩戴德，反而得罪了一大批人。因为诸侯都认为自

己在灭秦战争中的功劳足以得到这些封赏；然而自己得到的却远远配不上自己的功劳，就把账都算到分封者头上。项羽对于刘邦、田荣、彭越显失公平的分封，让这些实力派军阀群起抗议。

不过，第一个对分封秩序发起挑战的却不是田荣、刘邦这些心怀不满者，恰是项羽自己。分封天下后，项羽认为自己的地位已经稳固，于是使人徙义帝（楚怀王熊心）去新都长沙郴县，并说："古之帝者地方千里，必居上游。"在"义帝"南下途中，项羽暗暗让衡山王、临江王将熊心击杀于江中。此后项羽还兼并了韩国，也就是颍川郡。所以，项羽在分封中所犯的第二个错误是，虽然这个分封秩序是他建立的，但他自己却根本就没当一回事，随意破坏。这只能让其他诸侯对现有秩序更加不尊重。

分封制度不但需要强大的中央实力作为支撑，还需要得到被分封者的认可，这种政治秩序不是随随便便就能建立的。当年武王灭商之后，在分封问题上是非常小心的，精心地布置了周公、姜尚和殷商后代的封地。即便如此还是出现了武庚叛乱这种动摇国本的问题。如今项羽的分封一是极不公正，二是自己破坏自己制定的规则，导致这个分封秩序在建立当年就崩溃了：公元前206年，四月诸侯皆就国，八月齐国田荣起兵反叛，十月刘邦出兵关中，楚汉战争正式爆发。

在楚汉两大战争机器的碾压下，诸侯贵族世家们必须在刘邦和项羽之间选边站。包括原来的六国旧贵族和项羽分封的新贵族，都在战争中一个接一个地灭亡。楚汉战争爆发不过一年的时间，十八个诸侯国已经灭亡了十二个。

不过，战国七雄中有三大世家已经在楚汉战争之前灭亡了。第一个消失的是燕世家，事实上燕国在被秦国消灭后，姬姓家族再未复国。在项羽分封时真正做了燕王的，是参加起义并随项羽入函谷关的大将臧荼，和姬氏再无关系。

第二个消失的是嬴姓世家。子婴被刘邦俘虏后并没有被杀害，一个月后项羽领兵进入咸阳立刻杀死了子婴，屠灭了嬴氏家族。

而在项羽分封后，"义帝"楚怀王熊心被项羽派人杀害，项羽乘机全取梁楚九郡，楚世家成为战国七雄中第三个灭亡的世家。

第四个灭亡的是魏世家。项羽分封时将魏王豹改迁至河东，楚汉战争爆发后，刘邦按照韩信的建议，以"明修栈道，暗度陈仓"之计杀回关中，接连灭掉雍王章邯、塞王司马欣、翟王董翳、殷王司马卬和河南王申阳。魏王豹先是依附刘邦，后在跟随刘邦伐楚时摇摆不定，背叛刘邦，"于是汉王遣韩信击虏豹于河东，传诣荥阳，以豹国为郡"。刘邦即派遣韩信打下魏国设为郡，并俘虏了魏王豹。

第五个灭亡的贵族世家是赵氏。赵相陈馀因和张耳有旧怨，被张耳击败后也未随项羽入关中，因此只被封侯。陈馀在得知项羽改封赵王歇为代王、以张耳为赵王后大怒，向田荣借兵杀回赵地，赶走张耳，迎回赵王歇，赵歇则封陈馀为代王。后来张耳跟随刘邦伐楚，汉将军韩信在井陉以"背水一战"击败二十万赵军。在汉军南北夹击的攻势之下，赵国被灭，赵王歇被杀。

第六个灭亡的是齐国田氏。在残酷的楚汉战争中，田氏家族一直拒绝在楚汉之间选边站，而是力图保持独立的王国地位，因此先后受到两边的攻击。在这个世家覆灭过程中所体现出的先秦时代中国人的贵族傲骨和人性尊严，令人动容。

六、田横五百士：最后的先秦贵族

在秦灭六国的战争中，齐王田建表现出了短视和无能。但能够在历史上取代姜姓公族的田氏家族子弟，并非都是田建这样的庸碌之辈。在秦末农民大起义中，田氏子弟尽显春秋战国时期的贵族精神和做派，令人感佩。

在陈胜吴广起义之后，田儋杀死狄县县令，并率军东征，趁乱占领了原齐国之地，自立为齐王。当时秦军主将章邯攻打各路起义军，将魏王咎围在临济。田儋率军援救，结果被秦军击败，田儋也战死。齐人听说田儋战死，就拥戴齐王建的弟弟田假为齐王。但实际上田儋的弟弟田荣也在东阿再次举起反秦义旗，并与齐王田假争夺王位，赶走了田假。田荣占领齐国后，立田儋的儿子田市为齐王，田荣自任为相，任命弟弟田横为将。

西楚霸王项羽在进入关中、短暂地统一了天下后，因田荣未随项羽入关中，因此在分封诸侯时没有册封田荣为王，而将原本的齐王田市改封为胶东王，加封陪自己入关的齐将田都为齐王，另外一位齐宗室田安为济北王，人们称之为三齐王。田荣得知后大怒，于是在公元前206年七月首先向项羽发难，先是赶走了齐王田都，又杀死了胶东王田市，回头攻杀了济北王田安，一统三齐之地，自立为齐王。项羽得知田荣反叛，立即挥师北上。田荣不是项羽的对手，公元前205年正月，田荣兵败，溃退至平原县，被平原县民所杀。

但项羽生性好杀，所过之处，只要遭到抵抗，就将城池夷为平地，百姓尽数屠杀，由此引发了齐人的愤恨和反抗。这时刘邦看到了机会。他利用项羽在山东忙于镇压齐人的机会率兵东进，一直攻到项羽的都城彭城。项羽只好回救彭城。虽然项羽在彭城击败了刘邦，却再次丢失了齐地。田荣的弟弟田横趁机收集残兵败将起兵反击楚军，收复了齐地，立田荣的儿子田广为王，自己做了相。

田横起兵成功得益于楚汉相争，但也必须选边站。由于和项羽之间的旧怨，田横在郦食其的劝说下决定归汉。但汉将韩信却突然袭击了田横的军队，田横一怒之下烹杀了郦食其，攻击汉军，结果战败，田广被杀。田横又自立为王，继续作战。刘邦统一天下时，田横和他的部下五百多人逃亡出海，困守在一个海岛上。

刘邦得知后遣使者赴岛上，宣布赦免田横并要他到洛阳去。田横不愿去洛阳，就向刘邦要求做庶人，世代镇守海岛。刘邦知道田横是怕郦食其的弟弟郦商对他报复，于是严令郦商不要报复田横，否则族灭郦家。接着又派使者严令田横到洛阳，诏书说："田横来，大者王，小者乃侯耳；不来，且举兵加诛焉。"[1]

田横迫不得已，只好带着两个门客去洛阳，当走到离洛阳还有三十里的地方时，田横对门客说："我当初与汉王同称王，现在成为俘虏而侍奉他，这已经够耻辱的了，还要与被我烹死的郦食其的弟弟郦商同朝称臣，虽然郦商畏于皇帝的诏书，不敢怎么样我，但我见到郦商内心也是有愧的。现在陛下在洛阳要见我，我马上自杀，请你们带着我的头迅速赶到洛阳，我的面目还不会发生变化，也就达到了皇帝见我的目的了。"于是，田横自杀身亡。

使者与门客立即捧着他的头颅前往洛阳。刘邦见到田横的头颅，嗟叹不已，以王者礼安葬了田横，同时授两个门客为都尉。但两个门客在安葬完毕田横以后，竟在田横墓前自杀身亡。刘邦得知此事非常震惊，又想起了田横留在岛上的五百壮士，于是派使者前往。五百壮士听到田横自杀的消息后，悲痛欲绝，全部自杀。刘邦看到齐国人如此忠义并且如此支持田氏家族，内心不能不感到恐惧，就强迫田齐宗室后人全部迁往关中。自此田氏离开故土，在关中定居存续下来。

田氏家族的没落，可以被视为先秦时期辉煌耀眼的贵族世家的标志性结局。在汉朝大一统王朝来临的同时，齐国田氏家族、赵国赵氏家族的精英人物基本被消灭殆尽。六国贵族的遗族也都被汉朝迁离故土安置，无法再登上政治舞台。这些贵族世家的子弟和后代也逐渐融入普通平民之中，泯于众人。

---

[1]司马迁:《史记·田儋列传》。

在先秦贵族世家中，紧接着齐国田氏覆灭之后最后一个灭亡的是韩世家。韩国旧地在颍川郡，战略位置重要，本来项羽已封了韩王成，但由于韩王成和刘邦的第一谋臣张良关系密切，项羽没让韩王返回封地，而是降韩王成为侯并将其杀死，还趁机吞并了颍川地。但项羽所封的韩王郑昌随后也被刘邦灭掉。刘邦再立了韩王信。汉朝建立后，刘邦为防范韩王信，将其封地改到了今山西北部一带，这是抵御匈奴的最前沿。在汉初大杀功臣的氛围中，韩王信出于恐惧而投靠了匈奴，后在汉匈之战中丧生。韩世家不复存在。

战国七雄的世家经三次战争走向凋零之后，在秦末农民起义和项羽分封中崛起的那些新贵族世家，他们的命运也好不到哪去，甚至覆灭得更加彻底。楚汉战争初始，刘邦一出关就灭了项羽分封的六个诸侯国，包括刚封的三秦王在内；韩信攻破赵国后，燕王臧荼主动投降，后因谋反被杀；原属楚军阵营的临江王共敖、九江王英布因项羽杀害"义帝"而与其离心离德。其中共敖早死，英布在归顺刘邦后被剪除。

就这样，先秦时期的贵族世家从周初的两百多个诸侯，再加上数倍于之的卿族，经数百年战乱而被消灭大部，仅余战国七雄及其公室和少数卿族。这些最后的贵族世家经历了秦灭六国战争、秦末农民大起义和楚汉战争这三次打击，"死"了三次才"死"成。春秋战国时期曾经辉煌了数百年的先秦贵族阶层就此谢幕。

从时代大背景来看，周朝以后的秦朝和汉朝所建立的都是中央集权的政治体制。在这样的体制下，本来就没有贵族世家的容身之地。所以，秦汉之间的旧贵族和新贵族，实际上是被大一统历史进程无情淘汰。

不过，先秦贵族世家虽然消亡，作为贵族文化传统的"礼"却并未随着分封制的没落而消失，而是超越了先秦贵族世家的命运，成为后代中国人的文化自觉和文化选择。在"天地""先祖""君师"之礼的历史实践中，也越出了贵族世家的范畴，塑造了普通中国人"以礼传家"的信条，为古代家族文化构筑了基本框架。后来的世家大族在此基础上不断迭代转型，为适应"大一统"的新时代，逐渐塑造出以武德、经学、文学、善财等为内涵的新的中华世家文化。

第二章
两汉武德世家

第一节　武德世家：以武传家，家国栋梁

所谓"以武传家、家国栋梁"，是指那些具有武功传统的家族，代代将子弟培养为名将，从而让整个家族具备保家卫国、开疆拓土的能力。在这里，以武传家的"武"，指的不是好勇斗狠，而是足为万人敌的战争能力和精神意志。这就不仅需要武，更需要德，所谓"文武相济"。在这一点上，武德世家又和贵族世家有相通之处。此外，在以武力为实力的古代专制社会中，这些掌握武力的家族，也最有可能攀上皇族的高位，当然也要冒着家族毁灭的巨大风险。

武德世家的崛起是有外部条件的，那就是长期不断的战争或战争威胁。长期和平的状态是难以造就武德家族地位的。中国的历史进入春秋战国之后，

由于缺乏中央权威的调控，诸侯之间为争夺最高权力，斗争不断升级而进入战争。所谓"上古争于道德，中古争于智慧，当今争于气力"。在武力争霸天下的时代，在连绵不断的外战和内斗中，原有的贵族世家不断遭到削弱，许多武力强悍的将领却成长起来了。经过秦统一六国、秦末农民大起义和楚汉战争这三场大战，包括秦国嬴氏家族在内的贵族世家基本上被消灭殆尽。在大一统的时代降临后，登上朝堂并占据主导地位的，均是武力强大的武德世家。

在秦灭六国战争中，王翦家族、蒙恬家族等武将家族起到了重要作用。王翦为秦王开疆拓土，灭掉了当时除秦国之外最强大的楚国。王翦和他的儿子王贲、孙子王离都是护卫大秦王朝的柱石。蒙恬家族也在秦国世代为将，蒙恬一战成名，将匈奴向北驱逐数百里，不敢南下。此外，其他六国也出了不少武德世家，如赵国的嬴姓赵氏能征善战，出过赵武灵王、赵奢这样的名将；楚国的项燕家族的后人项梁和项羽叔侄成为灭秦的主将；至于在楚汉战争中跟随汉高祖刘邦南征北战的将军们，也因战争的胜利而获得王侯之位的封赏，光耀了自己的家族。

两汉历史上，功勋卓著的武德世家也层出不穷：辅佐刘邦有功的周勃，此后在击杀诸吕、稳定刘氏政权的过程中发挥了重要作用，他的儿子周亚夫，率兵平定"七国之乱"，再次拯救了刘氏政权。

卫青和霍去病家族，舅甥两代都成为匈奴的克星，连续击败匈奴大军，直捣龙城，为大汉拓疆千里。而且卫青的姐姐还是汉武帝的皇后卫子夫，霍去病的弟弟是西汉名臣霍光，家族从超拔的军事能力到掌控政治大权，显得顺理成章。

西汉一朝最有名的武德家族是陇西李氏。飞将军李广、名将李敢、李陵，乃至李广的弟弟、大汉丞相李蔡，都出自这个名门望族。

西汉另一武德家族是上党冯氏家族，冯唐是战国末期韩国上党郡守冯亭的后代，冯唐的孙子左将军冯奉世曾平定西域莎车国和羌族叛变，是一代名将。

至于其他在秦末农民起义、楚汉战争、荡平匈奴的战争中脱颖而出的武将和武将家族，更是灿若繁星。

到了王莽篡汉、刘秀发起东汉统一战争时，武德家族达到了历史性的发展高峰。当时刘秀以皇族身份为号召，让许多地方豪强和军阀纷纷投效麾下。其中以南阳邓禹家族、扶风耿氏家族、扶风马援家族等为翘楚的武德家族在战争中成长壮大，成为国家栋梁。东汉初创时期的云台二十八将，大多数都在日后建立了自己的豪族地位。而东汉政权此后也就形成了皇权和大家族共治的局面。

所谓"武德"，指的是在一个社会中使用武力或暴力的规则实现目的。《左传·宣公十二年》指出"武有七德"，即"禁暴、戢兵、保大、定功、安民、和众、丰财者也"。总体说来是通过武力去实现和守护和平目标。而在中国古代武德世家的实际发展历程中，可以从四个方面理解武德的含义：

首先是以武修炼身心，英雄气概。

中国儒家传统的"君子六艺"——礼乐射御书数中，本来就有以武修炼身心的内容。比如射指的是射箭，要求射手以小及远，箭透靶心，对射手的力量、注意力、准确性要求很高；御指的是用规范的方法驾驶马车，有点像奥运会中的马术，对驭手的技巧要求很高。这些习武的训练会让一个人拥有健康的体魄、应对挑战的体能，以及强大的内心世界。

屈原曾经写道："诚既勇兮又以武，终刚强兮不可凌。身既死兮神以灵，魂魄毅兮为鬼雄。"这就是一种精神气概，一种坚定不移、至死不屈的性格。宋朝的女词人李清照，就将《国殇》中的词句化入她的诗句，写下"生当作人杰，死亦为鬼雄"来描述她心目中的英雄，来自荆楚的项氏家族代表性人物——项羽。

其次是以武伸张正义，德在武先。

练习武艺不是为了欺负人，修习兵法也不是为了欺负别国。真正武力强大的人要知道什么时候使用武力，那就是必须要用武力来伸张正义的时候。一个成熟的武德家族，要学会根据事情本身的是非曲直决定立场，秉持公道伸张正义。正义感不仅是一种感觉，更应是一种实践。没有表现出来的正义感，算不上真正的正义感。所谓侠以武犯禁，是指习武之人面对不公不能明哲保身，而要敢于挺身而出，见义勇为、见义敢为，为了心目中的正义甚至不惜干犯官府律令。

在南北朝时期，吴中周氏家族的周处，本身就是东吴大将周鲂的后代。作为将门之后，为了乡亲们的安全，敢于挺身而出，消灭山中老虎、水中蛟龙这两害，并且自身改邪归正，消除了乡亲们眼中的第三害。此后周处成为国家的大将，屡立战功，并最终为国捐躯。人生和国运一样，有时会面对邪恶的暴力，那时就需要以暴制暴。而那些面对强权暴政挺身而出的英雄事迹，总是被人传颂。

再次是文与武的融合，文武相济。

个人的勇敢不是真正的大勇。能够率领团队勇敢作战并最终取胜，才是将领真正的价值所在。在战争中将军要具有战略眼光，能够统筹全局，做到知己知彼，就必须要有武力之外的要素与之匹配。所谓为将者要做到"智信仁勇严"[①]，即：智，能谋略通权变，解决问题；信，能明赏罚，号令一也，固守信则愚；仁，能服众得人心，遍施仁则懦；勇，能果断，恃勇则暴；严能立威，过严则残。在对为将者的要求中，我们看到了文武相济的重要性。陇西李氏家族、东鲁唐氏家族都是其中的代表。

其中陇西李广家族的崛起，靠的就是武有飞将军李广和他的儿子、孙子们征伐四方，文有李广的弟弟李蔡在朝中为相，从而让家族在战场和

---

① 《孙子兵法·计篇》孙子曰："将者，智信仁勇严也。"

朝廷中都能获得成功。东鲁唐氏的代表人物唐彬，是西晋王朝有名的儒将，作为伐吴之战的先锋官，在即将获取全胜、灭掉吴国的最后关头停止进军，从而避免了晋军内部的争功之战，对晋国将士团结和江南的保全起了重要的作用。

最后是以武保家卫国，家国一体。

儒家以人为本，爱国爱民的理念帮助武将们找到了方向。侠士有了家国情怀，开始像儒士一样从更深远的角度看问题，更好地运用自己的力量。《左传》曾记载，邲之战，晋国惨败，尸骨堆积如山，楚国大臣潘党想建一个"京观"（被杀者的首级堆砌）来纪念此次大战。楚庄王表示反对说："非尔所知也。夫文，止戈为武。"[①]这说明，武将要有更高的格局，使用武力的目的是为了保卫人民，以及赢得和平。武力是不得已的手段，所以绝不能赞颂这种杀戮本身的快感。

在家国一体的背景下，对于家族的责任感和对于国家的责任感是完全相同的。这也造就了累世功臣的局面。如陇西李氏所处的边疆地区，经常遭到匈奴的侵凌，边疆子弟自然就会自己武装起来，保卫家园，这就是陇西李氏、杨家将等家族传统的由来。

像弘农杨氏的后代杨家将，从宋朝的杨业开始，数代人忠义为国，成为保卫边疆的国之栋梁。杨业的长子杨延昭在对辽国的战争中屡立战功，让辽人又敬又怕。因为辽国人相信，天上有一颗六郎星，是专门对付辽国的，所以就把杨延昭喊为"杨六郎"。杨家的后人在保卫宋朝边疆的作战中留下了许多感人的传说。实际上，一直到明朝初年，都有杨家后人为中原王朝守卫边疆。

[①]《左传·宣公十二年》楚子曰："非尔所知也。夫文，止戈为武。武王克商。作《颂》曰：'载戢干戈，载櫜弓矢。我求懿德，肆于时夏，允王保之。'"

武将家族往往是整个家族都有尚武的传统，所谓"打仗亲兄弟、上阵父子兵"。一个家族一旦建立这种传统，就会形成家族的精神气质。在国产电影《无问西东》中，当男主角驾驶飞机和日寇同归于尽之后，同袍们去他家中慰问，家中的母亲虽然悲痛但仍坚定，那是因为家族为国家而牺牲已成为传统。在他们家的匾额上书写着四个大字"三代五将"。

在中国历史上，除短暂的大一统王朝盛世外，社会长期处于动荡与分裂之中，以武立家的家族层出不穷。他们的目标或是保全家族，或是为国尽忠，或是达致和平。这些家族成员中有很多英雄人物。像东汉的扶风耿氏家族，为国家世代镇守西域边疆，书写了"十三将士归玉门"的悲壮史诗；魏晋南北朝的新泰羊氏先后出了羊续、羊祜、羊侃、羊深等名将，忠于朝廷，保境安民，留下千古佳话；明朝戚继光，从先祖戚祥开始，在山东世代为将。戚继光继承将位后，训练出一支战无不胜的戚家军。这支部队即使在戚继光死后，也为明朝血战到了最后一刻。

武德家族往往勇于牺牲、英雄辈出。而对一个民族来说，那些为国牺牲的英雄们正是这个民族的精神脊梁，是这个社会的价值标杆。不懂历史的民族没有未来，淡忘英雄的民族也没有灵魂。在武德传家的篇章里，可以感受到我们祖先的英雄气概，和他们家国一体的天下情怀。

第二节　陇西李氏：名将辈出的传奇家族，文武相济

一、言必称陇西李

在西汉的历史上，对内对外的战事连绵不断，包括建朝初期的楚汉战争、异姓王之乱、七国之乱、汉匈战争，等等。由此也导致武德家族在朝堂上占据了重要的地位。如前述的周勃家族、上党冯氏、卫青家族、霍氏家族以及其他如窦氏家族、灌婴家族、樊哙家族等，都通过几代人以武传家并在战争中建功立业而成为皇权的臂助。

除了连续性战争提供的外部环境外，西汉武德家族的兴盛还和制度有关。汉朝继承了秦制，以军功封侯，这导致汉代习武风气浓厚，从贵族到平民都习惯于练武强身，民风强悍。而从汉武帝开始，汉朝对匈奴采取主动出击的战略并经常取得胜利，越来越多的武德家族子弟立功受封。当时汉朝的良家子弟都是以为国出征建功立业为理想，这回过头来更加影响社会的尚武之风。

在西汉这些著名的武德家族中，要论历史成就最大的是哪个，无疑是陇西李氏。在时间上，其作为武将家族，影响中国的历史进程达千年之久；在空间上，曾开辟出跨越东亚和中亚的庞大帝国，并从武德家族转变为大唐皇族，以至于古代人谈起世家大族时"言必称陇西李"。

天下李氏都称是道家始祖老子李耳的后代，在陇西李氏的族谱中，老子之八世孙李昙生有四子，其中长子李崇约在公元前290年被封为陇西郡守、南郑公，子孙遂居陇西郡（陇西郡的郡治初在临洮，后迁陇西）。因此，李氏的郡望就被定在陇西，就是今天的陕西甘肃一带。而李崇就成为陇西房始祖。李家在此世代为官。李崇的孙子辈，就已经出了一个上过中学历史教科书的人物——秦国大将李信，他率大军灭燕，生擒太子丹，被秦始皇封为陇西侯。

不像六国贵族世家，通过基于血缘的分封而世代尊享高位；也不像孔子家族，在列代帝王君主的保护下，以礼传家两千多年，作为世居边地的大家族，陇西李氏需要自己为自己挣得权力、名声和财富。

那么李氏为何要选择以武立家？原因很简单，从周朝到汉朝，中国北境的陇西、北地、上郡、云中等郡就一直处于对抗匈奴的最前线，经常遭到匈奴胡人的洗劫。铁骑过去，村庄残破，人民被杀。因此，边境人民在务农的同时也必须会打仗。一旦边关有敌情，必须拿起武器，拼死迎敌，否则就会家园不保。

对于李家人来说，经常看到匈奴毁灭家园、杀害亲人、掳掠钱财，而朝廷只能纳贡和亲了事。在这样的境况下，要保护家园，只能靠自己。边境人民自然地尚武，好斗，不怕死，面对强敌敢打敢拼。陇西李氏的家族教育中也充满了英雄主义精神。当地人向往陇西李氏的门风与武艺，多有热血青年投奔门下学武艺。他们也成为李氏尚武的人才基础。

公元前156年汉景帝继位。当时在任的陇西都尉与匈奴交兵时战死。景帝在边关诸将中选择了李广继任都尉一职，一来看重他的才干，二来因为他是陇西本地人，熟悉地理和人情。李广在陇西都尉任上多年，但因朝廷的和亲政策而缺乏与匈奴正面对抗的机会。直到汉武帝时期，朝廷政策转变为调派大军向匈奴主动出击，李广才有机会和匈奴打大仗。

二、李广为将，以仁爱带兵，身先士卒

作为一名武艺高强的名将，李广最擅长的是骑射，即在运动中射杀敌军。历史上流传着很多他单骑挑战匈奴大队的故事。他还喜欢近距离射杀猛兽，在右北平就因射虎而受伤。这位对敌勇猛的职业军人平时却不善言辞，也没有多少骑射之外的消遣，与人闲居时亦以射箭赌酒为乐。

在带兵方面，李广可称得上是"仁者"。他爱兵如子，凡事以仁为先。行军遇到缺水断食之时，有食物先供给士兵，如果还有士兵没有吃到，他就不尝饭食。其为将也非常廉洁，常把自己的赏赐分给部下。做了四十多年俸禄二千石的官，家中却没有什么积蓄，这就使得士兵对他忠心耿耿。

李广带兵后，恰逢七国之乱，这本是李广大显身手的时机。当时汉景帝因为削藩之策而引致以吴国和楚国为首的七个诸侯国反抗。吴楚联军在发动叛乱后，一度取得军事优势，却在进军长安的途中，遭遇了汉景帝的弟弟、梁王刘武的顽强抵抗。梁王在吴楚联军的攻击下数次告危，梁国几乎陷于敌手。而此时带兵平叛的将领是周勃之子、太尉周亚夫，他的既定策略是，以梁国拖住吴、楚主力，而自己则让大军主力转战吴楚联军背后，截断叛军的粮道。这个计策大获成功，吴楚联军久攻梁王不下，又得知被抄了后路，军心大乱。周亚夫大军趁机出击，彻底击败了吴楚联军。汉军打到昌邑城下时，李广展现了惊人的单兵作战能力，在万军之中斩将夺旗，抢下了叛军的大军旗，这在当时的战场上属于可以封侯的大功。但由于李广曾接受梁王的封赏，导致汉景帝的猜忌，因而未能封侯。

平定七国之乱后，李广被调往边境九郡，对抗匈奴。而在打击匈奴的战争中，李广也发挥了重要的作用。他遇事沉着冷静，心理素质好，骑射高超，在与匈奴的战斗中胜多负少，让匈奴人也非常敬佩，被称为"飞将军"。边境九郡，除了辽东之外，他当过八个郡的郡守，历经汉景帝、

汉武帝两朝，立下赫赫战功。

不过可惜的是，虽然李广在历史上赫赫有名，但时运不济，立功虽多却未能封侯。元狩四年（前119）的漠北之战中，卫青为主将，李广任前将军。但李广军中缺乏了解匈奴情况的本地向导，因而在大军出发后因迷失道路而导致行军路线错误，未能参战。这对于李广来说，是失去了最后战斗立功的机会。而且在汉律中，"失期"是一项很严重的罪名。李广不愿上军事法庭，愤而自杀。

三、武德还需文德的配合

不过平心而论，李广未能封侯，也不完全是时运的问题，更多的是缺乏政治和军事上的判断力所致。汉景帝时，李广在平定七国之乱中立有大功，凭此足可以封侯。但在回京的途中，李广受到梁王的接见，为表彰他的功绩，梁王授给李广将军印，而李广竟然接受了。这成为李广一生中犯下的最大的政治错误。

在当时的情况下，梁王和汉景帝虽然是兄弟，却是帝位的竞争对手，而他们的母亲窦太后更喜爱梁王刘武，甚至想让梁王继承景帝的帝位。在对抗吴楚联军的过程中，梁王因承受不住压力而频频向景帝求援，却因周亚夫的战术安排而一直没有得到援兵，几乎被叛军灭国。双方因此早有心结。李广虽然在平叛战争中斩将夺旗，功劳足以封侯，却与梁王走得如此之近，这让汉景帝非常恼火。朝廷因此没有封赏李广。

李广带兵虽然仁义，但他带兵的方式粗疏随性，无法管理规模大的部队。而且由于军中缺乏信息情报搜集的能力，导致他在军事判断力上也不如卫青等人。同时期的许多将领都凭借对匈奴的战功得以封侯。唯独李广总是找不到匈奴主力交战，空有武力却无用武之地。以这样的勇力，未能封侯，确实非常可惜。

不过，李家单纯凭借勇力的教育，缺乏为人处世的智慧传承，以至于李广和他的后代们在几代人的时间内虽有勇名，却都难以成事，往往成为悲剧英雄。

李广的长子李当户曾经因为一时愤怒，当着武帝的面，操起马扎追打另外一位大臣韩嫣。三子李敢认为父亲的死和卫青的打压有关，竟然埋伏起来要刺杀大将军卫青。受伤的卫青放过了李敢，但卫青的外甥霍去病却没有这么大度，他当面放箭射死了李敢，还没有受到追究。一代青年勇将就这样不明不白地死去。

李敢的儿子李禹，为了和宦官打赌，竟然吊着绳子进入老虎洞。当汉武帝让人把绳子提上来时，李禹竟然自己割断绳子，跳进老虎洞，差点被老虎咬死。单从这件事来看，说李禹是匹夫之勇，绝不为过。

到了李广的孙子李陵这里。他本来和汉武帝刘彻关系很好，但其在对匈奴战争中，由于对敌情缺乏了解，以及主帅李广利的失误，他不得不进行极为冒险的军事行动。李陵率旗下步兵五千，本来是分散敌人兵力的偏师，却在撤退途中遭遇匈奴单于亲自率领的八万主力大军，虽进行了殊死抵抗，失败却是必然的。最后，李陵的士卒损失殆尽，兵败投降匈奴。这次投降让汉武帝十分愤怒，夷其三族。陇西李氏也就此没落。

通常人们评价名将是"智勇双全"，在这里智排在勇的前面。什么是智？就是解决问题的能力。《孙子兵法》说，"将者，智、信、仁、勇、严也"。李广只做到了其中的信、仁、勇，却缺失了更重要的智和严，所以他是个体意义上的名将，却无法带领成千上万人取得胜利，也无法让自己的家族走向辉煌。

回顾历史就会发现，在西汉帝国的朝堂上，真正振兴了陇西李氏家族的，并非李广，反而是李广的兄弟、大汉丞相李蔡。李蔡虽然不如李广出名，但他助汉武帝治吏、改币、统禁盐铁，政绩卓著。相比始终未能封侯的李广，李蔡被封列侯，位至三公，对家族、对国家的贡献更大。所以，陇西李氏能成为"天下第一世家"绝非幸至，更非单凭武力的结果。

四、英雄之后，还是英雄

陇西李氏以武立家的家风，在李广之后代代有传人。李广有三个儿子：李当户、李椒、李敢。三人都是汉朝大将，其中以少年李敢最为有名，他早在父亲还在世时，就跟随霍去病出征，并在百万军中单枪匹马夺取匈奴左贤王的军旗和战鼓，凭此被封为关内侯。一生渴望封侯的李广没想到儿子竟然比自己还先封侯。

李敢死于霍去病之手后，陇西李氏最有名的将领就是李当户的儿子、李广的孙子李陵。可惜的是，李陵率一支五千人小部队在塞北遭遇八万匈奴主力大军，还由单于亲自率领，李陵军队在杀敌近万后战败投降。李陵投降匈奴后，陇西李氏深感羞耻，同时又受到汉武帝打压。于是自李陵后，陇西李氏从两汉三国到西晋一直默默无闻，泯于众人了。这期间的李氏著名人物，通常出自另一家族，赵郡李氏。

不过，李陵虽然为李家带来不好的名声，却在汉武帝的灭族屠杀中为陇西李氏保全了家族血脉。此后陇西李氏的兴旺，很多是由李陵的后人所带来的。李陵在匈奴的后代不断繁衍，豪杰辈出。在北朝时期就有三支后代出过英雄人物：

第一支的代表人物是北朝柱国大将军李弼，说起李弼读者可能不熟悉，但他的孙子却赫赫有名，就是推翻了隋朝的瓦岗军领袖李密。作为瓦岗寨的领袖，李密在人品上有缺陷，在谋略方面却可称当世之雄，他笼络了一大批天下英雄，如王伯当、秦叔宝、单雄信、程咬金等，让瓦岗军成为武力反抗隋朝的第一战队。

李陵的第二支后裔是永康公李崇义，他也没什么名气，但他的孙子同样是当世英雄，就是号称大唐战神的李靖。李靖成为唐军统帅后，多次率领大军纵横塞北、扫荡西域，所到之处，未逢敌手。其最得意的战绩是一战击败东突厥，并以三千玄甲军追击十万突厥大军，俘虏颉利可汗。李靖后来还出奇兵打败西域大国吐谷浑，将大唐的西部边界向西大大延展。

第三支是李陵在匈奴的直系后裔，后来成为中亚地区的黠戛斯国王。匈奴人非常钦佩李陵的勇敢，封李陵为右校王，管辖原来叫作坚昆后来叫作黠戛斯的地区。匈奴西迁后，李陵的后裔留在此处，成为国王。所以黠戛斯王室黑发黑瞳，和其他黠戛斯人黑发绿瞳明显不同。唐朝时黠戛斯国王听说李唐皇室也出自陇西李氏，还特意跑来长安和李世民认亲，得到了大唐皇室的认可。

除了李广的孙子李陵这一支外，李敢也留下了一个孤儿。这个孤儿的后代，在五胡乱华时，出了陇西李氏第一个君主——西凉国主李暠。到隋朝时，这一支出来的英雄人物就是北周柱国大将军李虎，以及他的后代李渊、李世民等。此时的陇西李氏，早已摆脱了单纯好武的门风，而是文治和武功同样兴盛，因此才建立了彪炳史册的大唐王朝。

关于陇西李氏在唐代的复兴，将在"五姓七望"这一章中专章评述。但即便在唐朝之前，陇西李氏凭借将星辈出，就已经成为天下第一等的武德世家了。从秦国大将李信以来，这个家族在上千年时间里人才辈出，从未退出过历史的中心舞台。家族成员身上蕴藏着华夏文明的勇气基因。在历史上，陇西李氏总是在从大分裂转向大一统、从乱世转向治世的过程中发挥重大作用，可谓中国古代最具代表性的武德世家。唐太宗修《氏族志》时，将陇西李氏列为天下第一世家。

五、"大一统"时代下武德世家的命运

不过，西汉历史上的武德世家，虽然有着耀眼的武功成就，但家族的命运往往不大好：周勃有平定诸吕之乱的功劳，周亚夫帮助景帝粉碎了"七国之乱"，但周家最后被汉武帝族诛；卫青家族本已位极人臣，但因"巫蛊之祸"，卫青的姐姐、皇后卫子夫和太子刘据相继自杀，卫家也

被打压下去；霍去病去世后，汉武帝让他的弟弟霍光担任辅政大臣，结果在霍光死后，霍家也被皇帝灭族。至于世代为将的陇西李氏，仅仅因为李陵投降匈奴，就被汉武帝诛杀满门。西汉时期武德世家初代的辉煌和后期的悲惨，往往和时代需求的变迁有关。

以霍氏家族为例，在霍去病的弟弟霍光掌权之后，这个武德世家在西汉的权柄达到了巅峰。公元前74年，霍光废掉了刘贺的皇帝之位，扶植刘病已即位，这就是汉宣帝。当是时，霍氏家族将领辈出。霍光的儿子霍禹一度做到大司马兼右将军。霍光的女婿范明友身为平陵侯，还兼任度辽将军、未央卫尉；另外几位女婿，任胜是诸吏中郎将和羽林监，邓广汉是长乐卫尉，赵平则是散骑、骑都尉。西汉的实权、帝位、军队，皆掌握在霍光手中，大汉一切事务的决定权都归于霍光，汉宣帝只是一个名义上的皇帝。霍氏一族可谓权倾天下。

但在西汉皇权稳固后，霍氏的权力就成为皇家实现天下一统的威胁了。而且霍氏家族的弱点也非常明显，家族的初代领袖霍去病、霍光都是神一般的存在，但家族里的其他成员却明显缺乏这方面的传承，几乎都成了被权力惯坏的败家子。霍光的妻子霍显利令智昏，为了让自己的女儿霍成君上位皇后，竟然毒死了汉宣帝深爱的皇后许平君。单就这一点就已经点燃了汉宣帝内心的愤怒火焰，也注定了霍家不会有好的结局。霍光的儿子霍禹，以及霍家的第三代、霍去病的孙子霍山，作为家族的支柱，却完全是一派纨绔子弟的作风，在京城里招摇过市，嚣张以极，不知道得罪了多少人而不自知。

面对霍光去世后依然嚣张的霍家，汉宣帝开始独立行使权力。他先是提升霍云为尚书，接下来又下诏宣布，大臣们上疏奏事可以不通过尚书，这实际上架空了霍云。接下来汉宣帝又提升博陵侯霍禹尊为大司马，同时却撤销了他的右将军印，派亲信张世安统管北方八校尉，负责京师防卫。随后汉宣帝又收缴了与霍氏相关的其他京城将领的兵权，将其派驻外地，逐渐剪除霍家在朝堂上的羽翼。不久，汉朝政府的军政大权，都被汉宣帝的亲信及与霍家有仇的许氏家族所控制。

作为霍家掌门人的霍禹对情势缺乏明智的判断，在屠刀已经不断逼近的情况下，还认为汉宣帝不至于将霍家连根拔起，因此并未早做准备，只是企望家族在放弃权力之后能够平安就好。直到一次家族聚会上，霍显不得已透露出许平君皇后就是被自己毒死的时候，霍家上下才明白自家早已与皇帝结下了不共戴天的仇恨，皇帝一定不会放过霍家的。

此时霍家的势力已经被剪除得差不多了，再没能力发动朝堂之上的反击。在这种情况下霍家只好铤而走险，决意谋反。霍禹的计划是先杀丞相，再废皇帝，最后自立为帝。但霍家谋反机事不密，疏漏百出，连他们的马夫都知道了谋反计划。而正是这位马夫的一个朋友知晓了此事，紧急向宫廷告密。

早有准备的汉宣帝哪里肯放过这个机会，立刻发兵包围了霍府。霍禹和霍显自杀身亡，其余的霍氏族人被汉宣帝斩杀殆尽。只有皇后霍成君被废而留得一命，但终生被打入冷宫。在雷霆打击之下，曾经权倾一时的霍家轰然覆灭。汉宣帝剿灭霍家之后，才拥有了真正的权力，并借此开创了西汉王朝的中兴之世。

在皇权至上的"大一统"时代，武德世家说穿了就是皇权对内维稳和对外征伐的工具，武德世家如果不明白自身的这种定位，是极为危险的。一旦这种内外需求消失了，或者武德世家的权势可能威胁到了皇权的地位，就会被毫不犹豫地剪除，不管之前立过多少赫赫战功。汉高祖刘邦、明太祖朱元璋的大杀功臣、汉宣帝诛灭霍氏一家、隋唐两代皇帝对关陇军事贵族集团的打压、宋太祖赵匡胤的"杯酒释兵权"，都是如此。这一方面是皇权唯我独尊的需要，另一方面也是专制体制下皇权的不安全感所决定的。

当然，在中国历史上并不是所有的皇帝都对有功之臣采取如此残暴的政策。东汉光武帝刘秀被公认为是中国历史上最宽容公正的皇帝之一。在东汉历史上，武德世家得到了皇帝的信任，也有较大的发展空间。即使在"大一统"的年代，也保持了皇权和武德世家的良好关系，并因此塑造出一个辉煌的东汉帝国。

第三节 东汉豪门：从云台二十八将到东汉六大世家，德在武先

一、东汉的功臣集团与武德传统

西汉的灭亡直接缘于外戚擅权，而篡夺了西汉皇权的外戚家族——王莽家族，其祖上并不姓王，而是来自齐国王族田氏。《姓氏考略》载："其先，齐诸田为秦所灭，齐人号为王家，考为齐王田建之子田升、田桓改田姓为王姓。"也就是说，西汉末年掌权多年的太后王政君，及其侄儿王莽都出于春秋战国时期的贵族世家齐国田氏。

但和春秋时期田氏取代姜氏成为齐国国君后取得了齐国民众的支持不同，王莽篡汉之后，由于施政上的重大失误，搞得民不聊生，天下群起反抗。在这些起义者中，初期是绿林、赤眉这些农民军为主力，后期占优势的则是各个地方的地主豪强武装。在乱世之中，这些根深蒂固的地方势力大多数都转身成为武将家族，割据一方，扩展实力，待机而动。等到真正有统一天下实力的雄主出现，他们便投身而去，成为新帝国的功臣集团，为自己和自己的家族挣下光荣与名位。

汉光武帝刘秀以其皇族身份为号召，成为各地豪强的领袖，并以此为基础统一了天下。初定天下后，刘秀修建云台，

并将对建立东汉有重大贡献的功臣画像陈列于此,史称"云台二十八将"。之所以有二十八将的名目,是为了对应二十八星宿。两汉流行谶纬之学,习惯于将人事比拟天象,这也算是其中一例。当然,这二十八将并非来自天上,大多数都来自已经成型的地方武势力。

　　如果从派别归属来划分的话,东汉开国时期的功臣们可以被分为几个集团:南阳颍川集团、河北集团、河西集团。这三派势力基本上左右了光武帝在位时的朝局。但只要考察一下云台二十八将的籍贯,就不难发现,大多数名将是最初跟随刘秀打天下的南阳颍川集团的将领,包括邓禹、岑彭、贾复、朱祐、陈俊、臧宫、冯异、祭遵、王霸、铫期、坚镡、马成、傅俊、杜茂、刘隆、马武、任光,共十七人。另外十一人则来自河北集团,包括吴汉、景丹、寇恂、耿弇、盖延、王梁、李忠、万脩、邳彤、耿纯、刘植。早在刘秀诛平王郎前后,这二十八人就已归于刘秀麾下。值得注意的是,二十八将中没有一个将领属于最后归顺的河西集团,而且也不包括来自西北扶风、后来赫赫有名的伏波将军马援,原因自然是因为他们归顺刘秀的时间比较晚。

　　在中国残酷的皇权斗争历史上,汉光武帝刘秀算是一个很有人情味的皇帝,他登位后没有抛弃帮助他上位的老朋友,而是与他们共富贵。在中国古代的开国皇帝中,汉高祖刘邦、明太祖朱元璋都大量诛杀过功臣,唐太宗李世民也斩过大将侯君集。刘秀却较为仁德,没有杀一个功臣,非常难得。当然,作为大一统制下的皇权,对这些功臣们的防范也在所难免。但总体上来看,云台二十八将都得到了很好的结局,很多名将去世后,其家族后代仍然可以成为刘姓皇室的臂助。当然,这些家族世代都有尚武之风。

　　另一方面,云台二十八将以及没有列入云台将谱的那些武将世家也都很忠心,很少出谋反者和野心家。在云台二十八将中,功劳最大也是最出名的有四位:太傅、高密侯邓禹,征西大将军、阳夏侯冯异,大司马、广平侯吴汉，征南大将军、舞阴侯岑彭。他们四人最得刘秀信任。其中有三个南阳人邓禹、吴汉、岑彭以及一个颍川人冯异。

而邓禹之所以在二十八将中排名第一，并不是因为最有才能，而是因为他和刘秀很早就相识，在刘秀的兄长刘演被杀后仍然忠于刘秀，并且第一个为刘秀献上夺取天下的计划。实际上邓禹带兵打仗也经历过重大失败，其战绩不如排名在他后面的吴汉、冯异和岑彭。刘秀对邓禹等人的推崇，印证了这些旧相识的南阳家族在刘秀心目中的地位。

在东汉历史上，武德世家代表了新的政治传统：以云台二十八将为起点，东汉开启了大家族与皇帝共同统治的时期，大家族势力也因此根深蒂固。东汉最著名的六大世家，包括武将出身的邓禹家族、耿弇家族、梁统家族、窦融家族、马援家族以及经常出皇后的南阳阴氏家族。十几代皇帝都是由这六大世家辅佐。

六大家族的子弟中，文武人才频出。他们辅佐了十多代皇帝，堪称政治世家。其中除了阴氏家族是因为出了东汉首任皇后阴丽华而一举成为高等级世家之外，其余五大家族都是因为军功而入列为顶级世家，并且长期主宰朝政的。

在这六大家族里，耿氏、窦氏和马氏均来自扶风地区，能征善战，作者将在"扶风四姓"中予以详解。而本节主要阐述的是六大家族中的邓禹家族、梁统家族以及来自云台二十八将中的颍川冯氏家族。其中邓禹家族和颍川冯氏家族共同的特点是"武功强盛，德在武先"。他们在实力和仁德的基础上与皇权保持着密切的关系，让家族得以留名史册。

二、南阳邓氏：家族世代出安邦定国的人物，女子也不例外

邓禹位居云台二十八将之首，他和他的家族都是汉光武帝刘秀最为倚重的股肱力量。而南阳邓氏家族也称得上是当时将"德在武先，文武相济"这一原则秉持得最为彻底的武德世家。

邓氏作为一个姓氏，在黄帝时期就有记载。当黄帝和蚩尤大战时，一个叫作邓（登）的部落加入了黄帝一方。其子孙就被封在邓地。商王武丁称王时把叔父曼封在此地并建立邓国，是为邓曼。而曼的血统就直接来自黄帝、少昊、颛顼一脉。在春秋争霸战中，邓国被楚国灭掉，亡国的邓国贵族就纷纷以国为姓。这就是邓氏的由来。

邓国旧地就是在秦制南阳郡的管辖区域内，所以当秦汉时南阳郡设立后，这里就生活着很多邓氏族人。而邓禹就是邓氏子弟中的佼佼者。邓禹字仲华，南阳新野人，生于公元 2 年，比刘秀小几岁。他少年时就结识了刘秀，一直伴随左右，为其出谋划策，可谓赤胆忠心。刘秀称邓禹有"萧何之才"，对他最为信任，拜他为前将军。

邓禹确实有安邦定国之才，虽统率大军，却从不滥杀无辜，而是悉心安抚地方吏民，为刘秀收揽天下人心并最终完成统一起到了关键性的作用。虽然如此，作为开国第一功臣的邓禹却从不居功自傲，也未敢放松对子孙的教育。他在东汉建立后很快就退居田园，专心教育子女。

邓禹有十三个儿子，其中邓训为第六子，自幼厌文尚武，礼贤下士，曾任乌桓校尉、张掖太守等。东汉王朝是在六大家族领袖的辅佐下进行统治的。邓氏家族为六大家族之首，由于家学渊源、家教得法，子弟都被培养成为优秀的人物，在辅助东汉王朝上的作用甚至超过了经常出皇后的阴氏家族。

特别是在汉和帝时期，汉和帝刘肇年轻有为，他的皇后邓绥，就是邓训的女儿、邓禹的孙女，才貌双全，德冠后宫。邓绥入宫之前，汉和帝已经立了阴氏为皇后，阴皇后是阴丽华兄长的后代，也是个才女，以书法而闻名。应该说，邓绥的母系出于阴氏，阴皇后的父系出于阴氏，二人还算是远亲。但邓绥与阴皇后却是不折不扣的竞争对手，还上演了一场复杂的宫斗剧。最终邓绥胜出，成为皇后。

此后汉和帝早逝，邓绥执掌最高权力达十六年之久。在这十六年中，东汉王朝恰逢"水旱十年"的艰难局面。当时中原地区天灾不断,仅延平二年(即邓太后执政的第二年)全国就有十八郡遭地震、四十一郡遭大水、二十八郡遭风雹侵袭。邓绥除减免租税、开仓赈民外,还裁减宫廷日常用度,甚至卖掉了上林苑所养的鹰犬,郡国进贡的东西全部减半。她自己早晚仅食一肉一饭。上行下效,百官节约下来的粮食衣物统统用来救济灾民,灾荒后朝廷又帮助农民耕种。通过这些方式,东汉平安地度过了十个灾年。邓绥也被誉为"兴灭国,继绝世"的一代贤后。

邓绥当政时还任命当时有名的大儒,有"暮夜却金"美名的弘农杨氏家族的杨震为司徒,使得吏治清明。同时,由于家教传统严格,邓绥和明德马皇后一样,是出色的女政治家,很注意约束娘家人,并不让皇帝加封邓氏一族。因此,在汉和帝执政期间,其长兄邓骘不过是一名虎贲中郎将。

曾经有一次邓家受到朝廷奖励,皇帝要给他的几个舅舅加官晋爵。而邓氏兄弟作为国舅却都推辞不接受,使者来时都躲起来,最后赏赐只好作罢。还有一次,中郎将任尚犯罪被审,任尚曾经送给邓凤几匹好马。邓凤赶紧向父亲邓骘说明情况。邓骘十分惶恐,便将妻子和儿子的头发剃光,向天下谢罪。

不过,历史有时并不公平。像这样才能出众,又懂得自我节制的栋梁家族,却没有得到好的结果。公元121年邓绥崩逝,谥号"和熹",与汉和帝合葬于顺陵。但没有想到的是,被她册立的汉安帝刘祜因为长久不能掌握实权而对邓太后心怀怨恨。邓绥刚刚去世五个月,汉安帝便听任宦官江京、李闰等人罗织罪名,诬陷邓氏家族谋反。邓骘与儿子邓凤自知申冤无门,绝食而死。而邓太后的助手、发明造纸术的宦官蔡伦,也因此前和汉安帝刘祜的祖母有私人恩怨而被迫自杀。

在这一系列惨剧发生后,因为邓氏家族受到迫害,特别是名声很好的邓骘无罪却自杀身亡,朝中大臣们不服。大司农朱宠等人仗义执言,为其鸣冤叫屈。最终汉安帝迫于众怒，谴责了州郡官员，并妥善安葬了邓骘。

此后邓氏家族子弟都陆续官复原职，后来邓氏后人邓猛女还被汉桓帝立为皇后，但经过汉安帝时期毁灭性打击的邓氏家族仍然难以重振家声。到了公元 165 年，邓皇后被废，邓氏子弟纷纷被免官夺爵。南阳邓氏经过第二次打击，再也没能崛起，就此没落。

自公元 2 年邓禹诞生，到公元 165 年邓猛女被废，这一个半世纪的时间内，邓禹家族五代人尽心尽力辅佐东汉王朝。平心而论，这样忠诚而有贡献的世家，对得起他们所效忠的皇权，但皇权却实实在在地对不起这个世家。而且这也成为此后中国皇权和世家之间关系的缩影：不是皇权压倒世家，就是世家侵蚀皇权。

三、颍川冯氏：治国安邦，忠孝永昌，功勋同庆，照耀远方

和南阳邓氏相比，同样出自云台二十八将、同样来自南阳颍川的冯异家族的命运要好得多。作为武德家族，颍川冯氏在处理与皇权的关系时因进退有据，从而得保家族在皇权制下全身而退。

汉族冯姓源出有二，一是姬姓，二是归姓。周公分封诸侯时，将周文王第十五子姬高封在了郑国，郑国公族中有一位大夫，也是姬姓，号为郑简子。郑简子后来被封在了冯地，就以封邑为姓，称为冯简子。这就是冯氏的得姓始祖。冯氏家族向来以武功效忠主君。"冯"这个字，就有马蹄声的意思。

冯氏有很多分支，其中来自颍川的，是东汉开国功臣之一、名列云台二十八将第十三位的征西大将军、阳夏侯冯异的后代；来自上党的，是西汉左将军冯奉世的后代；来自长乐的，是汉宜都侯冯参的后代；来自京兆的，是北燕昭成帝冯弘的后代；来自弘农的，是冯弘之孙冯宁的后代；来自河间的，是唐监察御史冯师古的后代；来自岭南的，是唐越国

公冯盎的后裔。其中最著名的一支,就是颍川冯氏。

西汉末年,王莽篡权,政治混乱、战争四起。刘演和刘秀两兄弟号召四方豪杰平定天下。而冯异就是这些豪杰中最能战斗的一位。其作战能力甚至超过了云台二十八将中排名第一的邓禹。

刘秀刚刚建立东汉王朝时,赤眉军的残余势力在陕西三辅起兵,而西北世家大族也乐于看到赤眉之乱,好以此阻止东汉中央政权的军队进入本地,来维护自身的地位。东汉大军在缺乏本地支持的情况下,久战不能定。当时带兵的是大司徒邓禹,对农民起义没有太多的办法。直到公元27年,刘秀果断撤换前线将领,拜冯异为征西大将军,正式接替邓禹。

冯异受命西行,一路上经过原来赤眉军的地盘时,约束部下,军纪严明,从不滥杀,受到当地老百姓的欢迎。当冯异大军和赤眉军在华阴相遇时,赤眉军的人数是冯异的几倍,因此轻视冯异。两军交战时,赤眉军派了万余人为前锋去挑战冯异。赤眉军前锋出击的时间选在了凌晨,目的是为了干扰冯异大军的休息,削弱其战斗力。但冯异的情报工作做得好,早已得到了这个消息,在赤眉军必经之路上部署了精兵。这些伏兵穿着和赤眉军同样的军服,在道路两旁埋伏。等赤眉军到达冯异军营时,冯异派出一两千人出营交锋。赤眉军见冯异军队人少,更不放在眼里,产生了消灭冯异后再吃早饭的想法。结果冯异采用"添油战术",渐次增兵,两军从早上杀到太阳偏西,赤眉军疲惫难挡。

就在赤眉军依靠人数渐渐取得优势时,冯异发出号炮,早就埋伏好的士兵全面出击,战局瞬时逆转。由于冯异的伏兵衣服与赤眉军相同,赤眉军不能区别,顿时大乱。此时冯异挥军全面出击,赤眉军大败。冯异乘机收降了八万赤眉军,这就是有名的"崤底大战"。

冯异虽然战绩不俗,但一直为人低调,从不骄傲自夸,而是尽力秉持"德在武先"的原则。当时刘秀大军进发时,冯异会约束自己的部下,在没有交战时，行军要走在其他各营之后。冯异自己与其他各位将领相遇，也经常引车避道，进退有据。更可贵的是，每当大战之后刘秀手下的将领们并坐论功时，他总是独自躲在大树下，从不参与计较。军中全都知道他的做派，称他为"大树将军"。

东汉大军攻破河北邯郸之后，刘秀曾经对部队将领进行调整，结果那些低级军官和普通士兵都说愿意归到"大树将军"名下。"大树"就成了冯异的标志。此后千余年时间里，冯氏家族经常以此立祠堂堂号，题写对联，以谦逊为家训教育后人。后来的冯异后裔，家中堂屋神榜的横额多写"大树家风"四字。

冯异初封应侯，后封为阳夏侯，死后谥节侯。从布衣百姓而功至爵侯，一生持节不失忠孝。冯氏这样的武德家族，具有长远的政治眼光，始终以行为表明其对皇权的忠诚，所以从不被皇权认为是威胁，也因此保持了家声长久、传承有道。冯异长子冯彰在冯异死后继承了爵封，建武十三年（37）又被封为东缗侯，永平年间，又敕封平乡侯。冯异的另一个儿子被敕封析乡侯。冯异的孙子冯普世袭了冯彰的爵位。永初六年（112），冯异的重孙冯晨被诏封平乡侯。冯异一族爵侯相继，成为颍川郡的显族。

但低调和谦逊的家族精神背后，则是刚强和原则。三国时有一位冯熙，就是"颍川人冯异之后"，以气节而闻名。据《三国志》载，蜀主刘备死后，孙权即遣立信都尉冯熙去蜀吊丧，后出使魏国，不卑不亢，持节不降。魏文帝曹丕令陈群招揽冯熙，想要使其为己所用，冯熙宁死不从，后来"竟死于魏"。孙权赞叹说："此与苏武何异！"[1]颍川冯氏，忠君爱国是其传统。迄今在其宗祠上都可见题词："治国安邦，忠孝永昌，功勋同庆，照耀远方。"

---

[1]《三国志·吴主传》："权闻之，垂涕曰：'此与苏武何异？'竟死于魏。"

四、安定梁氏：从股肱之臣到跋扈将军，武德家族也会出败类子弟

在东汉历史上，六大世家世代辅佐东汉王朝，并与皇家结成亲家，是东汉皇权统治的有力臂助。不过，安定梁氏是东汉六大世家中的异数，并未像其他世家几乎与东汉王朝相始终，而是在辅佐了皇室一百三十年后中途退出了历史舞台。

安定梁氏与南阳邓氏家族的命运可以说是完全相反：南阳邓氏为东汉皇权奉献良多，最后却遭遇皇权的迫害，多年后才恢复家族地位；安定梁氏却一度凌驾于皇权之上，甚至害死了皇帝，最终遭遇皇权的反攻而灭族。而且这次皇权和世家相争的后果是严重的，意味着皇权和世家之间的关系维持了几代人的平衡之后，双方互相忌惮，相害相杀，由此也种下了东汉衰落和几个大家族灭亡的种子。

梁统家族来自凉州安定郡乌枝（现宁夏固原市东南）。《后汉书·梁统传》记载："统高祖父子都，自河东迁居北地，子都子桥。"在乱世中，梁统和窦融及诸郡守起兵保境。本来诸将按官位推举梁统为首领，梁统却坚决推辞，于是大家推举窦融为河西大将军，窦融就封梁统为武威太守。后来光武帝刘秀征隗嚣，窦融和梁统率领自己的部队与刘秀会合，梁统被刘秀封为成义侯，后来又被封为高山侯，拜太中大夫。

当刘秀建立东汉政权后，梁统显示出治国的能力。他在朝廷中数陈便宜，主张重刑罚，以遵旧典。梁统所提倡的律法，并不是通过残暴刑法去控制百姓，而是为保护大多数人的利益，惩治那些犯罪之徒。他在县里当官时，就以公正不阿而闻名。后来他出任九江太守，定封陵乡侯，官声颇佳，最后卒于任上。

梁统的后代在东汉一朝显贵时间较长，特别是在梁商、梁冀父子为大将军，梁妠为皇后、太后的时候，家族权势达到顶峰。顺帝时期，梁商作为国丈，被拜为执金吾，顺帝特地赐给他"安车四马"乘坐，以示

厚待。梁商生性低调，不事张扬，知道控制家族的特权，梁妠当皇后期间对族人管理也很严格。虽然梁妠的哥哥梁冀不时横行市井，有些恶少无赖行径，但在梁父的压制下，倒也没生出太大祸乱，当时世人对梁家的赞誉不少。

阳嘉三年（134），梁商去世，汉顺帝追封其为大将军，长子梁冀接替了其父的职位，另一个儿子梁不疑接替河南尹。从此，以武立家的梁氏逐渐掌握了东汉王朝的核心权力。

建康元年（144），在位二十载，年仅三十岁的顺帝去世。作为皇后的梁妠没有儿子，于是立顺帝长子刘炳为帝，即汉冲帝。这位小皇帝当时还是两岁的小孩，梁妠以太后身份临朝参政。梁皇后成了高高在上的梁太后，她不必再小心翼翼地表演下去，而手握重权的梁冀也逐渐显露出真实的野心。

随着梁太后掌控了皇家权柄，此时的梁氏家族也越来越嚣张，特别是大将军梁冀，自身并没有显示出任何军事或政治上的才干，只是靠家族关系，却越来越无法无天，在生活上奢华无度。各地贡献皇帝的珍异贡品，上等的都先送到梁府，其次的才给皇帝享用。

掌控大权的梁冀漠视朝廷的法度，任意妄为。有一位官员吴树任县令时，诛杀了辖境内贪财害民的梁氏宾客，梁冀为此怀恨在心，伺机报复。等吴树任荆州刺史，赴任前到梁府辞行时，梁冀竟然用毒酒款待，使得他一出门就死在了车上。这些残暴的行为众人皆知，但面对梁氏熏天的权势，朝中官员却敢怒不敢言。

恰在此时，梁氏兄妹权柄的源头、其所拥立的汉冲帝刘炳因为身体不好，即位不到半年就夭折了。本来诸位大臣想要拥立年长而有学识的清河王刘蒜，但梁太后和梁冀怕清河王不好控制，于是违背众大臣之意，立年仅八岁的渤海王刘鸿之子刘缵为帝，是为汉质帝。梁家的本意是皇帝年纪越小就越好操纵。但刘缵并不是一般的幼童，他聪明过人。本初元年（146），面对目无皇帝、不可理喻的梁冀，八岁的汉质帝骂了句："此乃跋扈将军也！"梁冀由此心生恨意，指使手下在饼中下毒，杀死了质帝。

质帝驾崩后，大臣们仍属意清河王。但是梁冀和梁太后最怕有作为的皇帝，那样他们的权力就会大打折扣。最后，百官拗不过太后，只好立章帝的曾孙蠡吾侯刘志为桓帝。而刘志还有一个身份——他是梁冀的妹夫，他的妻子梁女莹是梁冀和梁太后的妹妹。刘志和梁氏家族有着这样千丝万缕的关系，梁冀感到安全了。但他万万没想到的是，十五岁的桓帝从即位开始，就想要诛杀这个曾经谋害过皇帝的"跋扈将军"。

汉桓帝即位四年之后，时机终于来临。这一年梁太后病重而死，并遗命归政皇帝。但梁冀并不想放弃权力，还是揽权不放，将皇帝架空。直到几年后，桓帝已经二十多岁了，皇后梁女莹也病逝，桓帝和梁氏家族已没有直接的姻亲关系了，桓帝才下决心清除梁氏一党。为商议诛灭梁冀的计划，桓帝把亲信宦官叫到厕所密议，由宦官传递消息，得到了朝廷大臣们的支持。为了表明反梁的决心，桓帝甚至还和这些与梁冀有仇的官吏们歃血为盟。在皇帝亲自参与策划下，外朝大臣终于奉旨抄了梁冀的家，收缴了梁冀的将军大印，还没收了梁氏的巨额家产。梁冀知道大势已去，畏罪自杀。

汉初的云台二十八将及六大世家，都有着自我节制的觉悟，这也是大多数家族和皇权相处融洽的重要前提。六大世家中的梁统家族本来也有"德在武先"的传统，梁统在起兵的时候就谦让于窦融而被传为美谈。但是到了梁冀这一代，既没有德，也没有武，无法保持武德世家的军功，更没有转型成为经学士族世家，只是单纯地依靠外戚的地位而胡作非为，最终导致家族的覆灭。

不仅如此，梁家的覆灭还让传统的武德家族和皇权之间的关系逐渐变质。后来的东汉皇帝更加信任新晋的外戚家族，而非与六大世家结亲。在世家集团不受信任的同时，宦官集团也趁机兴起，让东汉后期的政治更加混乱。东汉一朝，作为统治支柱之一的世家一旦堕落，对政治权威的影响是致命的。事实上，在东汉中后期，经过梁冀、宦官、外戚等集团的轮番折腾，国力大衰，皇权威严沦丧，王朝开始了迅速衰落的进程。

第四节 扶风四姓：最具代表性的帝国武将世家，长留英雄气概

东汉历史上武德家族的发展有两个高峰期，一是立朝之初的云台二十八将及其家族；二是东汉前期和中期崛起的扶风四姓家族。所谓扶风四姓包括：扶风茂陵马氏，名将马援之后，有侯九人，大将军、将军、九卿五人，二千石官员十数人，皇后一位；扶风平陵窦氏，出过名将窦固和窦宪，有侯十八人，三公五人，九卿五人，其余二千石官员数十人，皇后三位；扶风茂陵耿氏，出过名将耿弇、耿恭，有侯二十人，大将军、将军、九卿二十余人；扶风安陵班氏，定远侯班超之后，有二千石官员近十人。

扶风是个神奇的地方。南有散关、褒斜道，西有陇山，北有安定郡高原，东接关中平原。地处前线，经常面临游牧民族的侵扰，所以这里的年轻人有练武的传统，民风剽悍。自汉朝以来，右扶风就名将辈出，武德世家聚集于此。不过，因为扶风的武德世家加入刘秀阵营的时间比较晚，除了耿氏家族的耿弇外，都没有列入云台二十八将的序列。但在东汉帝国的前期和中期，四大扶风武将世家所开创的赫赫武功，却一点也不亚于云台二十八将。特别是帝国中后期，四大武将世家是东汉向外开疆拓土、成为世界四大帝国之一的重要支柱，其影响一直持续到三国时期。

一、扶风茂陵马氏：公侯世代，名将辈出，勇武忠诚，大汉柱石

扶风马氏出自嬴姓赵氏，伯益之后。也就是说，马姓是从赵姓里分衍出来的。得姓始祖马兴为战国八大名将之一、赵国大将赵奢的孙子。当时赵奢在赵惠文王十五年出征，连败齐秦两个大国，战功赫赫，受朝廷封于马服山，就是现今河北邯郸一带，人称马服君。到了赵奢的孙子赵兴这一代，改马服为姓，后来又省去了服字，是为马姓。秦灭赵国后，马兴作为赵国贵族被迫离开故土迁徙到了秦地，后被秦封为武安侯，于是这一支马氏就从邯郸人变成了扶风人。

扶风茂陵马氏在两汉时出过朝廷重臣，但家族重心其实并不在此。马氏家族除了有子弟为官之外，更引人注目的是有自己的庞大家族产业。到了西汉末年王莽篡位时，马家还在扶风地区以牧马为业。马援是当地的大地主兼牧场主人。马家的牧场经营有方，畜养牛、羊、马数千，每年收谷数万斛。但马援有高远的政治抱负，声言"不为守钱虏"。在两汉之交的乱世，马援慷慨地把财产散发给当地老百姓和亲朋好友，自己则率军投奔汉光武帝刘秀。

说起来，马援并不是刘秀的嫡系，和一开始跟随刘秀起家的南阳诸将相比，属于外将，也因此没有被列入云台二十八将。而马援为人高调，爱指点人物，也经常被人中伤；刘秀却谦逊和气，礼贤下士，和所有人关系都很好。两人的性格脾气也不是很相投。所以在马援投靠后，刘秀对他不像和南阳诸将一样亲密。但马援为人忠勇，西征南讨，建立了卓越功勋，靠功绩证明了自己，最终成为汉光武帝刘秀最信任的人之一。

建武十六年（40）春，西北形势已大定，东汉光武帝刘秀便将陇西太守马援召回京师，拜为虎贲中郎将。此时刘秀最信任的大将冯异、岑彭已经去世，马援就成了刘秀第一大军事参谋。每有军国大事，刘秀还是最喜欢和马援商量，在这个过程中刘秀发现自己和马援其实有很多相同

之处，特别是在军事领域，双方的意见经常不谋而合。刘秀经常当众表示自己对马援的欣赏："伏波论兵，与我意合。"

其实刘秀和马援谈得来，还有一个原因，就是马援口才甚好，堪称东汉朝廷第一段子手。马援走南闯北，见多识广，交游广阔，到了宫里就爱和人聊天。无论是前朝将相、闾里少年，还是江湖豪侠，马援讲起来感染力都极强。宫里的太子、诸王、宫女、太监们沉迷其中，百听不厌，刘秀也不例外。

有一次马援率军去寻阳（今湖北广济）平定山贼，大胜而还，回来上书汇报其平贼之策，说道："贼入山林，不见其踪，故臣除其竹木，譬如婴儿头多虮虱而剃之，荡荡然虮虱无所复依。"意思是要在婴儿头上抓虱子，就把婴儿的头发都剃光。刘秀看到后忽发奇想，居然将宫中长了虱子的太监全剃成光头。之后君臣相视，哈哈大笑。

公元 41 年，即建武十七年，交趾郡（今越南）发生雒越族征氏姐妹叛乱。因与当地官府的矛盾，征侧、征贰两姐妹起兵反抗东汉政权，夺取了六十五座城池，建立征朝。建武十七年，光武帝拜马援为伏波将军，征召长沙、桂阳、零陵、苍梧四郡士兵一万余人，出兵平乱。建武十八年春，马援在浪泊大破蛮兵，此后经过一年多浴血奋战，至十九年春，全歼征侧、征贰的叛军主力，收复交趾，并且乘胜向南进军，扫除叛军余党。建武二十年马援南进居风（现越南南部），一直打到海边，才停止进军。

马援每攻取一地，就废止苛政，修缮城郭，兴建水利，抚境安民，让东汉政权的权威重新树立起来。越南人将伏波将军马援当作神来崇拜，建了很多伏波将军庙。现今越南白马寺中曾经有过的白马将军塑像，就是当地人为纪念马援而建造的。

公元 49 年，武陵"五溪蛮"叛乱。当时马援已经六十多岁，他向汉光武帝请求出征。汉光武帝看他年纪大了，没有答应。马援就叫人取来盔甲，牵来战马，在殿前顶盔贯甲，上马挥刀，一派英雄之风。汉光武帝不禁啧啧称赞，派他领兵四万出征。不料这次出征，马援病死在军中，时年六十三岁。作为武德家族的代表，马援高龄出征，践行着他自己"丈夫为志，穷当益坚，老当益壮""男儿要当死于边野，以马革裹尸还葬耳"的誓言，值得后世人感佩和尊重。

扶风马氏作为武将世家，却非常重视对子女的文德教育。马援的女儿马氏后来的声望甚至超过她的父亲。公元67年，在太后阴丽华的同意下，汉明帝刘庄立马援的三女儿马氏为明德皇后。马氏贤良淑德，成为汉明帝的贤内助，号称东汉的一代贤后，后世经常将其与阴丽华皇后和邓绥皇后相提并论。马皇后的地位和贡献，也将扶风马氏家族的威望推向鼎盛。

马皇后的德行贤名，足证马援家族在子女教育上的成功。回顾历史上来自扶风的四大世家，其他三大世家窦氏、耿氏和班氏，都曾辉煌一时，但到东汉末年均已没落，唯有扶风马氏仍然世镇西北，名将代出。其中马援的后人马腾担任西凉刺史，马腾的儿子马超、马岱皆为西凉名将，并参与了东汉末年的三国争雄，保持了武德家族的传统。到了唐朝末年，马援家族的另一后人鄢陵人马殷，本是个木匠，后来从军，作战勇敢，战绩卓越，因功迁武安节度使，于是他就以长沙为都，割据湖南及广西、广东、贵州一部，建立了五代十国之一的"楚国"。

扶风马氏因为军功赫赫而世代出王侯，体现了武将世家要想世代传承，必须重视子弟培养，以忠诚和勇武卫国的传统传承家风，马援家族以武德教育子弟，让家族名将代出，其家族辉煌史甚至超越了其所服务的王朝的寿命。

二、扶风茂陵耿氏：终不为大汉耻的忠义家族

耿姓起源于现今的河南温县东部一代，商朝时将此地命名为耿。商朝作为商部落后裔，经常迁都。商第十四代君王祖乙曾经将商都迁到了

耿,但后来再次迁都时,一部分商朝贵族留了下来,包括祖乙的弟弟祖丙。于是祖丙就被封于耿地,建立耿国。后来的耿氏族人,尊祖丙为耿氏之祖。

后来赫赫有名的扶风耿氏家族其实来自扶风茂陵(今陕西兴平东北),和耿地有一段距离,应该是耿姓西迁的结果。作为扶风四大世家之一,耿姓经常出叱咤风云的武将。其中最有代表性的就是东汉开国功臣、扶风世家中唯一入选云台二十八将并排名第四位的耿弇,以及他的父亲耿况。耿弇能够位列云台二十八将,是因为他比马援等其他扶风武将更早地投奔了刘秀,而刘秀恰恰是个念旧的人。

说起来,成功的武德家族不仅要重视武艺的精进,还要着力于学问和兵法,培养子弟成为"万人敌"。在这方面,扶风耿氏是一个典型的代表。耿家在当时作为武功出众的家族,也有经学传家,属于文武兼备的家族。耿况年轻的时候专研《老子》,颇有心得。西汉末年,耿况出任上谷太守,权重一时。在王莽篡汉建立新朝后,耿况又被封为伯爵。那时他还不到四十岁。

刘秀起兵时,正逢王郎叛乱。双方都极力拉拢当时尚未表明立场的耿况,因为耿况手下有一支天下无双的骑兵劲旅——六千幽州突骑军。耿况的长子耿弇曾经在刘秀麾下供职,对刘秀的为人和能力大为折服,于是返回上谷,对父亲耿况讲述了与刘秀交往的经历,力劝父亲不要接受王郎的招抚。耿况从此决定追随刘秀。他派耿弇、寇恂等人带领上谷和渔阳两郡兵马归顺了刘秀,并亲自率兵攻打王郎,平定河北。获胜后耿况带领全族离开上谷,搬迁至东汉都城洛阳。

而耿弇则成为刘秀麾下大将,率领大军从河北出发扫荡各地,在一系列战役中充分显示了军事才能。当时刘秀已经击败了北方军阀彭宠和南方军阀刘永,统一天下的最大障碍就剩下位于东部的齐地军阀张步。但此时各地征伐未定,刘秀派不出更多的部队去讨伐张步,于是想到了军事才能出众的耿弇，耿弇欣然领命。但刘秀还是不大放心。耿弇向刘秀进献了以少胜多之策，打消了刘秀的顾虑。最终刘秀起用了耿弇。只带着几万士卒出征的耿弇，面对的是张步的数十万大军。不过，耿弇军中有六千骑兵是当时战斗力最为强悍的幽州突骑军。

作为汉军的战术大师，耿弇进攻张步时使用了兵书上提及的各种战术，包括心理战、攻坚战、围城打援、声东击西，等等。耿弇对兵法的运用自如使得部队势如破竹，拿下了前进道路上的所有城池，很快就直接面对张步的二十万大军。

张步也算是一代枭雄，他明白自己的处境和优势，于是在排兵布阵时使用正攻法，依靠人数优势直接攻击耿况，一度占据上风。但他没想到的是，这个"上风"实际上是耿弇故意送给他的。就在张步的部队因为进攻过于顺利而阵型散乱时，耿弇亲率突骑军杀出，冲乱张步军的阵脚，张步大败。在这次会战的初期，由于张步军的猛烈进攻，耿弇大腿中箭负伤，但他没有理会，而是砍断箭尾，镇定自若地指挥部下作战，直到胜局已定后才命手下将箭拔出。

刘秀听说耿弇善用兵法、以少胜多击败张步后，大为赞赏，说道："将军（耿弇）前在南阳，建此大策，常以为落落难合，有志者事竟成也。"[1]纵观耿弇在刘秀麾下，作为建威大将军，征战有年，共平郡四十六，拔城三百，未尝一挫。

刘秀登基后，耿况及其六子或封侯，或升官。长子耿弇名列云台二十八将，其他五个儿子都是朝中金印紫绶的高官。扶风耿氏一门从此居于顶级世家行列。

而耿氏对刘氏的忠心，也是不容置疑的。从耿况到耿弇、耿霸、耿

---

[1]范晔：《后汉书·耿弇传》。

秉、耿恭，都是战场名将，为东汉王朝镇守西北边疆。其中耿秉在公元72年，也就是汉明帝永平十五年拜驸马都尉，与窦固合兵一万四千骑击败匈奴骑兵，后来被拜为征西将军，按行凉州，进屯酒泉。北匈奴怀其恩信，多年不敢犯边。

作为耿氏后人，耿恭以"十三将士归玉门"的传奇，书写了汉朝军人的悲壮气节与大丈夫气概。耿恭，字伯宗，是原上谷太守耿况的孙子，明帝时任戊己校尉。后驻西域疏勒（治今新疆喀什）。公元75年，汉朝和北匈奴在西域的战端重启，疏勒城遭到北匈奴数万大军围攻。匈奴军队久攻不下，就开始长期围城，围城到最后阶段，城里已经没有粮食了，士兵们就把系铠甲的皮带煮了吃掉，仍然在坚持。匈奴人想劝他们投降，就派出使者劝降，并许诺让耿恭当白屋王。耿恭让使者进了城，一刀杀掉，并在城头火烤其肉，匈奴士兵见状大哭。这也是后来岳飞的《满江红》里"壮志饥餐胡虏肉，笑谈渴饮匈奴血"典故的由来。

当时西域的汉军正在进行战术性的撤退，以图再举，一时之间没有部队去支援耿恭。耿恭和他的将士只好坚守孤城，面对生死存亡的绝境。耿恭的部将范羌冒死突出重围，跋涉千里到洛阳求援。但首都的人们并不知道此时耿恭他们是否还活着，东汉朝廷也为是否要出兵援救留在西域的汉军而展开激烈的辩论，最终司徒鲍昱挺身而出，大声说道："今使人于危难之地，急而弃之，外则纵蛮夷之暴，内则伤死难之臣。此际若不救之，匈奴如复犯塞为寇，陛下将何以使将？"[1]意思是：国家在危难

---

[1]《后汉书·耿恭列传》：关宠上书求救。诏公卿会议，司空伦以为不宜救，司徒鲍昱曰："今使人于危难之地，急而弃之，外则纵蛮夷之暴，内则伤死难之臣，诚令权时，后无边事可也。匈奴如复犯塞为寇，陛下将何以使将？又二部兵人裁各数十，匈奴围之，历旬不下，是其寡弱力尽之效也。可令敦煌、酒泉太守各将精骑二千，多其幡帜，倍道兼行以赴其急；匈奴疲极之兵，必不敢当，四十日间足还入塞。"帝然之。

之际，才让这些将士出征，现在他们遇到了危险，国家就不管他们了吗？哪怕有一丝希望，也不能放弃这些大汉的英雄，否则将士远征，面临危险就弃之不顾，以后谁还为国家抗击敌人？

年轻的汉章帝是一个有血性的皇帝，他听从了鲍昱的建议，排除了多数反对者的意见，决意出兵救援。于是朝廷正式发布命令，派征西将军耿秉屯守酒泉，派酒泉太守秦彭率大军出发救援。

说是大军，其实集合了张掖、酒泉、敦煌三郡以及鄯善国军队也只有七千人。但当时汉军战斗力强悍，这七千人一路攻击前进，赶到离耿恭驻守的疏勒城数百里的柳中城，救出了被围的汉军，并大败匈奴与车师联军，斩首三千八级。取得了初战的胜利。

但在是否跨越天山救援疏勒城的问题上，几个将领之间又出现了分歧。一是因为在冬季跨越天山非常危险，二是经过这么长时间耿恭他们还活着的可能性微乎其微。但从疏勒城突围出来的范羌坚持要去救援。最终主将分了两千士兵给范羌，让他去疏勒搜救，大军则撤退回国。范羌率领这支部队经过艰苦的行军，跨越天山终于到达了疏勒。当时城中守军包括耿恭本人在内只剩下二十六人。听到城外兵马的声音，还以为匈奴又来进攻，都做好了决死的准备。直到范羌在城门外大叫："吾乃汉校尉范羌也！"耿恭才打开城门。史书记载："开门，共相持涕泣。"[①]可以想见当时两军会面时的激动场景。

这二十六人跟随援军撤退，和追击而来的匈奴军转战三个月，最后到达东汉边境的玉门关时，仅有十三人生还，"衣屦穿决，形容枯槁"。史称"十三将士归玉门"。玉门关守将郑众亲自为这十三人沐浴更衣，并在

---

① 《后汉书·耿恭列传》："城中皆称万岁，开门相持涕泣。尚有二十六人，衣屦穿决，形容枯槁，相依而还。"

给朝廷的上书中称赞耿恭这十三将士是"卒全忠勇，不为大汉耻"。和持节全义的苏武一样，耿恭和他的将士们没有给国家丢脸，他们是国家的英雄！

耿恭归汉十四年之后，也就是公元89年，汉军完成了从战术性撤退到反攻的转换，由长期驻守酒泉的耿秉作为先锋主力，随大将军窦宪出征北匈奴，大获全胜，直打到匈奴圣地燕然山，将北匈奴完全逐出中亚草原，为耿恭的疏勒城之围报了仇。此后汉朝在西域再设都护府，稳固了对西域的统治。

耿氏一门世传武节，名将辈出。到东汉末年，耿家位列九卿者十三人，尚公主三人，列侯十九人，二千石高官一百多人。回顾这个家族对国家的贡献和牺牲，这些荣誉和地位对他们来说当之无愧。

三、扶风平陵窦氏：窦家三皇后，掌控两汉朝

在汉高祖刘邦击败项羽、一统天下的历史高光时刻，窦漪房出生于清河郡一个普通的农家。像那个时代无数的小人物一样，窦漪房本来可以成为一个与世无争的农家女。但命运偏偏选中了她，让她经历了这个世界上深刻的痛苦与荣耀，从而成长为一位不凡的女性，也让窦氏家族在西汉时期就拥有了至高权柄。窦漪房后来成为汉文帝皇后，在景帝及武帝早期是执掌真正权力的太后和太皇太后。窦漪房信奉黄老之术，与民生息、发展经济，是"文景之治"的实际开创者。

作为窦氏家族的男丁，窦漪房的兄弟窦少君少时颠沛流离，长大后才与当了皇后的姐姐相认。他为窦氏家族延续了血脉，他的后代到了东汉也出过两位皇后，就是汉章帝的章德皇后和汉桓帝的皇后窦妙，在历史上影响颇大。

章德窦皇后的曾祖父安丰侯窦融是东汉开国大将（未列入云台二十八将），祖父是光武帝的女婿，但传到章德窦皇后父亲这一辈时，早已家

道中落。但这个女孩心气很高，为了比别人更强，学习特别努力，六岁就能做文章，谈吐不俗。出身于扶风马氏的马太后很喜爱窦家的这个小女孩，就将她选入了长乐宫。结果汉章帝刘炟对她一见倾心，立她为皇后。

汉章帝死后，汉和帝年幼，章德窦太后掌控最高权力。她在做皇后时就有辅政的经验，很快就把控住了整个政局，并将朝中的重要位置都安排了窦家人。窦太后虽然心狠手辣，但在治国理政上确实才具不凡。她当政期间，改革盐铁税，重视农业和商业，让东汉王朝经济迅速发展。

章德窦太后真正的弱点是她的娘家人，兄弟窦宪。窦宪是一个很有才能的人，可惜私德不好，经常使用阴谋手段对付政敌，给家族带来祸患。公元88年，东汉章和二年，窦宪派出刺客，将宗室子弟都乡侯刘畅刺杀于洛阳的一个卫所，并嫁祸给蔡伦和刘畅的弟弟。刘畅是章德太后的宠臣。太后知道真相后大怒，将窦宪囚于宫内。窦宪自求出征匈奴以赎死罪。

东汉初期，匈奴分裂为南北两部。南匈奴归附汉朝，北匈奴留在漠北，屡屡进犯西域都护府，甚至曾经几乎将汉军赶出西域。公元74年汉军大撤退，及耿恭坚守疏勒城，都是在北匈奴的威逼下发生的。公元88年北匈奴更是南下侵扰东汉边境。窦宪上书的时候，正值当时已经臣服于东汉的南匈奴请兵北伐。朝中大臣对此争论激烈，最后窦太后力排众议，派窦宪和南匈奴军队共同出击北匈奴。为了打匈奴，章德太后还增加了盐铁税，以保障大军的后勤。

从卫青、李广时代开始，汉军战胜匈奴的关键就在于在茫茫戈壁草原上找到敌军的位置。李广几次寻匈奴主力决战未果，最后一次甚至因为迷路而被问罪，愤而自杀，都是因为缺乏匈奴人的情报。而窦宪指挥作战非常重视情报工作，其战术通常是通过详细侦察锁定北匈奴大军的具体位置后，悄悄接近，突然出击。而且更为重要的是，这一次窦宪出击，因有了南匈奴的帮助而获得了异乎寻常准确的情报，从而确保了整个战争的优势。

同时，这次出征窦宪所挑选的副将是来自扶风耿氏的著名将领执金吾耿秉。耿秉长期驻守边关，有着丰富的与匈奴作战的经验，是西北汉军的灵魂人物，两位扶风将领的无间配合，也是后来胜利的保障之一。

公元89年，窦宪与耿秉各率四千骑，与南匈奴共三路大军在涿邪山（今蒙古西部、阿尔泰山东脉）会师。窦宪随即派遣副校尉阎盘、司马耿夔、耿谭，率精骑万余大破北匈奴于稽落山，单于逃走。窦宪追击匈奴各部，出塞三千里，登上燕然山（今蒙古国杭爱山）刻石纪功，还命当时作为中护军的班固作铭。在此期间北匈奴先后有八十一部、二十余万人向大汉投降。北匈奴单于在汉军追击下沿着中亚大草原一路向西逃窜。汉朝趁机恢复西域都护府，以班超为都护。

北匈奴西迁，引发了连锁反应。匈奴人虽然打不过窦宪，但战斗力仍然超过其他欧亚民族。匈奴人被汉人驱赶，欧亚蛮族部落则被匈奴驱赶。在欧亚大陆上的各个民族像多米诺骨牌那样不断西迁，一直逼迫到罗马帝国的边境线。这个过程持续了二百多年。蛮族西迁的潮流对西部的罗马帝国形成了强大的压力。到了公元五世纪，在周边不断增多的蛮族军队的打击下，罗马帝国最终灭亡，欧洲进入中世纪。

而在汉帝国这里，击败匈奴归来后，窦氏家族在朝中势力越来越大，窦宪的手下党羽甚至想杀死汉和帝。公元92年窦宪党羽谋逆事发，被和帝诛杀。窦宪也被迫自杀。窦氏家族做官的人全部免官，窦太后也被软禁，不得参与政事。同时窦氏的覆灭也连累了扶风班氏家族。《汉书》作者班固因是窦宪部下，和窦宪过从甚密，被下洛阳狱，最后竟死于狱中。

除了西汉窦漪房、东汉章德窦皇后之外，汉朝还有一位窦太后，叫作窦妙。她同样出身于东汉窦氏家族，是云台二十八将窦融的后代。窦妙出身于窦氏豪门，所以性格也有些骄纵。窦妙入宫之后，发现汉桓帝最宠爱的并不是她，而是宫廷里的采女田圣等人，这让窦妙十分忌恨。公元167年汉桓帝临死前封田圣等九名采女为贵人，更是让窦妙积压了很久的怒气一朝爆发。汉桓帝去世之后，灵柩还在前殿，窦妙就杀了田圣，甚至还想要把汉桓帝的所有贵人都杀掉，在内侍官的苦劝之下才作罢。

不过，骄纵残忍的窦妙倒是有一个很有政治头脑的父亲窦武。窦武为人正直，做官的时候就爱与名士交往，廉洁奉公。东汉在太后邓绥当政时，恰逢十年水旱，粮食歉收。窦武与民同苦，一家人节俭度日，仅维持基本的生活用度，将余财都分给了太学生，又用车装着粮食和饭菜，在道路上供给贫民。这些慈善之举让窦武在当时的声望颇高。

窦武不甘于仅仅做一名富贵的外戚，而是想要匡正汉室，有所作为。他开始联合那些有名的大臣，准备一举铲除宦官势力。有一次陈蕃悄悄对窦武说："中常侍曹节、王甫等，在先帝时就操弄国家权柄，把天下搞得乌烟瘴气。现在不诛杀曹节等人，以后就难办。"窦武表示同意，于是开始招揽天下名士到朝中，包括此前被废黜的李膺、刘猛、杜密、朱寓，以及颍川陈寔，天下士人无不振奋。支持窦武的士人多来自东汉后期逐渐崛起的经学世家。这里武德世家和经学世家联合起来对付宦官的格局隐隐显现。

可是当窦武向女儿窦妙提到诛杀宦官时，窦妙不同意，认为宦官制度是汉朝的老规矩，不可废掉，也不可全杀。窦武也犹豫不决。事情竟然拖了三个月，致使消息走漏。当年九月，宦官曹节等人抢先动手，以皇帝的名义宣布窦武谋反，并利用不明真相的外军逮捕了窦武，将窦武枭首于洛阳。窦氏一族或被杀，或被流放，窦妙也被幽禁于南宫云台。事后，被宦官利用的外军将领悔之不及，多日闭门不出。

窦武和窦妙的失败，除了因为窦妙本身名声不好、窦武又缺乏临机决断之才外，其实还有更深刻的原因。那就是东汉中后期武德世家所面临的外部环境已经发生了重大的变化，他们既要面对强大的敌人，又缺乏足够的支持，失败是大概率事件。

值得注意的是，扶风窦氏在这场对付宦官集团的斗争中虽然与贤臣、士子、年轻的朝臣们结盟，却没有争取到皇权、其他武德世家以及军队的支持。这很容易解释：对于皇权来说，因为皇室有王莽的前车之鉴，本朝又有安定梁氏的梁冀的跋扈之举，所以各方势力长久以来对外戚深怀戒心；对于其他世家来说，更不可能坐视窦氏一家独大。以至于在宦官和晋身为外戚的武德家族之间要进行选择的关键时刻，外军武将、士兵和民众都选择了相信宦官。可叹的是，在这场政变中不但窦武身死，许多他的支持者也被宦官杀掉。随着东汉的士林精英几乎被一扫而空，东汉帝国的灭亡也就不远了。

四、扶风安陵班氏，文武双全的名家之后

和其他扶风世家相比，班氏家族最大的特色是文武双全，无论治学还是战功，都出过一代名家。班氏家族原本就是儒学世家。著名的史学家、曾任窦宪西征大军中护军的班固，其父班彪、伯父班嗣皆为当时著名学者。在父辈的熏陶下，班固九岁就能写文章，诵诗赋，十六岁入太学，精通儒家经典和历史。

公元54年，班彪去世。由于父亲去世后生计困难，班固只好从京城洛阳迁回扶风安陵老家居住，从此继承父志，安守清贫，编纂史书。此时有人向朝廷上书告发班固"私修国史"。这在当时是一个很大的罪名，班固因此被关进监狱。

班固的弟弟班超当时才二十出头，却显示出惊人的勇气。为救哥哥，班超从扶风一路骑马赶到京都洛阳，千里鸣冤。汉明帝召见了班超，得知班氏父子两代人几十年修史乃是宣扬"汉德"，而此时查抄的书稿也由扶风郡守送到洛阳。明帝读了书稿，深深感佩班固的才华，不但将班固立即释放，还拜他为兰台令史，掌管和校订皇家图书。

班固所写的《汉书》是继《史记》之后的又一部史传文学典范之作，

史实清晰、文辞优美、见解深刻，开创了纪传体断代史的新体例，与《史记》《后汉书》《三国志》并称为"前四史"。此外，班固还是当时有名的文学家，著有《两都赋》等经典美文流传后世。

班固的弟弟班超少有大志，不愿在案头抄书度过一生，于是选择了投笔从戎。公元 73 年，班超跟随窦固出击北匈奴获胜，并被任命为汉使出使鄯善。结果班超发现匈奴使团也来到鄯善，情势变得非常不利。于是就召集了使团的三十六人，对他们说："不入虎穴，不得虎子。我们趁夜火攻匈奴使团，只要把他们消灭，鄯善一定会吓破胆，我们出使的任务便大功告成了！"随后班超率众趁黑夜发起火攻，消灭匈奴使者一百多人。次日鄯善人得知此事，举国震惊。班超好言抚慰国王和民众，鄯善王当即表示愿意归附朝廷，并把自己的王子送到汉朝作为人质。

此后班超更向东汉朝廷上陈了"以夷治夷"的西域经营策略，并开始了人生中最大的一次冒险。这一次他几乎以一人之力平定了西域。

公元 75 年，汉明帝驾崩，多个国家叛离汉朝、倒向匈奴，仍然效忠汉朝的疏勒等国也面临着内部政局不稳的威胁。班超与疏勒国王联合，先是派兵平定多处内部叛乱，稳定了疏勒国的形势。公元 78 年，也就是建初三年，班超征召各属国的士兵一万多人攻破倒向匈奴的姑墨国，让匈奴的另一盟友龟兹国处于孤立状态。西域形势开始好转，而后东汉朝廷也先后两次派兵支援班超。章和元年（87），班超率于阗等国兵马，再攻莎车国。战争开始后，班超用调虎离山之计，出其不意直捣莎车军营，莎车战败投降，这一战彻底打通了天山南道。

在公元 89 年至 91 年期间，也就是耿恭等"十三将士归玉门"的十几年之后，汉朝命窦宪为将，对匈奴发动大规模战争，大破北匈奴，基本解除了北匈奴对汉朝的威胁。天山北道诸国失去了匈奴的支持，也先后归附汉朝。公元 91 年 12 月，汉朝重新设置西域都护府，以班超为西域都护，管辖西域诸国。公元 94 年，班超调集各国军队七万余人攻下尚未归附的焉耆、尉犁和危须三国。至此，西域大小五十余国均归附了汉朝，汉朝经西域至中亚的丝绸之路重新打通。

西域商路的贯通带来的是巨量的贸易财富，难免受到其他大国的觊觎。在打通丝路的过程中，班超除了对付北方的匈奴外，还要防止南方的大国趁机攫取丝路控制权。公元90年，当时世界上四大帝国之一的贵霜帝国国王因求娶汉公主被班超拒绝，就派副王谢率七万大军攻打班超，实际上是要控制丝绸之路中段。当时在西域抵挡贵霜大军的汉军只有几千人。班超军队人数虽少，面对贵霜大军却毫不畏惧。

汉军采取坚守城市的策略。贵霜大军久攻不下，粮草出现问题。班超推断贵霜会向龟兹求援，就派兵埋伏要道，将求援士兵全部杀掉。伏击战成功后，班超将消息告知谢，并且派兵阻住贵霜军撤退的道路。谢大惊，他知道在西域作战物资通道的重要性，现在被截断粮道和归途的贵霜军，很快就会因缺粮而崩溃。谢顾不得副王的体面，赶紧派使者向班超请罪，要求放还军队回国，班超同意了。自此贵霜军退回葱岭以南，两国长期保持了和平关系。

班超经略西域三十余年，凭借无双胆略和智慧，使得西域大小五十余国均归附了汉朝，汉朝经西域至中亚的丝绸之路重新打通，并抵挡了其他大国势力向西域的扩张，几乎以一人之力重构了西域形势。因此被封为"定远侯"。这是壮大汉声威之武功盛事，而后世清帝国北洋水师的旗舰也被命名为"定远号"。

至于班固和班超的妹妹班昭，也是一位文学和史学大家。班固花了二十多年写作《汉书》。但在即将成书之时，班固开始慨叹其一生都在著书立说，没有像弟弟那样建功立业，心有不甘。因此在五十八岁这年，班固随同来自扶风窦氏的窦宪出征北匈奴，被任命为中护军，相当于窦宪的高级参谋和文书。不料窦宪虽然在出征北匈奴的战争中大获全胜，却在朝廷政争中垮台，以谋反罪被诛杀，而班固也被牵连而投入洛阳狱并死于狱中，时年六十一岁。

因为班固身死，《汉书》成了未完成的作品。续写《汉书》的任务就落到了班固的妹妹班昭身上。她整理父亲和大哥的藏书和遗稿，收集史料，补写了八表和《天文志》，终于在四十岁时完成了《汉书》。班昭的学问十分精深，当时的大学者马融，为求班昭指导，曾经跪在藏书阁外，聆听其讲解。

班昭除了整理完成《汉书》以外，还写了一本流传很广，但被现代人所批判的女性行为守则——《女诫》。这本是班昭用来教导班家女儿的私家教科书，却引得京城世家争相传抄。《女诫》在中国历史上有着很高的地位，居"女四书"之首。

《女诫》提倡妇女要有"三从之道"和"四德之仪"。很多人误以为这是一部教女人逆来顺受的书。但实际上，在人格教育方面，《女诫》是《论语》的姊妹篇。儒家推崇的男子形象是克己守礼的"君子"，推崇的女子形象便是克己守礼的"淑女"，二者在逻辑上是一脉相承的。淑女所对应的君子要求，是那个时代男女之间彼此认可的前提性要求。所以，班昭所写的《女诫》实际上描述的一种与"君子"对应的、理想中的女性人格形象，是女性在儒家思想框架内的一次自我发现。

班彪和他的三个子女班固、班超、班昭，都是那个时代的翘楚。扶风安陵班氏在文武两方面都堪称世家典范，其子弟用文武两种不同的方式书写了历史，也值得为历史所铭记。

第五节　武德世家如何被门阀士族所取代？

一、武将是保国还是祸国——不同制度设计的不同结果

有赖于武德世家的东征西讨，东汉一朝自始至终保持了武力强盛。不过靠武力征服来的帝国其实并不稳固，必须要有文德教化作为辅助。但遗憾的是，东汉、曹魏和西晋的帝国统治，都没有做到征服与教化并重。汉朝单纯地崇尚武力和军功，靠的是杀戮征服，而不是教化夷狄。无论是西汉还是东汉，对外的时候都表现出极为强悍和霸道的一面。苏武面对匈奴单于的威胁时，毫不畏惧，而是强硬地声明："南越杀我汉使者，屠为九郡。宛王杀我汉使者，头悬北阙。朝鲜杀我汉使者，即时诛灭。"①让单于震怒却不敢下手。

两汉时期尚武轻文，在文官之首丞相之上，另设大将军之位，韩信、卫青都担任过此职。《汉官仪》载："汉兴，置大将军，位丞相上。"《文献通考》卷五十九云："大将军内秉国政，外则仗钺专征，其权远出丞相之右。"后来皇帝为亲掌兵权，将大将军职位虚置。到了东汉，大将军原位在三公下，但汉和帝时窦宪出任大将军，大臣们联合奏请以大将

---

① 班固：《汉书·苏武传》。

军位列三公之上。(《后汉书·窦宪传》)从此大将军成为皇帝之下朝廷最高职位。而通常出任这一职位的大臣及其家族都有极大的武功成就。所以,在两汉时期,武将的地位在文臣之上,因而汉朝的统治精英比其他朝代更加关心对外征服的成就,所谓"唯功名论贤"。与罗马的征服导致其国内社会结构分化类似,汉朝在对外开疆拓土的同时,也导致了统治精英阶层的分化,这也成为帝国最终衰亡的重要原因。

在对外扩张战争中,武德世家随着军勋的增长不断地发展,也变得越来越强势。然而这些发展起来的世家并非都会辅助国家的兴盛以保大统,反而成为国家难以解决的问题:一方面战争虽然让武德家族能够保持声望和地位,也为国家开疆拓土,但连年的战争让朝廷的财政负担越来越严重,大量农民因税收沉重而破产;另一方面武德家族拥有了自己的声望、地位和权势后,更多的是拥兵自重,导致东汉末年的军阀割据和战乱。而在战乱中这些武德世家又有机会攫取更多的资源,由此造成了战争的无止无歇。

王夫之曾经在评价东汉王朝衰落的原因时,说过这样一句话:"国恒以弱灭,而汉独以强亡。"[①]但这并不是褒扬,而是一种批评。

此句出自王夫之《读通鉴论》:"汉之末造,必亡之势也,而兵疆天下。张奂、皇甫规、段颎皆奋起自命为虎臣,北匈、西羌斩馘至百万级,穷山搜谷,殄灭几无遗种,疆莫尚矣。乃以习于战而人有愤盈之志,不数十年,矢石交集于中原,其几先动于此乎!桓、灵之世,士大夫而欲有为,不能也。君必不可匡者也;朝廷之法纪,必不可正者也;郡县之贪虐,必不可问者也。士大夫而欲有为,唯拥兵以戮力于边徼;其次则驱芟盗贼于中原;名以振,功以不可掩,人情以归往,闇主权阉抑资之以安居而肆志。故虽或忌之,或谮之,而终不能陷之于重辟。于是天下

[①] 王夫之《帝王世纪》第九条,《后汉书·郡国志》注引。

知唯此为功名之径而祸之所及者鲜也,士大夫乐习之,凡民亦竞尚之,于是而盗日起,兵日兴,究且瓜分鼎峙,以成乎袁、曹、孙、刘之世。故国恒以弱丧,而汉以强亡。"①

意思是说,汉朝士大夫为了功名权力,以强凌弱,以武慑边,导致汉朝陷入无休止的对外对内战争,像西边和羌族就打了近百年,反反复复。长年累月的对外战争,虽然让汉帝国武功强盛、压服四夷,却也因长期战争而让汉帝国不堪重负,军费支出无算、国家负担加重。除了少数可以因为打仗而立功的将军外,作战的士兵和被加了赋税的农民都怨声载道。为了弥补军费赤字,朝廷又开始卖官,导致了更严重的问题——政治更加腐败,内部治理崩坏。腐败和治理无方又促使国内盗贼蜂起,州郡不安。而那些买官而上位的州郡长官只会搜刮,根本没有治理能力,导致地方更加崩坏,王朝走向衰亡。

这里需要特别一提的是帝国西部的百年羌乱,虽然最终在桓帝之后被平息,但汉朝已因此元气大伤。也是在这个衰落的时节,东汉又暴发了大瘟疫,而此时的朝廷已不再是南阳邓氏的邓绥掌权的时代了,当年艰苦度过"水旱十年"的东汉朝廷现已无力救济自己的百姓。在这场死人无数的瘟疫中,也酝酿出了反抗朝廷的势力——太平道。在大灾之后发生的黄巾起义,敲响了东汉覆亡的丧钟。

面对百万之众的黄巾军,东汉朝廷只有几十万军队,根本无法剿灭起义。桓帝于是做出了一个决定,允许地方地主豪族私募军队去打黄巾军。朝廷的无能给了野心家机会,许多地主豪强纷纷组建自己的军队,原来并非武德传家的许多家族也转向加强武力去夺取军功。之后迅速出现了许多大大小小的军阀,连编织草鞋的刘备都动了心思去私募军队。结果在黄巾起义被镇压下去之后,这些军阀之间开启了彼此的混战,形成

---

① 王夫之:《读通鉴论·卷八桓帝》。

东汉三国时期的长期乱局。

不过，直到东汉灭亡之前，其内部的各个军阀的部队仍然保持着对周边各民族的碾压式优势。这些汉末的诸侯和豪强，从追逐权倾朝野到图谋篡汉，成为历史的主角。公孙瓒曾经打得乌桓望风而逃，曹操也曾征伐乌桓并击杀乌桓蹋顿单于；孙权对吴越的山地部族也大肆屠戮、扩张地盘；蜀汉的诸葛亮也曾七擒孟获，轻易敉平叛乱。

用垂直的角度看待历史，汉帝国的帝祚持续了四个世纪，并且自始至终保持对周边异族的强势和霸权，在世界历史上，也只有同时期的罗马帝国堪与之相比。其灭亡还是令人可叹可惜的，所以才有王夫之的那句名言："故国恒以弱丧，而汉以强亡。"

二、武德世家是如何被取代的？

西汉和东汉建朝初始，都有许多武德世家占据高位。但在国家稳定后，"文治"就成为刚需。随着文官阶层的崛起，虽然其无法取代武将阶层的地位，但也逐渐形成了新的世家文化和传承谱系，成为新一代世家的基础。

文官阶层的崛起与两汉两晋时期的官制变迁有关。汉代实行"察举制"，即郡县以下官员均由郡长自行招聘。"察举制"十分适合西汉初年选拔人才的需要，汉武帝正是借此网罗了大量人才。但举荐者和被举荐者很容易发展成为恩主和门生的关系。这就造成许多人才集中于公卿贵族门下，成为他们的幕僚宾客，组成利益集团，在郡县形成独霸一方的家族。

这些大家族，使用金银维系官宦关系，笼络读书人，相互支持，于是形成了东汉时期庞大的世家集团。而且世卿世禄制非常讲究门第和财产，这让门阀士族渐渐积累起更多的经济资源和政治资源，并且依靠经学传承而培育人力资源，世家子弟经过经学教育，最有条件成为一流人才而上位。中国古代的许多著名门阀士族，在西汉时期就已逐渐成形，并渐渐侵凌着武德世家的地位。

到了东汉末年，政治结构和社会结构全面崩解，朝廷实际上已经权威尽失，汉献帝刘协成为一个不能左右自己命运的傀儡。在这个大分裂时代，武德世家们变身军阀，公开进行着疯狂的武装混战，割据一方。特别是那些从庶族和平民中奋起的新型武德世家纷纷登场，甚至建立了自己的政权，如孙吴、曹魏和蜀汉。不过，这个群雄并起、战乱频仍的三国时代，已经是两汉武德世家最后的辉煌了。从文官阶层中崛起的门阀士族已经登上了历史的舞台。

在三国时期，武德家族还有崛起的机会。特别是作为政治领袖和地方军阀的曹操、刘备和孙权，都出自庶族、武将或寒门家庭，并非当时的高门大族。但他们的主要臣子都来自经学传家的门阀士族，如曹操的重臣荀彧来自颍川荀氏、杨修来自弘农杨氏，刘备的丞相诸葛亮来自琅琊诸葛氏，孙权的手下顾雍来自会稽顾氏，等等，这些都是当时有名的经学世家。

当然，曹操的对手也经常来自高门士族阶层，像汝南袁氏的袁绍、孔府世家的孔融等。还有少数忠于汉室的传统武德世家，如扶风耿氏耿秉的曾孙耿纪，虽是曹操信臣，却始终忠于大汉，后来起义反对曹操，结果兵败被杀，被曹操夷三族，扶风耿氏自此没落。陈寿所写的《三国志》，其实就是已没落的汉室皇权及其臣子、武德世家统治者，及其他门阀士族之间斗争的历史。而众所周知，最终胜出的是门阀士族。

三国前期，军阀们还一度取得优势，来自寒门的曹操建立了自己的政权，并战胜了"四世三公"的士族代表、汝南袁氏的袁绍，还笼络了其他如颍川荀氏的荀彧、陈郡袁氏的袁涣、弘农杨氏的杨彪、清河崔氏的崔琰等当时的大名士，几有一统天下之势。更重要的是，曹操发布了"唯才是举"的命令，打破了门第之见，让寒门士人有了出头的机会，许多寒门庶族的人才也汇集到曹操麾下。

但在历史上，寒门士人与武德军阀联手掌控局面的情况并未出现。来自寒门建立卓越武功的曹操和刘备，以及原本就是武德世家的孙权家族，很快就都成为各自领地的君主，其中曹丕和刘备都先后称帝。武德家族转变为皇族的结果，就是这些皇族不得不各自笼络世家大族以为己用。于是门阀士族的地位再次上升。事实上，三分之势一定，门阀士族就强劲反弹，给予魏蜀吴三国皇权最大的威胁。

三、三国时期武德世家与门阀士族之间的生死博弈

以三国中的魏国为例，弘农杨氏和魏武帝曹操之间的斗争，魏国皇室与河间司马氏的斗争，都可以看作是当时经学士族和武德世家、门阀和军阀之间生死博弈的代表性案例。

东汉末年，曹操以善用兵而闻名。曹操是太尉曹嵩的儿子，但是由于曹操的祖父曹腾是宦官出身（曹嵩是曹腾的养子），所以在当时属于"寒门"。后来虽凭借军事上的成功进封丞相，挟天子以令诸侯，但仍被视为出身寒门的武德之家，不属于第一流的名门望族，虽然在此期间曹操已击败多个名门望族势力。汝南袁氏的袁绍、袁术、汉朝宗室刘表，都是曹操的手下败将。

当时门阀士族的代表之一、有着"四世三公"背景的弘农杨氏，作为东汉朝廷的柱石，支持的是汉室，而不是曹操，因此并不待见曹操。建安元年，汉献帝迁都许昌大会群臣时，曹操上殿拜见献帝，却看见杨彪黑着一张脸。曹操当时心生恐惧，竟然借口上厕所不告而别。能让一代枭雄曹操逃避的人物，应非凡品。为了拉拢杨氏一族，曹操主动重用杨彪之子杨修为相府主簿，得到了杨彪的默许。这也意味着曹操和弘农杨氏关系开始缓和。

杨修作为三国时期的著名人物，常被误解是因为爱耍小聪明和参与曹丕曹植即位之争，而招致杀身之祸，但实际情况并非如此。杨修虽然

和曹植关系不错，却并非曹植的人——他的父亲杨彪连曹操的账都不买，他自己也并非附庸之臣，而是有大志的政治家。更重要的是，杨修和曹丕的关系可能比和曹植更好。杨修曾送给曹丕一柄宝剑。杨修死后，曹丕经常拿出这柄宝剑睹物思人、喟然长叹，怀念杨修其人其才。

曹操杀死杨修的真实理由仍然和家族斗争有关。东汉时期有两个著名的"四世三公"家族：弘农杨氏和汝南袁氏。杨修的父亲杨彪出身于弘农杨氏，母亲则出身于汝南袁氏，是袁术的姐妹，杨修本人是袁术的外甥。身上汇集了东汉两大顶级门阀士族血统的杨修，聪慧过人，两大家族都寄希望他可以大有作为。而杨修自己所表现出来的才能在当时完全凌驾于其他世家子弟之上。

反观曹操，一向被视为武德家族和寒门地主的代表。[①]当时曹操刚刚经历过赤壁大战和汉中大战，先后败于孙权和刘备，威望严重受损。如果魏国内部再出现问题，或者在曹操死后，继任者对付不了这些内部的强人，那么曹操一生的事业就毁了。所以在当时诛杀那些支持汉室的名门望族中的核心人物，是一个既定策略。在短短的几年里，孔子家族的孔融、清河崔氏的崔琰、弘农杨氏的杨修均被曹操找各种借口诛杀。所以，杨修等人被杀，意味着庶族出身的魏武帝曹操对世家大族势力的定点清除达到了一个高峰。

不过，曹操虽然杀了杨修等人，却最终无法阻止士族势力的崛起。在魏国相对和平的环境中，各大传统世家纷纷复兴。以河间司马氏为最重要的代表。这里需要指出的是，河间司马氏世出大儒，司马懿的父亲就是当时有名的经学名家司马防，他还做过曹操的上司，并对曹操有恩。由于司马氏的经学家族背景，其势力之大，是曹操之后的魏国君主根本无

[①]除了时人品评之外，曹操的政策也站在寒门这一边。曹操起兵时就颁布"唯才是举"的命令，举人做官不看出身看才学，这也让很多寒门子弟可以凭借能力上位。

法控制的。曹操死后的魏国政权一度被河间司马氏的司马懿父子玩弄于掌股之上。

而司马氏篡夺曹魏政权时，各大世家纷纷站队，或支持曹魏，或支持司马氏，这又引发了新的家族战争。三国最重要的名门望族琅琊诸葛氏，就是在司马氏代魏和随后的统一战争中走向了覆灭。

四、家族本位的理念与世家大族之间的恩怨

东汉经学大家诸葛玄之后，琅琊诸葛氏人才辈出。在三国期间其子弟中最出名的有诸葛亮、诸葛瑾、诸葛诞三兄弟（诸葛诞是从兄弟），号称琅琊诸葛氏的"龙虎狗"。他们都精研儒家、道家和法家的经典，是家族中最杰出的人才，在魏蜀吴三国分别身居高位。其中诸葛亮在蜀国的权威甚至凌驾于后主刘禅之上，并拥有实际废立国君的权力；诸葛瑾的后代诸葛恪在吴国掌控军政大权，甚至威胁到吴主孙皓的权威。诸葛诞在魏国做到征东大将军，因反对司马昭篡魏而起兵，最终失败。

诸葛诞在寿春起兵讨伐司马昭时，派自己的儿子诸葛靓作为人质请求东吴援助。吴国派遣文钦父子入寿春支援。诸葛诞因与文钦有矛盾而在猜疑之下杀了文钦。文钦的儿子文鸯反投了司马昭。寿春城终被攻破，诸葛诞战死。

至于被诸葛诞送往东吴做人质的诸葛靓，和司马昭从小是好友。诸葛诞失败被杀以后，诸葛靓遂留在东吴，被任命为右将军，后来官至大司马。晋灭吴之战时，诸葛靓临危受命迎战晋军，在晋城与晋军对战之时，遭到假装投降的晋军从后方偷袭而大败。西晋灭吴统一后，诸葛靓见到了发小司马昭，且诸葛靓的姐姐当时还是皇妃。但无论司马昭如何反复延请，诸葛靓还是选择了终生不仕。

世家大族只要不死，就永远有报仇雪恨的一天。晋武帝司马炎死后，晋惠帝司马衷的皇后贾南风发动政变，诛杀了辅政大臣太傅杨骏。诸葛诞的外孙司马繇深恨当年因文鸯背叛才导致寿春兵败、诸葛诞被屠灭三族，因此借机报仇。司马繇诬告文鸯与太傅杨骏一同谋反。而当时诸葛靓的姐姐已经身为皇太妃，应该也对司马繇给予了支持。最终诸葛家的仇敌文鸯被处死，并夷灭三族。

三国两晋期间，包括武德世家和门阀士族等世家大族之间的争斗一度达到白热化程度，也是在家族之间彼此攻杀的基础上，每个家族内部的家族意识与理念达到了较高的高度。对家族的忠诚在这一时期逐渐超过了对混乱而孱弱的国家政权的忠诚。无形中，家族理念超越了国家理念或天下精神。

在经历了武德世家和门阀士族等家族之间长达一个世纪的残酷博弈之后，最终三家归晋，以河间司马氏这样的高门世家篡夺皇权并一统天下而告终。曹魏、孙吴、刘备这些庶族和平民出身的武德世家也就此退出历史舞台。

西晋王朝建立后，作为士族代表的河间司马氏掌权，由于其得国不正，开始争取更多的支持自己的士族进入朝堂。门阀士族的地位巩固下来。某些高门士族的社会地位甚至会高于皇族。当时有言"士大夫非天子能命"，即哪些人是士族，皇帝说了不算，而是士族阶层自己说了算。

与此同时，颍川陈氏的陈群所开创的九品中正制选官制度也开始发挥作用。这种选官制度让世家大族有机会和负责选官的中正官结合形成利益集团，保证选拔的官员都是世家子弟，从而让朝廷的官僚机构尽皆被士族掌握。

在皇权的支持和特定的选官制度之下，门阀士族最终凌驾于武德世家之上，由此也开启了中国家族史的新时期。

第三章
南朝门阀士族

第一节　门阀士族：以经传家，簪缨不替

中国历史上的第二次大分裂发生于三国两晋南北朝时期。在这一时期，以经学教育为家族传承核心的门阀士族隆重登场。之所以用"以经传家"来归类门阀士族，是因为这些家族是以儒家经学传承作为家族文化特点，以世代做官去支撑名门地位。他们虽然成长于大分裂的时代，却并非大分裂时代的产物。这些在历史上被称为"士族、世家、门阀"的大家族，其实在两汉的承平时期就已经发展壮大起来，但在秦汉大一统时期一直受到皇权、宦官、外戚等势力的压制，直到三国两晋南北朝的大分裂时期，才有机会登上历史的巅峰地位。

一、门阀士族上位的时代背景

从东汉末年到隋唐的六百多年间，产生了一种在秦汉大一统时代难以想象的局面——门阀士族占据了绝对的权力核心。在名义上的皇权统摄之下，门阀士族阶层通过"经学传家"，世代掌控权力达几代人以上。这些门阀士族在中央层面与皇权抗衡，在地方层面更成为一方豪强。之所以会出现这种与中国传统的大一统国体及君主专制政体格格不入的现象，与几个重要的时代背景因素密切相关。

首先是当时社会结构的变化。在东汉时期，土地兼并非常严重。持续多年的土地兼并和集中，让中原出现了很多大地主。像陈郡袁氏、汝南袁氏等家族，有土地、有财富、有部下（部曲、佃客、奴婢）、有武力、有官位、有文化，完全就是一个个独立小王国。地主豪强们从经济实力和军事实力出发去追求政治权力是必然的。豪强家族的子弟也往往在本地任官，不断积累财富、知识和功名，因而获得了更大的权势。从东汉到两晋，与豪强地主对土地的兼并越来越严重相伴随，世家大族在政治上的特权总是在不断加强。在士族成为地方势力的同时，形成了"郡望"传统。所谓"郡望"，就是"郡中望族"。秦汉以后，一些家族逐渐兴盛，为了区别于其他家族，他们便把自己的居住地称为"郡望"，作为区分"贵贱"的新手段。由此，郡望形成了新的姓氏文化，而"望族"也成为某些郡县事实上的主宰者。

其次是皇朝君主的权力选择。东汉的开国皇帝光武帝刘秀，就是依靠豪强地主阶层统一天下，登上皇位的。此后东汉的皇权统治都是依赖以六大世家为核心的外戚权贵，以及由此拓展的门阀士族阶层。东汉末年大分裂的局面下，外戚权贵阶层全面衰落，各地的门阀士族开始崛起，尤其是在乱世，各种地方势力都在寻求大家族的资源和人才支持。曹操虽然对司马懿有所忌惮，也对某些世家大族下手，但终究不敢得罪所有的世家。最终还是司马氏取代了曹魏政权。河间司马氏本身就来自著名的经学世家，成为皇族后开始经营与其他世家大族的关系，并以此作为统治的支柱，门阀政治开始加速形成。特别是晋武帝司马炎篡夺曹魏政权之后，颁布了新的法令，其主要内容就是站在世家大族的立场上，推行占田制和荫客制，让世家大族合法地发展自己的势力。中国就这样从两汉的大一统帝国，转变为三国两晋南北朝的世家政治。

再次是制度环境的不断加持。魏晋期间从"察举制"到"九品中正制"的选官制度，都为世家大族的崛起带来契机。世家大族追求政治权力最重要的途径，就是让族中子弟通过"察举制"的"举孝廉"和"举明经"走上仕途。当时士大夫无论是通过察举、征辟，还是中正官考察、举荐，其实质都是高官推荐。这就让士族阶层内部形成了彼此支持的裙带关系，以及世代公卿的现象。根据《后汉书》记载，在当时的"察举制"下，举荐者经常"率取年少能报恩者"①。也就是说，举荐者在举荐人才的时候就已经存了私心，举荐的都是那些以后能够对自己"报恩"的年轻人做官。

这些通过举荐而上位的官员为了自身利益，不惜以君臣、父子之礼来侍奉其举荐者。他们被称为举荐者的门生或故吏。有些门生故吏为表达对举荐者的忠心，甚至选择在其举主死后服丧三年。在东汉中后期，以察举和征辟为纽带，大官僚与自己的门生故吏结成了一个个政治集团，从而不断扩大势力，甚至主宰一方。在"察举制"变为"九品中正制"之后，琅琊王氏、陈郡谢氏、颍川庾氏等世家大族也长期把持中正官选官权力，久而久之就形成了贵族政治网络，彼此支持合作，不把皇权放在眼里。

最后是两汉时期经学本身的极大发展，为世家大族培养人才提供了有效的工具。两汉时期以儒道治国，知识精英阶层显达。当时太学兴起，经师讲学，生徒聚集，经学教育盛况空前。地方的豪强地主也试图将自己的子弟培养为读书人，以求晋升朝堂，有所作为。但东汉的公立教育

---

① 范晔：《后汉书·樊条传》。

并不发达，所谓太学仍然是年轻人学成之后的再进修之所。所以真正的基础教育和中等教育还是以"家学"的形式完成的。

当时的士族家长普遍把家族垄断性的经学教育视为世代掌握权力的最重要秘诀。几乎每个大家族都有自己秘传的"家学"。从经学教育的内容和目标来看，就是培养能够掌控和使用权力的政治人才。在这些家族中，不但儒学变成了家学，那些实用的阴阳术数、经邦纬国、经世济用等学问，都成了用来培养子弟的家学，甚至成了某些家族不外传的秘密。这就让世家子弟在学术和经世济用的能力上远超其他阶层。由于经学教育的封闭性（家学化），形成了门阀士族对经济和知识的垄断。而这些知识垄断者最终的目的是进入朝堂成为高官，最终又形成了门阀士族对权力的垄断。

在上述时代背景的不断叠加之下，门阀士族对权力的垄断在南朝时期走向了极端。大家族和地方官往往结成利益共同体。因为推荐权在地方官手上，平民子弟就是名气再大、能力再强，想要当官，也需要有人推荐。而地方官们举荐的，当然是他信得过的人，而这些被举荐者上位后，当然又会举荐地方官的子弟亲戚当官。由此就形成了豪强世家和世代当官的门阀。这些号称"经学"世家的门阀士族，掌控权力的历史跨越了西汉、东汉、三国、两晋、南北朝、隋唐等多个朝代，很多世家的生命力超过了王朝的寿命。

二、东汉以来的士族经学传承

由于经学教育在家族传承和权力传承过程中的关键性作用，本书中，笔者把从东汉到唐末这千年时间内世代掌控权力的门阀士族定位为"以经传家"，和贵族世家的"以礼传家"、武德世家的"以武传家"相对应。

所谓经学，原本泛指先秦时期各种学说的要义。在汉代"罢黜百家，尊崇儒术"之后，就专指儒家"六经"《诗》《书》《礼》《易》《乐》《春秋》。后来《乐》经失传，只剩下了"五经"，被人们公认为儒家经典。汉朝的儒家经典所用文本，是用"今文"，也就是汉朝时通行的文字隶书书写的。汉武帝所立的专门研究和传播"五经"的教官，称为"博士"，这些五经博士都是今文经学家。而与"今文经"相对的"古文经"，是指汉武帝时期鲁共王为了扩建王府，拆毁孔子故宅，在孔府墙壁中发现了一批"古文经"，即用战国时的古文所写的《尚书》《礼记》《论语》等。之所以称之为古文经，是因为战国文字在汉代已经不通用了。更重要的是，在孔子故宅发现的古文经在篇数、内容上都和今文经有所不同，这为儒家内部形成不同的思想流派提供了条件。

在经历了秦始皇"焚书坑儒"和秦末农民大起义、楚汉战争等变乱之后，中国的古典文化传承遭遇了重大损失。许多规定礼仪和传统的经书失传了，精英阶层和普通人既缺乏精神信念，也缺乏行为规范。就连刘邦当上皇帝后，还不知道如何规范自己和群臣的关系，以至于君臣宴饮的时候，大家还是像当初一起打仗时那样肆无忌惮，甚至还有人借酒发疯，挥剑砍柱，等等，荒诞行为不一而足。刚从乱世中恢复过来的统治者特别需要信念、文化和行为规范，而这些东西在当时也只有儒家经典才可以提供。所以，像刘邦这种原来看不起儒生和儒学的君主，最终也慢慢接受了儒家学说。

但对于经学教育影响最大的应该还是汉武帝和董仲舒。汉武帝采纳董仲舒的大一统思想，确定了国家大一统的根基是思想的大一统，于是在全国范围内实施了"罢黜百家，尊崇儒术"。而"尊儒"和"思想大一统"的一个关键的做法就是塑造一个有能力、有信念的统治精英阶层。因此在汉武帝期间明确"明经取士"的用人标准，即朝廷在通过察举制举荐官员时，要把熟读儒家经典，特别是"五经"作为重要的条件。这就鼓励了整个社会对于儒家经典的学习。读书人和官员的儒化，让帝国有了可以长期作为统治支柱的精英阶层。

不过，当时的儒家经典并不是人人都能研习的。在经过了秦汉之间长期战乱之后，书籍是很难得的资源，并非普通家庭所能拥有和传承。本书之所以将门阀士族的传承内涵解释为"以经传家"，是因为这些家族正是以知识垄断来达致贵族地位的垄断。

公元前213年的"焚书坑儒"是中华文化的一次浩劫，许多经典被官府焚毁。秦始皇还发布命令，民间如有私藏经书者死罪。在这样的高压政策下，经学传统一度面临断绝的危险。但民间的读书人，以及一些大家族，成为经学典籍的保留地。因为对于知识的热爱，他们冒着生命危险为后世保存了部分书籍。

秦朝时一位书生伏生，曾做过博士。焚书坑儒令下后，为保存文化典籍，他只能违反当时的法令，暗将述录唐尧、虞舜、夏、商、周史典的《尚书》藏在墙壁之夹层内，然后外出躲避战祸。汉朝建立后伏生返乡，这已是公元前191年，距离他私藏书籍已经过去了二十多年时间。由于时间太久、环境恶劣，书籍多有散失腐烂，《尚书》只余二十八篇。而更要命的是，《尚书》文字虽在，但意义难解，于是汉文帝派遣晁错亲赴邹平去看望已经年近九十岁的伏生，并得其传授和解读《尚书》，总算使这部典籍的大部分流传了下来。

此外，汉初有一些大家族里还留存着继承下来的古"经"，他们保存经书的条件比伏生要更好，只要没有在战乱中被灭族，也能够留存一些经典。在秦汉之间由于禁令或战乱而导致文化传承一度中断的情况下，那些有实力保存书籍和研读学术的家族，其子弟因研究这些经书而卓然有成，有些人就成为经学大家。

由《尚书》传世的经验可知，经学传承并非简单地通过阅读就能实现，而必须要有师门传授。实际上士族子弟所读的儒家经书并非只是经典文本，而是伴随着各家的解义和师学传承。在经学传承中，教和学同样重要。在这样的时代背景下，不仅书籍是财富，知识和学习更是家族最核心的秘密，轻易不会传人，只能传给自己的子孙，这就使得经学大家对于经学的解释，一般只在家族内部流传。

而经学教育的目标也不是成为学术研究的学者，而是要家族子弟掌握"经世致用"之学或"王官学"。从字面上看，"经世"强调经国济世，胸怀天下；"致用"则注重事功实效、学用结合。从内容上看，有"诸子""诗赋""兵书""术数""方技"，天下学术皆源于经学。而"王官"意为天子之官：如司空职掌平水土，后稷职掌播时百谷，司徒职掌敬敷五教，共工职掌百工，虞职掌山泽，秩宗职掌三礼，典乐职掌教胄子。古学未有空论者，一旦学成则"物有其官，官修其方""一日失职，则死及之"。王官之名，表明经学的目的所在。

不过，知识的传承不像财富，有着比较高的门槛。当家族的后代子弟，没有出现像第一代经学大家那样，在学问上足以撑起家族或被皇帝征辟的人，门阀士族的传承就出现了困难。掌握了知识和权力资源的大家族还是想出了解决的方法。那就是，当门阀士族变成簪缨世家以后，官员在社会上的地位和势力，往往能够相互支持彼此带动，这些门阀士族彼此联姻，结成同盟，相比于知识的传承来说，官位的传承显然更容易一些。

门阀士族能够成为簪缨家族，除了经学传承、彼此联姻之外，另一个重要的原因，则是汉武帝时期开始形成的选官制度"察举制"。"察举制"的主要内容包括两个方面："举孝廉"和"举明经"。

"举孝廉"指的是朝廷要求地方太守定期举荐一些德才兼备的人才到中央选聘为官，其中德被放在首位，如办事勤快的廉吏、名气大的孝子，等等，经常被选中。所以察举制下的被选者也被称为"孝廉"。

"举明经"则是察举的另一条标准，即国家选聘的人才必须要能为国家办事，必须有真才实学。考察候选人的学问特别是对经学的掌握，就成了必备的程序。而当时学术、书籍、教育资源都掌握在那些世家大族手中，导致读书读得好的世家子弟受到皇帝重视，被征辟为官。所谓"经学传家"所真正要传承的，不是权力，而是驾驭权力的能力。在这样的能力教育导向下，世家子弟中人才辈出，就是自然而然的了。

同时，经学教育不但培养个体的能力，也以经学教育为纽带培养出了一个权力网络。对"五经"等书籍的学术解读基本上只能在门户内流传。这个门户一开始不指血缘，是师门。如东汉末年的刘备和公孙瓒关系亲密，互为奥援，就是因为他们曾经共同师从于当时的大儒卢植；而袁绍和曹操也曾经一起求学。但随着"经学"教育的权力指向性越来越明显，"经学"的家学化越来越严重，东晋以后的"师门"也就渐渐地变化为"家门"。经学培育的权力网络与家族网络渐渐重合。

因为掌握着知识和名望，世家成为汉代察举制度的受益者，经学大家的子弟往往一方面从"明经取士"而成为朝廷官吏，另一方面又从古经之中搜集上古的社会制度，然后结合汉代现实，给普通百姓划定新的礼法、规矩，从而获得社会话语权，让门阀士族转变为掌握权力的簪缨世家。

在中国历史上有名的士族，像弘农杨氏、颍川陈氏、琅琊王氏、陈郡袁氏、兰陵萧氏这些大家族，都不是普通的大地主，他们都在经学的学术研究方面做出过巨大成就，并因此而培养子弟成为当世人才。这些家族是累代通过读书做官培养出"士"的家族，所以才被称为"士族"。

三、弘农杨氏：从武德家族转型为门阀士族

在东汉的政治结构中，外戚、宦官、士族这三根支柱共同支撑起王朝的政治。而外戚和士族，其实大多都是由立朝之初的武德世家发展变迁而来。而门阀士族和武德世家的区分，仅仅在于门阀士族比武德世家更多了一重传承——经学传承。这就让经学士族比武德世家更容易成为文官而立于朝堂之上。

当社会风气和取向转变时，世家的内涵也在转变。随着内部和平岁月的持续，虽然仍有不断的对外战争，但大多数武德世家开始更加注重文治和经学，以文治而非武力继续掌控着国家的权力。"尊儒"和"明经取士"更让许多武德世家转型为以"经学"传家的门阀士族。例如，以夺得项羽尸首的军功而起家的杨喜家族，后几代人非常重视经学教育，成功地将家族转型为门阀士族的领袖——弘农杨氏。

如前所述，经学门阀士族的兴起，在很大程度上来自汉朝的选官制度——察举制。而弘农杨氏的兴起，就与这一制度有关。这个原本的武将家族传到杨震这一辈的时候，杨震以大学问家的身份被举荐，开启了弘农杨氏经学世家的辉煌，家族影响力绵延达上千年之久。

弘农杨氏源自春秋时晋国大夫羊舌肸，他的封邑在杨，所以子孙以杨为氏。晋顷公时羊舌氏被六卿所灭，子孙逃往弘农华阴，故称弘农杨氏。弘农郡的辖区包括今天河南西部和陕西南部一带。

弘农杨氏真正登上历史中心舞台还是在秦末汉初。那时杨喜任刘邦的郎中武将，随刘邦参与了垓下之战，合围项羽，并且跟随大军在追击突围的楚霸王时，面对面目睹了霸王项羽的自杀。项羽死后，其尸体被刘邦诸将所抢，因为杨喜在追击项羽时勇敢地站到了第一线，所以他有机会抢得项羽尸体的五分之一。根据刘邦此前的约定，封赏了五位抢得项羽尸体的将领。杨喜被封为赤泉侯，这是弘农杨氏首次位列公侯。

不过，靠侥幸和军功得来的富贵并不可靠。几代之下弘农杨氏出了一位宰相杨敞后，就默默无闻了，甚至经济上也陷入入不敷出的境地。东汉时期，杨喜的后代杨宝刻苦攻读《今文尚书》，而成为当时名儒。杨宝虽然不愿在王莽朝为官而隐居山中教书，却奠定了弘农杨氏家族的经学基础。在他的教育下，儿子杨震在经学研究上全面超越了父亲，重新振兴了家族。

杨震小的时候爱好学习，常常一个人刻苦钻研儒家经典，终有所成。

成年后的杨震因为精通儒学，博览群书，通晓古今，被时人称为"关西孔子"。杨震是一个守得住寂寞的人。他前半生致力于研究学问和教书育人，当了二十多年的教师。有人让他去做官，都被他拒绝了。还有人想用激将法请他出山，说他年纪这么大做官必定太晚了，杨震还是不受干扰，安心研学。

当时邓太后的弟弟邓骘听说了杨震的事迹后，觉得这是位可塑之才，就坚持请他出来做官，那一年杨震已经五十岁了。出人意料的是，杨震做官后无论在官品还是业绩方面都为人称道，他连连升迁，很快就成了荆州刺史，执掌一方政权。

杨震在任荆州刺史时，发现手下王密非常有才华，就向朝廷推荐，于是朝廷任命王密担任了昌邑县令。后来杨震又担任东莱太守，在前往莱州任上时路过昌邑，王密正在昌邑为官，算是杨震的"门生故吏"。当天晚上王密去看望杨震，两人本来相谈甚欢，却不料王密突然拿出一块黄金要送给杨震，感谢他的举荐之恩。杨震拒绝说："你我既是故交，我的为人你不是不了解，为何还要这般？"王密说："恩师之情不敢忘却，何况此刻深夜无人知晓。"杨震当即回道："天知、地知、你知、我知。"王密深感惭愧。这就是暮夜却金的"四知"佳话。[①]杨震的人品官品于此可见一斑。

杨震后来官至朝廷最高品级的司徒、太尉，还是保持着为官刚正清廉的作风，坚持礼法，史称"清白吏"。在他做太尉的时候，皇帝的舅舅耿宝向杨震推荐中常侍的哥哥，杨震知道他只是想做官，并没有真材实学，就没有同意。类似的事情很多，也让他得罪了很多人。

后来他在与朝廷奸党的斗争中失败，被皇帝贬斥。杨震气愤异常：

---

① 范晔：《后汉书·杨震传》。

"疾奸臣狡猾而不能诛,恶嬖女倾乱而不能禁,何面目复见日月!"眼里容不下沙子的杨震不堪与奸臣为伍,饮毒酒而死,时年七十余岁,并要求死后用杂木为棺,不要归葬,不设祭祀。

作为那个时代的顶级儒家学者,杨震不但是以礼治国的官员代表,同时其所开创的清廉刚正的家风也代代流传。杨震在世时,弘农杨氏已经声誉鹊起,但是杨震身为高官,却从不置办产业,生活也非常简朴。当时有人劝他为自己的子孙考虑,置办一些产业,可杨震坚决不肯,还说:"让后世的人们知道我的子孙是清白官吏的后代,这样的美誉要远远超过丰厚的产业。"①

这样的说法在当时不为人所理解,但后来的事实证明了杨震的远见。在杨震之后,他所培养出来的儿子杨秉、孙子杨赐,都成为朝廷重臣。杨震的第四代重孙杨彪,也有杨震遗风。其清廉刚正,以德服人,连一代雄主曹操都有所畏惧。从杨震、杨秉、杨赐,一直到杨彪,杨家四代人都官至太尉,形成"四世三公,门生故吏遍天下"的顶级世家地位。

弘农杨氏从杨宝、杨震时期就开始秉承"以德传家",颇有春秋贵族世家"以礼传家"的遗风。也是每一代人对德行的坚持,使杨氏成为武德世家在和平时期成功转型为经学传家的典范。

四、颍川陈氏:名士是如何养成的?

颍川陈氏崛起的路径与后来的陈郡谢氏有些类似:原来都是普通士族,后来家族中出现了钻研经学而成就斐然的大名士(陈寔和谢安),才让家族成为第一等的名门望族。但与陈郡谢氏不同的地方有两点:一是颍川陈家所出的名士之所以得享大名,不仅是因为学问,更是因为德行,

---

① 范晔:《后汉书·杨震传》。

所谓道德文章，以礼传家，这一点与弘农杨氏的"以德传家"有相通之处；二是颍川陈氏几乎每代都会出名士，这让家族的辉煌历史保持了数百年之久，比谢氏兴盛的时间长得多。

颍川陈氏是王族后代。春秋时，陈厉公的后代逃到齐国，改姓氏为田。后来田氏发动政变替代了原来齐国的诸侯姜氏。如前文所述，这就是历史上有名的"田氏代齐"。公元前221年，秦始皇灭掉齐国。齐王建的三个儿子均改了姓氏。其中田轸在楚国任相，被封为颍川侯，因为颍川就是陈国故地，所以田轸改回陈姓。从此，颍川也就成了陈氏的郡望。

东汉时，出身于颍川陈氏的陈寔家境贫寒。但是他为人正直、德行高尚，声名远播，成为当时的名士之首，而且钻研经学，才学过人，多次被举荐出来做官。后来他因反对宦官专权而遭遇党锢之祸。

关于陈寔有一个著名的典故。就在他退隐归乡后的一天晚上，有个小偷到陈寔家去偷盗，结果发现陈寔家里非常简朴，没有什么值钱的东西，根本不像个官宦人家。失望的小偷正准备离开，刚好陈寔走了进来。情急之下小偷只好躲藏在大厅房梁之上。

其实陈寔已经发现了小偷，但他并没有叫人来抓，而是把自己的子女叫到大厅，以儒家经典的原则教导子女做人要懂得自我检视自我要求，保持自己的品行。如果那些小毛病不去约束和改正，长久下去必然会变成习惯，就会做坏事。像现在梁上的这位君子，应该也就是因为这样才走到偷盗这一步的。所以做人一定要努力上进，堂堂正正。

梁上的小偷听了陈寔的这堂课之后，感愧交加，跳下来请罪，并解释自己是因为家贫无力奉养母亲才出来偷盗的。陈寔并没有追究，还给了他一些财物让他回去奉养老母。从此县里再也没有偷盗行为了。这就是"梁上君子"的故事。

这样的故事，说明陈寔在平时的家庭教育中，非常注重培养家族子弟的品行。并且这种家庭教育的内涵不但是传授经学的文本，更是传授经学的内涵。在这方面，"以经传家"和"以礼传家"有相通之处。其所达成的效果，不仅能够教育自己的子弟，也能够影响整个社会的风气，是为"君子德风"。

这种家庭教育的效果，集中地体现在陈寔的两个儿子陈元方和陈季方身上。兄弟两人都聪明绝顶。陈元方比陈寔更有名士风范，从小就是如此。元方七岁的时候，某天父亲跟一位朋友约定一同出门，约好正午碰头。正午已过，不见那朋友来，陈寔不再等候自己走了。后来那人来了，陈元方当时正在门外玩耍，那人便问元方："你父亲在家吗？"元方答道："等您好久都不来，他已经走了。"那人便发起脾气来，骂道："真不是人啊！跟别人约好一块儿走，却把别人丢下，自个儿走了！"元方说："您跟我爸爸约好正午一同出发，您正午不到，就是不讲信用；对人家儿子骂他的父亲，就是失礼。"那人大为尴尬，便从车里下来，想跟元方拉手，却不想元方连头也不回地走了。元方的兄弟季方的才华应变也不比元方差。有人请陈寔评价他的两个儿子，他的回答是，两个人难分高下，"元方难为兄，季方难为弟"，这就是成语"难兄难弟"的来源。

等陈元方也就是陈纪出来做官的时候，恰逢董卓之乱。陈纪当时在朝廷中身为大鸿胪，保护了不少官员和百姓。袁绍想要把太尉这个职位让给陈纪，却被陈纪拒绝了，表现了陈氏家族的风度和原则。

而陈纪的儿子陈群，也是一时俊杰。正是他废弃了汉朝的察举制，制定了具有历史意义的九品中正制。中正就是品评人才的官职名称。各州郡分别推选大中正一人，所推举大中正必为在中央任职官员且德名俱高者。大中正再推举小中正。大、小中正产生后，由中央分发人才调查表，在该表中将人才分为九等，由各地大小中正以自己所知将各地名士都登记在表上，分别品第，并加评语。吏部依此进行官吏的选拔。这项制度使得官吏选拔有了客观标准，有利于人才出仕。

九品中正制带来了几个重大的后果，一是这种推选人才的制度确实有效，**魏晋**两朝人才辈出，全面超越了蜀汉和吴国，最终统一了国家；二是这种制度带来了世家大族子弟依靠裙带关系形成利益集团、把持朝政的局面，甚至形成了世家和皇权的统一战线；三是世代为官的士族阶层和普通家族之间的距离越来越远，形成了阶层固化。

此后，陈氏一门还出了魏国大将陈泰等公侯级人物。就这样，来自同一家族的家族子弟，因为受到良好的家族传统教育，被朝廷看重，得以在不同朝代身居高位，家族兴盛达数百年之久。颍川陈氏同时期的弘农杨氏、清河崔氏、陈郡袁氏、颍川荀氏等，都是名士辈出，他们组成了东汉末年门阀士族的第一梯队。

五、门阀士族上位的历史大趋势

公元 200 年，即汉献帝建安五年，天下已承受自黄巾起义以来的全面战乱达十六年之久，总人口的数量比战乱之前减少了接近 80%。除平民大量死于战事和饥荒外，汉末的政治精英之间也彼此攻杀，相互消灭。而在建安五年将要爆发的，是一场事关王朝命运选择的政治精英之间的大决战——官渡之战。

在东汉一朝，中央层面的政治权力结构原本是非常简单的：皇权治下的外戚集团（历代皇后家族）和宦官集团轮番登场，把控朝政。而皇权则居中调和不同权力集团之间的矛盾纷争，以此确立了基本的权力格局。但到了王朝末年，两大权力集团之间的矛盾在年深月久的积累之下已变得不可调和。在斗争加剧之下，外戚集团几次引入地方士族和边地军阀等外部势力，力图压倒宦官集团。

其中门阀士族在东汉政治中的作用实已不可轻忽。这些家族以学问起家，保有规模极大的田地庄园，家族成员中经常出现杰出的文士或武士，并代代被征辟为官。经过近两百年的发展，这些门阀士族已经悄悄地成为王朝中实力最为强大的权力集团。

士族初起的阶段，并非后来人们所诟病的"寄生虫"式的存在，而是在地方和中央层面都发挥了积极的作用。如在地方层面，通过凝聚宗族、组织生产、兴修水利、铺路筑桥、赈恤孤贫、创办义学、协调纠纷、保卫乡梓而主导或参与公共事务；在朝廷上则积极投身体制优化和改革，如出身陇西李氏的李冲面，抗议依第铨叙，呼吁选贤任能；赵郡李安世和昌黎韩麒麟则倡导均田制和三长制以限制兼并。这让很多原属武德家族或原本就出身于士族的外戚家族，对士族礼敬有加。

东汉外戚集团第一次试图引入士族的力量是在公元165年。那一年，来自扶风窦氏的大将军窦武，开始联合名士李膺、陈蕃等人，试图一举诛灭宦官。但在皇后窦妙的犹豫不决之下，给了宦官反攻倒算的机会。最终窦武、李膺、陈蕃等人在168年都被杀害，外戚和士族经历了一轮清洗。

外戚集团第二次联合士族是在公元189年。那一年，出身不高，凭借妹妹何皇后上位的大将军何进，与来自汝南袁氏的袁绍合谋诛杀宦官十常侍。也是因为何皇后的犹豫，何进被宦官反杀。但袁绍乘机发兵进入皇宫，清除了宦官势力。

就这样，在汉末的政治对决之后，外戚集团与宦官集团几乎同归于尽，从而为士族阶层上位提供了绝对优越的历史条件。但当时谁也没有想到，建安年间会有一位不世出的英雄出现，几乎以一人之力将门阀士族上位的大趋势延缓了数十年的时间，这个人就是曹操。

在东汉末年因为镇压黄巾军而崛起的多路诸侯，大部分是门阀士族的代表。其中最有势力的一支就是袁绍。当时有言，汝南袁氏"四世三公，门生故吏遍天下"，足证其家族势力之庞大。而汉末诸侯中势力最大的两支——袁绍和袁术，均来自汝南袁氏。官渡之战前，袁绍已接连消灭了公孙瓒等对手，天下九州，独占其四，军事上处于绝对优势地位。

而曹操这边，其父曹嵩为宦官曹腾养子，为士族世家所不屑。而曹操自己则发布了"唯才是举"的命令,让寒门子弟有机会出头,打破了高门士族在官场上的垄断地位,世家大族难以接受。曹操本人才能出众,手下集结了一大批有才华的世家和寒门人才,由此打造了一个强大的军事集团。

公元200年的官渡之战,可被视为是士族代表和寒门代表之间的一次对决。如果袁绍获胜,可以想见其建立的必然是一个门阀士族的王朝,而曹操获胜,则意味着士族阶层的上位还要等待更长的时间。战争开始时,代表士族势力的袁绍携十万大军而来,而作为一方军阀的曹操却只有两万兵马。

但曹操不愧为一代枭雄,以两万左右的兵力,出奇制胜,断敌粮道,击破袁军十万,一举扭转了北方形势。此后袁绍去世,三子纷争,被曹操借机吞并。汝南袁氏就此退出了三国争雄的舞台。曹操统一北方后,既任用优秀的士族子弟为官,同时也采取各种措施防止士族坐大,士族势力一时受到了压制。

不过,汝南袁氏虽然失败,但士族作为一个阶层整体上位的历史大趋势却是无法扭转的。曹操去世后,另一位世家大族的代表,来自河间司马氏的司马懿在其他门阀士族的支持下篡夺了曹魏的权力,他的孙子司马炎建立了晋朝,从此士族的势力达到了历史性的高峰。

六、东鲁唐氏:从文武相济到经学传家

三国两晋期间战乱频仍,武德世家和门阀士族恶斗不休。但也有家族不仅做到了文武相济,甚至堪称是文、武、经三者彼此融合的产物。其中东鲁唐氏就是将文武相济提升为经学传家的世家典型。

东鲁唐氏是《战国策》中敢于当面和秦王嬴政抗争并且成功的英雄唐雎的后裔。唐雎的这种英雄气概随家族血脉流传了下来。三国两晋时期,唐雎的十九世孙唐台成为泰山太守,管理山东东鲁,也就是现在山

东曲阜一代，颇有名望。于是东鲁郡就成为唐氏郡望。而唐台的儿子唐彬，后来成为西晋名将。

唐彬，字儒宗，西晋时曾任巴东监军、加广武将军，后迁右将军，都督巴东诸军事，谥襄侯。在小说《三国演义》中，唐彬于最后一回出场，随杜预出征，灭掉吴国，实现了三国的统一。这一情节与真实的历史相差无几。

作为西晋初年的著名将领，唐彬当时是西晋伐吴大军的前锋。唐彬用兵非常灵活。面对当面之敌，他能够随机应变制定方案，包括布置疑兵等非常之计，战胜对手。在短时间内，唐彬先后攻陷西陵、乐乡，攻城略地，战功卓著。从巴陵到沔口以东，东吴军队为之震慑。到了唐彬进军的后期，许多吴军士兵甚至自发地脱去上衣裸露肢体请求投降。

不过，急速进取的唐彬在到达离建业二百里的邺下，胜利在望时，反而命令停止进军。众将都大感不解，因为吴军已经被消灭得差不多了，吴主孙皓就要投降，此时谁先进入建业谁就是首功。但唐彬坚持说自己身体不舒服，留在邺下。

当时众将无法理解唐彬的选择，只见到那些急急忙忙进入建业的晋军将领们彼此不服，还发生了王濬与王浑为争功而彼此攻击的事件，让晋武帝司马炎左右为难。此时大家才恍然大悟：唐彬是让其他将领进军，自己不参与争功。唐彬这一举动尽显名士风范。唐朝名相房玄龄评价唐彬"儒宗知退、避名全节"。

平定东吴后，朝廷拜唐彬为镇西校尉上庸襄侯，食邑六千户。诏书是这样说的："广武将军唐彬受任方隅，东御吴寇，南监蛮越，抚宁疆场，有绥御之绩。又每慷慨，志在立功。顷者征讨，扶疾奉命，首启戎行，献俘授馘，勋效显著。"①此后朝廷对他多有倚重，又拜其为持节前将军领

---

①房玄龄等：《晋书·列传·第十二章》司马炎"以唐彬为右将军诏"。

西戎校尉、雍州刺史。

唐彬一生多在军事重地和国防边境任职，注重教化和策略，而不是一味杀伐。他在幽州任右将军时，文治武宣，恩威并用，重视教育，广施仁慈恩惠，修复从温城到碣石的近三千里长城要塞，开拓推进边境近千里。自汉魏以来，领兵的将军们大多善于内战，而在对外开拓疆土方面无人能及唐彬的贡献。晋武帝司马炎表扬其"慷慨大义，志在立功"。

不过，经常领兵在外的唐彬有时也会自行其是，曾未经许可出兵讨伐不听话的鲜卑贵族，结果被参军告了一状。被问罪后获释的唐彬趁此机会，退休离开了疆场，回家去研究他最喜欢的学术。

事实上，唐彬是个复合型人才，不但通晓兵法，南征北战皆无败绩，更能在战争间隙专研经史，还成为一代学问大家。唐彬最为精通的是《易经》。开学授徒后，常有数百人跟随他学习。唐彬有两个儿子：一个世袭上庸县侯，官至广陵太守；另一个官至征虏将军司马。皆为当世名士。

东鲁唐氏的唐彬连战连胜却不争功的表现，说明其虽然掌握巨大的武力，却能够有节制地使用武力，彰显了士族阶层的武德精神。相比当时很多帝国，包括东汉在内，善于征服却不善于统治，最终灭亡，唐彬所代表的征服与教化并重的武德传统，才是帝国的长久之道。可惜这一传统并未被西晋的其他世家所坚守，各个世家大族的骄奢淫逸和滥用武力，成为后来西晋灭亡的重要原因。

七、门阀士族内斗与西晋灭亡

西晋建立后，门阀士族达到历史性的高峰。特别是由于司马氏得国不正，合法性不足，于是对其他世家大族竭尽拉拢之能事，以巩固政权，由此造成士族坐大。石崇和王恺比富的故事，说明当时士族阶层的骄奢淫逸和相互之间的龃龉已十分严重。

与此同时，经学内部不同学派的分歧也越来越大。两汉以来的"经学"和先秦的"礼学"不同，由于学问人才分布于各个家族，对于六经进行分别而独立的阐释，导致儒家内部的学派分立，各家族的家学之间多有分歧。这样，出于政治和学术两方面原因，在门阀士族整体上位后，士族之间的矛盾也日益尖锐突出。

太熙元年（290）晋武帝驾崩前命弘农杨氏出身的杨骏为太傅、大都督，掌管朝政。继立的晋惠帝痴呆低能，但晋惠帝的皇后贾南风来自魏国重臣贾诩家族。为让自己的家族掌权，公元291年贾南风与楚王司马玮合谋，发动禁卫军政变，杀死杨骏，当年六月，又使楚王司马玮杀汝南王司马亮，然后反诬楚王司马玮矫诏擅杀大臣，将司马玮处死。贾后执政，于元康九年（299）废太子司马遹，次年杀之。司马氏诸王不服，纷纷起兵争权。十六年间，内战迭起，史称"八王之乱"。

西晋皇室家族内部的争权夺利，让每一个大家族都不能独善其身，纷纷卷入朝堂之争。在旷日持久的"八王之乱"中，不但作为皇朝宗室的河间司马氏投入其中，北方的大家族纷纷选边站，南方的世家也多有参与。像江左著名的武德世家吴郡陆氏，就在"八王之战"中失去了最有才能的家族子弟。

吴郡陆氏从齐宣王之子陆通得姓。陆机属于陆氏二十五世，是陆逊之孙、陆抗之子，是著名的文学家，书法家，曾官至河北大都督，著有《陆士衡集》。他的兄弟陆云，也是西晋著名文学家，官至清河内史，与陆机并称"二陆"，著有《陆士龙集》。

吴国灭亡时，陆机二十岁，此后闭门读书十年。太康元年（280），陆机和弟弟陆云到了洛阳，为当时文坛领袖张华所赏识，名动一时。当时的西晋诗坛以陆机、潘岳为代表，他们的诗辞藻华丽、讲究形式、风格繁复、意境宏达。这就是所谓的太康诗风。陆机名句"笼天地于形内，挫万物于笔端"，被世人惊叹。其天才秀逸被誉为"太康之英"。陆机也是书法大家，他的《平复帖》是中国古代存世最早的名人书法真迹。

永康元年（300），赵王司马伦发动政变，诛杀皇后贾南风，试图篡位，并任命陆机为中书郎。第二年，齐王司马冏、河间王司马颙、成都王司马颖三王举义，诛杀篡位的司马伦，齐王司马冏怀疑陆机参与赵王篡位，收捕陆机治罪，被成都王司马颖救出。当时中原多难，与陆机交好的江南名士顾荣、戴渊等都劝陆机回到江南，陆机试图以才学匡正乱世，所以未归。

陆机感念成都王司马颖救过自己，又见其礼贤下士，推让功劳而不自居，认定他能安邦定国，就投靠了司马颖。在司马颖讨伐长沙王司马乂的战斗中，陆机统兵二十万出征，却在鹿苑被司马乂打败。此后有宦官向司马颖进谗言，说陆机有异志想谋反。司马颖听信谗言杀了陆机，弟弟陆云也遇害，并被夷灭三族。

临刑时，陆机感伤地怀念家乡，叹道："华亭鹤唳，可复闻乎？"事情到了这个地步，由陆逊所传下的陆氏江陵一支，因卷入"八王之乱"被消灭殆尽。吴郡陆氏其他支系则坚守江东，在本地发展，并与北方士族结下怨恨。陆氏从此拒绝和北方人联姻，这个传统一直持续到南朝灭亡。

在为时十六年的"八王之乱"中，中原的汉族精英自相残杀，作为统治中坚的世家子弟更是损耗极大。就在晋朝皇权不稳、世家纷争、内战频仍、中原虚弱的同时，周边的少数民族看到了机会。以原本已经归汉的南匈奴为首，鲜卑、羯、氐、羌等大批少数民族骑兵南下，并开始在中原建立多个外族政权。原本纷争不已的中原士族开始共同面临来自外部的灭顶之灾。

公元311年，也就是晋怀帝司马炽永嘉五年三月，"八王之乱"进入尾声。晋怀帝司马炽下诏申明东海王司马越的罪状，诏告地方藩镇前去讨伐。不久司马越去世，"八王之乱"告一段落。但此时以"五胡"为主体的少数民族部队已经进入中原，匈奴军队和羯族军队首先展开了对晋朝的进攻，西晋王朝开始走向分崩瓦解。

永嘉五年（311）四月，羯族建立的后赵国主石勒率军队追击东海王司马越的灵车直到东郡。晋军大败，将军钱端战死，太尉王衍、吏部尚书刘望、廷尉诸葛铨、尚书郑豫、武陵王澹等人全都遇难，他们出身于琅琊王氏、琅琊诸葛氏、荥阳郑氏、河间司马氏等最高等级的世家。与这些世家子弟一同被杀的，还有十多万平民。此后徐州沦陷，刺史裴盾（闻喜裴氏）遇难。至于皇室宗族河间司马氏，在石勒的残杀政策下，东海世子司马毗以及宗室中的四十八个藩王全部被杀。

永嘉五年六月，匈奴部队在刘曜的带领下攻陷洛阳，十万晋军被歼灭。匈奴还掳走晋怀帝，杀太子司马诠。宗室吴王司马晏、竟陵王司马楙、尚书左仆射和郁、右仆射曹馥、尚书闾丘冲、袁粲、王绲，河南尹刘默等人全都被杀。洛阳之战百官士民死亡的有三万多人。至于匈奴军队挖掘陵墓和焚毁宫殿，更不一而足。随着首都沦陷、皇帝被俘和被废、士族和平民大量被杀，西晋王朝不久就灭亡了。

所谓"五胡"指的是匈奴、鲜卑、羯、氐、羌这五个少数民族。在五胡乱华的初期，以羯族的石勒和匈奴的刘聪、刘曜两支部队最为强悍。这两支部队，也是对北方汉族屠杀最凶残的部队。胡人的入侵让很多地方的人口"十不存一"。中原再次陷入兵连祸结的深重灾难。史称"五胡十六国"。

在这个中国历史上最残酷的大分裂时期，大批中原世家大族为躲避战乱而南渡淮水，和南方的会稽顾氏等本地大家族合作，共推司马睿上位，支撑起了东晋和南方王朝。在南朝历史上，王、谢、袁、萧等顶级世家，以经学传家，以儒家经典培养子弟，以家族杰出人才来支撑家族的地位，形成了门阀士族凌驾于皇权之上的局面。士族也在南朝达到了权势上的顶峰。

与此同时，仍留在北方的汉族世家大族，如清河崔氏、博陵崔氏、太原王氏等，因为部分子弟未及逃到南方，被热衷于汉化的鲜卑统治者大力起用，成为股肱之臣。这些北方世家子弟开始掌握中枢权力，登上高位，和鲜卑贵族如拓跋氏、独孤氏、宇文氏等合流，成为举足轻重的权力家族，其顶级家族被称为"五姓七望"。这些北方大家族后来也成为隋唐世家大族的先声。

八、永嘉南渡与士族上位

公元 313 年，即永嘉七年，在与游牧民族战争，中原王朝溃败之际，北方社会兵荒马乱、动荡不安。为逃避战乱，许多门阀士族带领家眷、民户流徙到江左一带。这是有史以来中原汉族的第一次大规模南迁。

永嘉南渡不但是中原汉族文化发展历史上的重要节点，也是门阀士族发展历史上的一个里程碑式的事件。五胡进入中原和永嘉南渡，让原本在西晋以河间司马氏为核心的士族阶层发生了分化。因为大多数传承有年、根深蒂固的家族如博陵崔氏、范阳卢氏等旧族都还是留在了北方；而选择南渡的士族，多数属于新崛起的世家，其中很多还支持过"八王之乱"后期的东海王司马越，而司马越和琅琊王司马睿向来过从甚密。司马睿在江左建立的政权，对这些渡江士族来说有着可靠的皇权保障。在这一年选择南渡的士族及家属仆从，大约有九十万人，成为后来东晋和南朝的统治精英阶层。

永嘉南渡后，中国顶层世家的变化尤其巨大，《新唐书》将其分为五部分：在东晋和南朝，世家大族被分为侨姓（外来士族）和吴姓（本地士族）两部分，其中侨姓以王、谢、袁、萧四大家族为首，吴姓以顾、陆、朱、张四大家族为首。而在北朝，世家大族由三部分组成：山东士族以王、卢、崔、李、郑五姓为首；关中士族以韦、裴、柳、薛、杨、杜为首；而五胡进入中原后也建立了自己的士族体系，以元、长孙、宇文、于、陆、源、窦为首。

至于皇室宗族河间司马氏，在西晋灭亡后，琅琊王司马睿在中原南迁的侨姓士族和南方本土士族的共同支持下，建立了东晋王朝，是为晋元帝。东晋以汉族正统为号召，使大量门阀士族聚集于南方，为家族和王朝的生存而战。但问题是晋元帝司马睿实力并不强，而江左侨姓和江左吴姓的世家们却拥有自三国以来的雄厚实力，皇权为了站稳脚跟只好进一步出让利益给士族。这让一直作为皇家附庸，并且经常被武德世家所压制的门阀士族获得了崛起的机会，不但成为国家的柱石，甚至成为王朝的主宰。中国进入了世家政治（类似于先秦贵族政治）的黄金时期。

和世家大族南迁相伴随的是大量的普通百姓也随之南迁，成为"流民"。这在历史上已经不是第一次了。经过东汉末年黄巾军大起义、三国混战、五胡乱华、南北朝战乱，中国历史进入了第二次大分裂时期。在这段为时数百年的分裂期，为逃避北方胡人的杀戮，数以百万计的百姓抛下中原土地迁徙到南方，这已成为一种普遍选择。同样是从北方迁至江左的陈郡谢氏独具眼光，他们从这些流民中招募军队，组建了著名的"北府兵"，成为保卫南朝士族政权的军事支柱。

当时，无论在南方还是北方，许多顶级世家大族的军事实力和政治影响都一度超越了皇权。特别是在南朝，朝廷的权力不是掌握在皇帝一人手里，而是由门阀士族将权力代代相传，世家子弟被委以重任。所谓"上品无寒门，下品无士族"。东晋初年，身为皇帝的司马睿竟然拉着琅琊王氏的掌门人王导，要他一起接受众臣的参拜；南梁末年，来自北朝的羯族降将侯景想要和王、谢等顶级家族通婚，梁武帝萧衍竟然说，王谢的门第太高了，你高攀不起，不如和皇室家族通婚吧，意思是把自己的女儿嫁给侯景。这些顶级门阀士族的门第竟然比皇家还高贵，而且成为皇权也认可的常态。这在中国历史上是非常少见的。

余英时先生的《东汉政权建立与士族大姓之关系》认为：士人背后是整个宗族。士与宗族的结合，是士族阶层形成的关键。士族在大分裂时代获得了难得的发展机遇，也在一定程度上复兴了部分春秋时期的贵族世家传统。世家子弟之所以能代代掌权，虽然有察举制所带来的"裙带效应"，但在很大程度上还是靠真才实学，靠家传的"经学"教育，而不是简单的血统传承。一个有力的证据就是，虽然西汉的"察举制"给了那些在德行和才学两方面都较为突出的读书人以仕进的机会，但在整个西汉王朝，在皇权的制约下，并没有形成后来世家垄断朝堂权力的局面。

真正开启了士族地位上升并且形成了一个相对固化的阶层，是经过了东汉、三国、两晋、南北朝的漫长演变，各大家族世代掌控权力的政治惯例才开始形成。也是在此过程中，继承了西晋"竹林七贤"思想的东晋和南朝"玄学"开始兴起，这在学术上给予世家掌权以理论上的支撑。玄学与两汉时期的儒家思想有很大不同，主要探究政治合法性与合理性等政治理论基础，不是像两汉时期主要注重官职设立等具体政治问题。同时"玄学"强调"名教"与"自然"的关系，强调君主"无为""静"，这种小政府的政治理念，和当时君权旁落、世家崛起的大背景有直接的关系。

在东晋和南朝，学术理论层面对于世家政治的支持已经形成。而世家大族在技术层面也通过"以经传家""诗礼传家"等来培养子弟，让子弟代代都有杰出人才，并跻身朝堂。当时南朝公认的第一等世家为"王谢袁萧"四大家族，即：琅琊王氏、陈郡谢氏、陈郡袁氏、兰陵萧氏。

第二节　琅琊王氏：王马天下，政治世家

一、东晋时期门阀士族的整体崛起

公元 317 年，琅琊王司马睿为延续晋朝帝祚，在建康即位，建立东晋王朝。但司马睿在皇族中声望不够，要想稳固地位必须要有南北士族的支持。于是来自北方的侨姓士族琅琊王氏和南方的本土吴姓士族会稽顾氏等相互配合，支持了司马睿建立东晋王朝，初步稳定了政治局面。而皇家依赖于世家的格局也就此奠定下来。

永嘉南渡后，东晋门阀士族作为一个阶层而掌控核心政治权力，但并非每一个家族都会利益均沾，而是采用轮流坐庄的形式。当一个家族出现杰出人物并立下功勋后，这个家族就会自然掌控权力。而当这个家族后继没有人才的时候，就必须退位让贤，让其他家族的人才上位。当然，这个过程很少是和平进行的，伴随着政治斗争的尔虞我诈，甚至军事冲突的刀光剑影。

在南北朝的复杂历史上，先后从残酷的政治斗争中脱颖而出、登上最高权力位置的家族依次包括：琅琊王氏、颍川庾氏、谯国（龙亢）桓氏、陈郡谢氏等。东晋一开始是依赖琅琊王氏而建立，于是司马睿当了晋元帝后，立即封王导为尚书，掌管朝内一切大事；王敦为大将军，掌管军队，又把

王家很多人都封了重要官职。琅琊王氏风光一时无两。不过，随着王敦叛乱、王导去世，琅琊王氏虽然仍处高位，但已不再掌握最高的权位。真正掌权的家族变成了颍川庾氏。

颍川庾家的代表人物是庾亮，他因妹妹庾文君嫁给了晋明帝，而入朝担任了中书监，和王导分庭抗礼。晋明帝去世时，只有四岁的晋成帝临朝听政，颍川庾氏家族开始以外戚身份崛起。之后庾家没落，让出来了空位，经过几番权力斗争，大将桓温胜出，得到了荆州刺史的位置。这让谯国桓氏随之崛起，掌握中枢权力，多年之后才随着桓温之死而让出位置，并由陈郡谢氏掌握大权。

当然这些登上最高权位的家族有的也只是昙花一现，随即在权力斗争中沉没下去。但也有一些世家在历史的浮沉中始终长久地保持了高位。其中最有名的名门望族，历经几个皇朝而不衰落。在东晋和南北朝期间势力深厚的世家大族当属王、谢、袁、萧等士族。而在这四大士族高门中，首推琅琊王氏。

二、从王元、王祥到王戎：《孝经》如何成为家学的经典

琅琊王氏的历史可以一直追溯到战国时代。秦国大将王翦，是和白起、廉颇、李牧齐名的"战国四将"。他和他的儿子王贲是秦灭六国的关键人物，除了韩以外其余五国齐、楚、燕、赵、魏均为此父子二人所灭。特别是在灭楚国的战争中，由于此前李信征讨楚国失败，王翦用示弱的方式让楚军放下防备，大军不进不退达一年时间，最后突然发动袭击。这种战术需要足够的耐心和一流的判断力。

王翦不仅是军事上的奇才，也很有政治头脑。他灭楚之后，从此归隐，不再出现于庙堂之上。正因为他在多疑残暴的秦始皇嬴政的统治下，懂得审时度势，急流勇退，才保全了他的性命和后世的荣华富贵。

后来，王翦的曾孙王元为了躲避战乱，搬迁到了山东琅琊（现山东

临沂），在这里繁衍后代。琅琊也就成了王元家族的郡望，这就是琅琊王氏。西汉时的王吉是琅琊王氏的后人，他精通"五经"，是一位当世大儒。《汉书》本传称其"少好学明经"，"兼通《五经》，能为《吕氏春秋》，以《诗》《论语》教授，好梁丘贺说《易》"①。琅琊王氏的家学传承就奠基于王吉，有深厚的儒学文化背景。

魏晋之际的王祥，不但熟读"五经"中的《孝经》，其行事更是集中体现了琅琊王氏的礼学传统。他是历史上著名的孝子，父亲和继母生病后，他衣不解带，侍奉左右。继母朱氏想吃鲜鱼，可当时正值冬天，王祥费尽周折还是弄来鲜鱼。在民间传说中，就变成了王祥"卧冰求鲤"，最后鲤鱼跃出冰面的孝子典故。这些二十四孝的故事经过民间演绎，有很多夸张之处，但王祥对父母的孝在当时确被传为佳话。

王祥的弟弟王览也被赞扬为"教友恭恪，名亚于祥"。事实上，王览是王祥继母朱氏的儿子，却和同父异母的兄长王祥关系笃厚。传说继母朱氏有次想毒死王祥，结果王览抢先拿到了毒酒。朱氏只好抢过毒酒，从此不敢再害王祥。王祥和王览之间兄友弟恭，成为美谈。晋武帝称王览为"少笃至行，服仁履义，贞素之操，长而弥固"②。

王祥在临终前传下家训，令诸子世代遵守"信德孝悌让"。即"言行可覆，信之至也；推美引过，德之至也；扬名显亲，孝之至也；兄弟怡怡，宗族欣欣，悌之至也；临财莫过让。此五者，立身之本"③。这也成为此后琅琊王氏长期遵循的家训。这个家训的核心理念就是：诚信做人，诚实做事，孝敬长辈，兄弟之间互相爱护，不过分看重钱财，这样才能

---

① 班固：《汉书·王吉传》。
② 房玄龄等：《晋书·列传·第三章》。
③ 房玄龄等：《晋书·列传·第三章》《训子孙遗令》。

保持家族和睦兴盛。就这样，琅琊王氏以礼法训诫子孙，"子孙皆奉而行之"，建立了"孝友"传家的门风。

琅琊王氏让子弟研读五经，尤其是《孝经》，强调礼法亲情和重诺守信，不仅有益于其宗族的传衍，而且培养起了重视实务与事功的家风。这在汉末和三国乱世是非常重要的家族生存之道。这种家风也集中体现在琅琊王氏的另一支，也就是比王祥晚一辈的族侄王浑和他的儿子王戎身上。

王浑在平定毌丘俭和诸葛诞反抗的王昶之后，积功受封贞陵亭侯。王浑的儿子王戎，则是魏晋时期有名的"竹林七贤"之一，在七贤中年龄最小。王戎小时候就显示出聪明和独立判断力。当时他和小伙伴去玩耍，看到路边的李树上有很多果实，大家争着去摘取，王戎却不去，并且说："树在道旁而多果实，果实必定是苦的。"大家取来一尝，果然如此。[①]

王戎也秉持琅琊王氏"孝友传家"的家风，平时就事母至孝。母亲去世时他虽然没有严格恪守礼法，但形容枯槁，要靠扶杖才能起身。而和他丧母同时丧父的中书令和峤虽然也很悲痛、严守礼法，却面色形容如常。当时人们评价"和峤生孝，王戎死孝"。

王戎后来袭封贞陵亭侯，累迁豫州刺史，参与晋灭吴之战，并且从亭侯晋封为更高一级的安丰县侯。他治理荆州地区，拉拢士人，颇有成效，历任侍中、光禄勋、吏部尚书、太子太傅、中书令、左仆射等职。此外，王戎和他的堂兄弟王衍的另一重要贡献是调和儒教和道教，创造并延续了新的文化传统。

晋初，儒道之间出现了对立的情况，主要的原因出自政治。当时崇尚名教的人多为司马氏夺取曹魏政权说话，而标榜老庄之学的人多与司马氏不合作。"竹林七贤"就是后者，借学术抒发政治态度。这些名士后

---

① 刘义庆：《世说新语·雅量第六》。

来多被司马氏收编或剪除。但与其他玄学名士不同的是，王戎提出调和儒学与玄学的主张："圣人贵名教，老庄明自然，其旨同异？"王戎认为二者"将无同"。而王衍作为历任尚书令、司徒、司空、太尉的高官，也是西晋时期著名清谈家，可惜最终死于五胡乱华。

此后，来自王祥、王览这一支的琅琊王氏子弟——王导成为家族的掌门人。王导继承了调和儒学和老庄的这一传统，并将之发扬光大，王氏家族从此儒玄兼修，并在东晋时期引领一时风气，成为门阀士族的领袖家族。

三、琅琊王氏是如何做到"王马天下，簪缨不替"的？

在门阀士族集体崛起的东晋王朝，琅琊王氏达到了家族历史的巅峰。那是在西晋末年五胡乱华之后，中原山河破碎。为躲避战乱及保存文明元气，公元313年永嘉南渡后，整个中原地区的北方名门望族和士林精英，以及政府机构、官员甚至士族家中的用人和鸡鸭牛马都被带过了长江。这次以门阀士族为主要力量的大迁徙共有九十多万人，琅琊王氏是其中最重要的一支。

作为琅琊王氏的掌门人，王导一生的功业与司马睿密切相关。司马睿是司马懿曾孙，与王导同龄。两人早年就过从甚密，有着深厚的个人情谊，史称"布衣之交"。公元290年，也就是晋惠帝永熙元年，司马睿袭封为琅琊王，而他最信任的人，就是王导。世代生长于此地的琅琊王氏，作为封国之内的大族，与司马睿一系也建立起了一种相互需要、相互支持的政治合作关系。私人情感与家族利益的双重关系，是王导与司马睿合作的基础。

公元317年，司马睿在建康（今南京）重建晋室，史称东晋。为了树立当时还是默默无闻的司马睿的威望，王导联络北方士族，在司马睿出行时恭敬侍奉，让南方的世家大族非常震惊，认为能够让琅琊王氏家族如此恭敬的人物，定非常人。由此在江南确立了司马睿的名声和地位。东晋建立后，司马睿成为晋元帝，王导出任宰相，司马睿竟然有意要王导上台来和自己一起接受众臣朝拜，吓得王导赶紧跪在地上。

王氏家族也有诸多成员掌握兵权。王导的堂兄王敦，是晋武帝司马炎的女婿，算起来还是晋元帝司马睿的长辈，当时都督江、扬六州军事，拥兵自重。公元322年，王敦发动叛乱，威胁晋室，司马睿忧愤而死。王敦虽然掌控大权，却遭到其他世家大族，包括太原温氏的温峤、高平郗氏的郗鉴的反对，王敦自己所在的琅琊王氏，在王导的带领下也反对王敦的叛乱行为。王敦不久后病死，皇权的威胁消失了，东晋政治秩序恢复了正常。

虽然王敦曾发动叛乱，但王导的地位并未受到影响，因为朝中大部分官员都是王家子弟或者与王家相关的人。琅琊王氏作为一个家族实质上掌控了东晋朝廷，有时甚至可以凌驾于皇权之上，其政治地位不可动摇。这是真正的是"王与马，共天下"。

而王导本人为人谦逊低调，善于照顾他人，与人合作。有一次在宴会上，他看到来自临海的客人和几位胡人没人搭理，于是他亲自与这些客人交谈寒暄，说"您从临海一出来，临海可就没人了"，还用胡人的惯用语和胡人宾客打招呼，结果宾主尽欢。有人说，与王导交往，哪怕是初次见面，感觉也像老朋友。这些独特的能力让王导成为朝廷人际网络的中心节点。

因在朝中每事谦恭退守，王导一度被人们称之为"愦愦"。意思是有点糊涂。但实际上，正是这种来自道家的无为而治、退让妥协的态度，才让南北方的各大家族们没有兵戎相见，而是各安一方，甚至彼此融合。原本作为北方的世家大族，琅琊王氏是不说也听不懂南方的吴语的，但王导来到江左后，为拉近与本地士族的关系，就主动学习说吴语，并且在各种场合应用，体现了融入南方的诚意，让南方和北方的士族官员们印象深刻。

不过，王导虽然善于体察人情、调节各方矛盾，在大事上却从不糊涂。当司马睿因为宠爱郑妃而想要废掉太子时，王导强硬地表示反对，打消了这场可能引发政治风波的皇帝乱命。晋明帝即位时，为教导新皇帝，王导更是将司马家族当年阴谋篡权、威逼皇室、打压功臣等诸般劣迹一一道来，让晋明帝出了一身冷汗。

王氏家族作为东晋初年门阀的领袖，以调节各大家族之间、各家族与皇权之间的关系为使命，以期实现政治稳定，事实上已经达到了当时的政治条件下所能允许的最大成就了。王导掌权时，江左之地保持了数十年之久的和平状态。

晋明帝去世后，司马皇室内斗，颍川庾氏掌权，王导权力被架空，东晋政局发生了重大变化。公元327年，在庾冰庾亮两兄弟的愚蠢施政之下，流民帅苏峻、祖约都被逼反叛乱。叛军还挟持成帝与晋军对抗，晋军付出很大的代价才敉平叛乱。在王导去世后，谯郡桓氏的桓温试图篡位，陈郡谢氏与太原王氏联手阻止了桓温。此后桓温去世，其子桓玄又公开发动叛乱，最后被镇压。江左这几大世家轮番登场，司马氏的皇位在权力的夹缝中艰难地保持了下来。

正是因为王导当政时，能够调和南北世家矛盾、皇室与大臣的矛盾，对皇权有支持和指导的作用，东晋的前三任皇帝晋元帝、明帝和成帝都对他有非常的礼遇。公元339年王导六十四岁离世，晋成帝为王导举办了三天葬礼，并参用了天子葬礼的规格。

田余庆的《东晋门阀政治》一书认为，门阀政治的特点，就是皇权与门阀既合作又对立，而门阀之间也是既合作又对立。[1]在这种多方博弈下，一直无法产生能够完全压倒其他势力的一方，这是门阀政治必然的

---

[1] 田余庆：《东晋门阀政治》，北京大学出版社，2005，第281—282页。

结果。而东晋政局的发展，就是几家门阀士族势力由平衡进入不平衡，经过复杂的演化又进入新的平衡。与此相应，东晋政局由稳定到动乱，由动乱恢复新的稳定。①

四、琅琊王氏的文学艺术成就及其传承

琅琊王氏以五经传家，向来主张兴复学校，重视儒学教育，以为"风化之本在于正人伦，人伦之正存乎设庠序。庠序设，五教明，德礼洽通，彝伦攸叙，而有耻且格，父子兄弟夫妇长幼之序顺，而君臣之义固矣"②。王导就力劝晋元帝兴复礼教："礼乐征伐，翼成中兴。"③而除了儒学正宗之外，琅琊王氏在文化上具有很大的包容性，对玄、释、道也兼采不废。这使得王氏家族在文化上更加丰富多彩。

王导去世之后，琅琊王氏又出了王羲之、王献之、王徽之等中国文学艺术史上的一流人物，使得王家不仅在政治上无人能敌，在文艺上也成就非凡。值得一提的是，琅琊王氏家族的很多人在当时由于修习玄学的关系，笃信中国本土宗教——五斗米道教，因此在第四代中，很多人的名字都带个"之"字。除王羲之外，还有王胡之、王彪之、王晏之、王允之等等平辈兄弟。而在后面几代，还有王徽之、王献之、王恢之、王陋之等著名人物。

作为中国历史上的"书圣"，王羲之七岁就已经很擅长书法了。后来有一次晋成帝要到北郊去祭祀，让王羲之把祝词写在一块木板上，再派工人雕刻。但是出人意料的是，刻字者把木板削了一层又一层，但是一

---

① 田余庆：《东晋门阀政治》，北京大学出版社，2005年，第34页。
② 房玄龄等：《晋书·列传·第三十五 王导传》。
③《宋书·礼志一》："殿下以命世之资，属当倾危之运，礼乐征伐，翼成中兴，将涤秽荡瑕，拨乱反正。"

直没有把王羲之书法的墨迹削完,才发现王羲之的书法墨迹一直渗到木板里面去了,削进三分深度才见底。可见王羲之的笔力雄劲,书法技艺炉火纯青,笔锋力度竟能"入木三分"。王羲之和他的儿子王献之代表了中国古代传统书法艺术的一大高峰。也说明琅琊王氏除了经营权力之外,其文化上的成就也是诸多家族中的佼佼者。

王羲之成年后,恰逢大臣郗鉴(来自高平郗氏)招女婿,当郗府管家到王氏府上考察年轻人时,却见到东墙的床上有一个袒腹仰卧的青年人,坦然自若。郗府管家回到府中,向郗太尉禀报了他今天所见之事。郗鉴听到那位卧东床的青年,便立刻让管家领他去看。郗鉴来到王府,见这青年豁达文雅,才貌双全,于是二话不说,当场下了聘礼,择为快婿。而那卧东床的青年,便是王羲之。

作为琅琊王氏的子弟,王羲之被任命为右军将军,所以也被称为王右军。但实际上他并不擅长领兵打仗。王羲之和妻子郗璿(王导好友太尉郗鉴之女)感情很好,育有七子一女。与王家一样,郗家也是历史上著名的书法世家,夫妻两人对孩子们的书法教育自然也是格外重视。而在这八个孩子之中,最有成就的是第七子王献之。

在对王献之的教导过程中,显示出了王家"儒道合流"的家学传统。作为"书圣"的儿子,王献之在很小的时候书法已有一定成就,但非常心急,想要尽快达到父亲的水准,于是就向父亲请教。王羲之把他带到庭院里,指着廊下十八口大水缸说:"什么时候你磨墨写字,把这十八口水缸里的水都用完了,就可以有所成就了。"王献之恍然大悟,自己太着急了,而真正做大事的人从来不会急于求成。于是他此后静心努力,终成一代大家。

《晋书·王羲之传》说:"王氏世事张氏五斗米道。"天师道给王氏家族的文化、生活带来了多方面的影响,其中影响最大者,莫过于促进王氏研习书法。书法艺术在东汉后期日渐摆脱实用性的束缚,不断雅化、艺术化，受到士人的重视，名家辈出。

东晋永和九年（353）暮春，也就是淝水之战前三十年，王羲之领着一众出身名门的亲友和兄弟们，在浙江会稽山阴的兰亭举办了首次兰亭雅集。包括琅琊王氏、高平郗氏、颍川庾氏、谯国桓氏、陈郡谢氏在内的高门子弟云集一堂，开创了名门年轻人聚会的传统，同时还留下了名满天下的《兰亭集序》。

即使在东晋之后的南北朝，王氏依然保持了名门望族的地位。南朝的历代皇帝都寻求与王氏联姻。所以在南朝王氏一共出了八个皇后。而从东汉至明清的一千七百多年间，琅琊王氏共培养出了以王吉、王导、王羲之、王元姬等人为代表的三十五个宰相、三十六个皇后、三十六个驸马和一百八十六位文人名士。在整个六朝时代，山东琅琊王氏家族，为官做到五品以上的，有一百六十一人。其中，做到一品官的，达十五人。这样的世家成就，可称得上是"簪缨不替，雅道相传"了。

第三节　陈郡谢氏：什么是精英？就是关键时刻能够拯救国家的那群人

一、淝水之战——陈郡谢氏的巅峰时刻

公元383年，前秦皇帝苻坚率九十六万大军南下，目标只有一个——南方汉人政权东晋。这是一场决定汉族文明存亡的历史性决战。在此之前，汉族文明的发源地中原地区已经落入五胡之手。大批汉族世家近百万人渡过长江延续文明血脉。永嘉南渡之后的东晋政权，已成为汉族文明最后的保留地。虽然前秦皇帝苻坚是个仁慈的皇帝，但从五胡乱华种族灭绝的历史记录来看，如果东晋政权灭亡，前秦统一，对华夏文明将会是前所未有的摧残。

和人们印象中士族子弟不学无术、斗鹰走马的纨绔形象不同，东晋南朝的士族精英辈出。特别是在国家兴亡和文明存废的关键时刻，那些原本身居高位、养尊处优、占用大量社会资源的世家子弟纷纷站了出来，成为保卫文明的屏障。在等级制的体系下，有多大权力就要负起多大责任。保家卫国，本来就是世家大族不可推卸的责任。在东晋的这次文明保卫战中，陈郡谢氏扮演了最重要的角色。

陈郡谢氏一开始并不是在陈郡阳夏（今河南太康）定居，他们的祖先据说来源于周宣王时期的申伯，开始居住于谢邑，

后来才迁徙到了陈郡阳夏。此后，从在曹魏时期担任典农中郎将的谢缵开始，经过谢衡、谢鲲、谢裒（谢鲲弟）的代代经营，谢氏逐步在魏晋的官场上站稳脚跟。

在前秦大军逼近东晋之际，谢家子弟纷纷挺身而出。作为宰相的谢安本来与世无争，他虽才华出众享有大名，却避居东山自在逍遥。但在国家有需要时，他还是以四十多岁的年龄出仕朝廷，史称"东山再起"。面对苻坚大军的进逼，东晋以谢氏家族为核心，组织了坚决的抵抗。由谢安坐镇京师任总指挥、谢安的弟弟谢石任征讨大都督、谢玄任前锋都督、谢琰任辅国将军。

其中谢玄率领的"北府兵"是东晋最精锐的部队。北府兵主要来自那些与北方胡人作战后流落南方的江淮流民，这些流民失去了在北方的土地，在江南也没有土地，只能参军谋生。北府兵从官长到士卒都有与胡人作战的经验，并且对胡人充满国恨家仇。他们一旦被组织起来，就成为一支令人生畏的力量。谢玄手下有诸多强将，多是谢氏的旧人。其中直接指挥北府兵的，是谢家主政豫州时的旧将刘建之子刘牢之。在东晋的历史上，"北府兵"这支部队不但取得了淝水之战的胜利，而且在此后数十年内决定了东晋的政局走向。

前秦皇帝苻坚率大军分批南下，由于心态过于骄横，未待全部兵马到齐，就急于发动进攻。结果谢玄动用精锐的北府兵，用中间突破的战术，直接击败了前秦的中军。再加上原来东晋投降过去的军官在秦军阵后高喊"秦军败了！"，于是在此前的战役中被北府兵击败过多次的前秦军军心开始动摇，全线崩溃，北府兵乘胜追击，斩杀无数。苻坚的弟弟、前秦军统帅苻融也死于乱军之中。淝水之战创造了八万人大胜前秦二十五万人的以少胜多的战例，但谢玄收复北方的努力也由于朝廷内部怕谢家势力过大进行阻挠而功败垂成。

想当年王羲之兰亭集会时，汇集了各大世家子弟进行文学雅集。那时的琅琊王氏、高平郗氏、颍川庾氏、谯国桓氏（龙亢桓氏）等世家大族都以身世自傲，而陈郡谢氏只是其中不起眼的普通士族。但在淝水之战中，陈郡谢氏扮演了主角，功勋盖世。淝水之战后，谢氏家族四人同日封为公爵。谢家一举超越其他世家，从一个普通士族变成了与琅琊王氏并列的最高名门望族。

二、谢氏的玄学、儒学和经学教育

　　谢氏一门，人才济济，全靠家学渊源，教育有方。核心宗族文化和琅琊王氏相似，就是研读《孝经》和以孝传家。孝道的强调使得谢氏族人非常团结，而且作为长辈也自有一股正气，使长辈的"慈"和后辈的"孝"相得益彰。像谢安，不但自己养成良好的生活习惯，也注意培养子弟的良好的行为，并为此煞费苦心。谢玄在年少时喜好奢侈、把玩香囊，叔父谢安对此不以为然，却不强硬呵斥，而是跟谢玄以游戏打赌，将谢玄的香囊全部赢过来烧掉，以此来警醒家族子弟。

　　有一次家族聚会时，谢安问子侄们："你们将来长大了干什么？"谢玄在旁边说：我将来要像"芝兰玉树，立于高堂之前"[1]。得到众人的赞许。南朝梁袁昂《古今书评》有言："王右军书如谢家子弟，纵复不端正者，爽爽有一种风气。"可见当时人们对谢氏门风的推崇。

　　同时，谢氏子弟代代为国家挺身而出也是有家教传统的。谢安经常召集族中子弟谈天论地，内容多与文学有关。这看上去似乎只是文士雅集，实则不然。谢氏在家族教育的内容上，外表崇尚玄学、内里以儒学为根基。而在此基础上，谢氏还有着其他世家大族所不及的"经济"学的传承。所谓"经济"，乃经世济用之学的简称，即专门为帝王解决现实

---

[1] 刘义庆：《世说新语·言语》。

的政治、经济、社会问题的学问，当然也包括如何帮助帝王获取和保持权力的学问。因此也被称为"王官之学"。

要论政治上的成就，谢氏在没有仕宦而来的权力、武力、财力做后盾的情况下，家族子弟依靠经世致用之学而在朝堂间声名鹊起。淝水之战后，谢家一天之内四人封侯，是家族史上的奇迹。此后谢氏子弟在九品中正的推举制下，频频被推举为官，成为朝廷栋梁，建功立业，就是顺理成章的了。

论武功上的成就，淝水之战全赖谢安为相，谢氏子弟为将，谢玄招募并训练的"北府兵"为主力部队，大胜前秦，救东晋于生死存亡之中。

论文学上的成就，陈郡谢氏能够与琅琊王氏齐名，除了武功外，其文学成就也毫不逊色。谢灵运和谢朓并称"二谢"，而谢道韫更是六朝第一女诗人。一句"未若柳絮因风起"使她被称为"咏絮之才"。她后来嫁给了琅琊王氏的王凝之，在小叔子王献之与朝堂名士辩论时，谢道韫参与进来，成为全场最佳辩手，足证谢氏子弟的才华。

论学术上的成就，谢氏除了经营政治的"王官之学"外，其玄学造诣也非常高明，这方面的著名人物包括谢安、谢万、谢玄、谢惠连等，都是玄学大家。谢氏子弟的玄学和文学、书法成就相得益彰。也正是由于谢安等人的勉力教导，子弟大都成为朝堂上的复合型精英人才。

从东晋到南朝的二百多年中，谢氏子弟被史书记载的著名人物共有十二代、一百余人之多，即使是女子也培养出了谢道韫这样不世出的才女，史称"子弟皆芝兰、风流满《晋书》"。在人才兴盛的情况下，陈郡谢氏才得以在历史乱流中延续二百年之久。

三、功勋家族没落于皇权的猜忌和世家大族的内斗

淝水之战前，东晋王朝长期被琅琊王氏、谯国桓氏（龙亢桓氏）等世家把持朝政。琅琊王氏的王敦、谯国桓氏的桓温等人都曾经功高震主，

并且一度图谋自立，而以外戚出身的庾亮兄弟则没有能力却硬在其位，以致最终败落。这些大世家的轮流坐庄，让皇权对新崛起的谢氏家族也充满疑惧。

为消除皇帝的猜忌，淝水之战后两年，东晋太元十年（385），谢安主动交出权力，自请移镇广陵。当年谢安去世，年六十六岁。作为北府兵创办人的谢玄，也自请离开军事前线，转赴浙江当了个"散骑常侍、左将军、会稽内史"的闲职。谢安去世后三年，东晋太元十三年（388），淝水之战的实际指挥人，一度将汉人兵锋重新推进到黄河北岸，甚至收复了部分黄河北岸沦陷国土的谢玄，最终也在猜忌和抑郁中去世，年仅四十六岁。就这样，一度挽救了东晋王朝的谢氏叔侄双星，未能再度施展抱负，就早早地去世了。

谢玄的孙子、已经进入南朝的谢灵运曾在《山居赋》中回忆自己的家族史时写道："余祖车骑（谢玄）建大功淮（河）、淝（水），江左得免横流之祸。后及太傅（谢安）既薨，建图已辍，于是便求解驾东归，以避君侧之乱。废兴隐显，当是贤达之心，故选神丽之所，以申高栖之意。经始山川，实基于此。"①表明谢家因为功高震主，而一直有隐居避世的传统。

不过，在谢玄之后，谢氏家族仍然因教育有方而代有英才存续，在朝堂和江湖之上都保持了顶级门阀的地位。但就在东晋安帝隆安三年（399），浙江爆发了有五斗米教背景的孙恩起义，成为谢氏家族的灭顶之灾。

与东汉末年的黄巾起义相似，参与叛乱的民军也将贵族世家作为推翻东晋统治的重点攻击对象。叛乱爆发后，东晋朝廷派出谢安的儿子谢琰，以及谢琰的两个儿子谢肇和谢峻前往镇压，不料父子三人反被民军杀害。在这场历时十二年之久的孙恩、卢循之乱中，陈郡谢氏子弟中的

---

①谢灵运：《山居赋·自述》。

吴兴太守谢邈、南康公谢明慧、黄门侍郎谢冲等人先后遇害。在陈郡谢氏的当家人谢安、谢玄去世之后，谢氏家族在这场民乱中被底层民众视为重点攻击清除对象，家族势力遭到严重削弱。

此后东晋王朝易主，刘裕建立了南朝宋。为防范北府兵的创建者谢氏家族支持自己的政敌，刘裕先后诛杀了谢氏几位杰出的子弟：先是谢晦因支持刘裕的政敌刘毅而被杀，并牵连了其他谢氏族人；七年后的元嘉十年（433），高傲放纵、经常自比"才高八斗"，中国山水田园诗创始人之一的诗人谢灵运，被宋文帝刘义隆以"叛逆"罪名，下令杀害于流放地广州，死时四十七岁。公元499年，即南齐东昏侯永元元年，谢朓遭始安王萧遥光诬陷死于狱中，年仅三十六岁。

在来自皇权的猜忌和其他世家大族的排挤下，曾经显赫一时、拯救国家的谢氏家族，在接连不断的战乱和打击下被屠戮得子弟凋零，到南朝末年时已泯然众人。唐朝刘禹锡曾写作《乌衣巷》一诗："朱雀桥边野草花，乌衣巷口夕阳斜。旧时王谢堂前燕，飞入寻常百姓家。"描写的就是当时最高贵的门第王氏和谢氏，在历史的变迁中逐渐衰落的景象，让后人唏嘘慨叹。

第四节　陈郡袁氏与汝南袁氏：源出同门而风格迥异

一、家学为《周易》，两支袁氏都曾做到四世三公

唐代韩愈曾撰文《袁氏先庙碑》，记载了袁氏一族应是舜的后裔。在西周初年，周武王追封先贤后裔，封虞舜后裔妫满于陈（今河南淮阳），建陈国。妫满谥号为陈胡公。他的十一世孙叫妫诸，字伯媛。伯媛的孙子涛涂，以祖宗的字伯媛中的媛来命名姓氏。媛氏世袭陈国上卿。而当时媛、辕通用，故媛涛涂又写作"辕涛涂"。后人又将"辕"字的"车"旁去掉，以袁为氏。

袁氏起自陈国，常居阳夏，因为阳夏属于陈国故地陈郡，所以被称作陈郡袁氏。陈郡就在今天的淮阳一带。随着袁氏后人向四处迁徙，定居在不同地点，导致"籍贯两歧"，袁氏有了多个分支。其中的一支迁到汝南，被称为汝南袁氏，其声势一度超过了居于原籍的陈郡袁氏。

和弘农杨氏相似，袁氏是一门累世专攻一经的家族，弘农杨氏专攻的经书是《尚书》，而袁氏则世传孟氏《易》学。这让家族人才辈出。在东汉末年，汝南袁氏四世中居三公之位者多至五人，被称为"四世三公"，还在三国时期出了两位著名人物：袁绍和袁术。二人在东汉末年分别起兵，各自成为一方诸侯，声震天下。

而和汝南袁氏相比显得非常低调的陈郡袁氏，其实早已是顶级门阀，也和汝南袁氏一样，属于"四世三公"的家族。陈郡袁氏走向顶级门阀得益于两个关键人物——袁滂、袁涣父子二人。袁滂在汉灵帝时期历任九卿，并登上三公之位。不过，袁滂虽然官至三公，却始终清心寡欲，从不议论别人。《后汉纪》（作者袁宏就是陈郡袁氏后裔）描述汉朝公卿袁滂为"纯素寡欲，终不言人短"。东汉末年，党派动荡，只有袁滂中立于朝廷，不被牵连。

袁滂的儿子袁涣素有才德之名。袁涣起初跟随吕布，吕布逼他写信辱骂刘备，袁涣不从，吕布便抽刀出来恐吓他："写就活，不写就死！"袁涣并未被吓住，反而笑着反问："如果以后哪一天我离开你，又有人逼我写信骂你，可以吗？"说得吕布无言以对。曹丕曾经就此事问袁涣的从弟袁敏："袁涣这个人是勇敢还是怯懦呢？"袁敏回答说："袁涣外表文弱，然而在道义面前，危难之时，就算是孟贲和夏育这样的古代勇士也比不过他。"[①]

在归顺曹操后，袁涣不止一次地向曹操建议，用道德和仁义的力量去教育和安抚万民。而他自己也是这样做的。每逢战乱，别的将军士兵都乘乱去搜刮财物，只有袁涣总是一车又一车地收集文献典籍，不但保存了文化成果，也借此举彰显以仁德治天下的决心，让百姓归心。

同时袁涣也很注重自己的日常行为和修养。《三国志》载，"涣清净，举动必以礼"[②]。所谓清净，为恬淡清净之意。所谓举动必以礼，就是说他的举止遵循礼法。在动荡的东汉末年，王孙贵胄之子皆藐视王法的风气下，袁涣可谓是一股清流。曹操就很欣赏袁涣。史书记载，袁涣去世

---

① 陈寿：《三国志·袁涣传》。
② 陈寿：《三国志·袁涣传》。

时,曹操还为袁涣的死而流泪不止。能让曹操这样的大政治家感到痛惜而流泪,足见袁涣在世人心目中的地位。

二、袁氏作风恬淡,但常怀忠义之心

袁涣作为大家长,很会培养子弟的德行。他的四个儿子都忠信正直,备受众人称赞。其中大儿子袁侃,和父亲及祖父一样,是魏晋乱世时期有名的清官。还有袁涣的堂弟袁霸、袁徽,乃至其子侄辈袁亮,都是这样的作风。其中袁霸的儿子袁亮是一个大学问家,为维持儒家学问的正统,他还和倡导玄学的何晏、邓飏等人有过论战。虽然何晏等人当时势力极大,但袁亮也没有被打击报复,他自己官至河南尹、尚书,他的儿子袁粲后来也做了尚书。

纵观陈郡袁氏的子弟,一般都像袁滂、袁涣和袁亮那样,重视学问、忠信正直,讲求原则,同时也清净自守,性情恬淡,不去争权夺利。可见陈郡袁氏在子弟教育上花了大力气,去维持家风传统绵长不辍。

袁氏作风恬淡,但常怀忠义之心。在兰陵萧氏的萧道成夺取刘宋王朝的内乱中,袁粲与儿子袁最为了护卫刘宋正统,都被萧道成的卫队逮捕。当刽子手举刀挥向袁粲时,袁最大叫一声,抱着父亲,请求先死,在场的士兵被这个场面震惊了。袁粲感叹地说:"我不失为宋朝忠臣,你不失为我的孝子。"他临死前,对袁最说:"本知一木不能止大厦之崩,但身为宋的宰相,不得不尽力抗争。"这种义重于生、明知其不可为而为之的精神,可敬可叹。

在东晋和南朝时期,陈郡袁氏因为家学渊源,忠孝节义,而成为历代皇权依赖和信任的力量。自袁湛在东晋末期出任太尉始,袁粲、袁昂、袁枢、袁宪等先后在南朝担任宰相之职。

陈郡袁氏和汝南袁氏同源,但比汝南袁氏的影响力长久得多。时人多有不解。其实真正的原因是,陈郡袁氏虽家世显赫,但持家以清虚为要旨，并无野心。而清虚和控制自身的权力欲，实际上就是一种高贵的政治品格。这让家族虽然在短时间内缺乏争夺权力的动力，但长远看却让这个家族能够得到更长久的延续。这就是所谓"宁静致远"。

当时各朝皇室为笼络袁氏，多与之联姻，导致陈郡袁氏家族中有很多皇亲国戚。南朝梁时，仆射徐勉权倾天下，骄横跋扈。有一次在袁昂府中喝酒，竟要内眷出来陪酒。袁昂并没有当场发火，而是让几位年长的内眷出来相见，并介绍说："这些老妇人有的是王妃生母，有的是公主婆母，现供你使唤。"徐勉吓得酒都醒了，忙不迭向袁昂道歉，此时才知道袁昂比自己尊贵得多。而袁昂也并没有借机以势压人。[①]

这样低调的家风也让袁氏家族兴盛跨越了几个朝代。陈郡袁氏自袁滂任司徒开始，从曹魏至隋唐长达数百年的时间内，子孙连续十三代都有人担任重要职务。在陈郡袁氏子弟中记载于正史的有二十八人，其中，位列三公、尚书令、仆射的便有十七人，并在晋朝、南北朝、隋朝、唐朝时期都成为顶级门阀。这与先前权力鼎盛、辉煌一时又最终败落的汝南袁氏形成了鲜明对比。

三、汝南袁氏：专攻一经的家族，乱世称雄、逐鹿天下

与陈郡袁氏的恬淡作风相反，袁氏的另一支汝南袁氏却热衷权力、积极入世，敢于争锋天下。其实和陈郡袁氏一样，汝南袁氏也是虞舜的后裔，两者同源。但在袁良这一代，举家从陈郡阳夏移居汝南郡，才有了汝南袁氏的开端。

据《后汉书》记载，袁良少年时期就已经精习《孟氏易》，"平帝时举明经，为太子舍人"。所谓的明经，字面理解就是明晓经学，"举明经"

[①] 姚察、姚思廉：《梁书·袁昂传》。

也是汉朝察举制度的一种，算是一种特殊科目。其实举明经制度在秦朝就已经设立，但在汉武帝尊崇儒学之后，"举明经"的地位变得尤为重要与突出。

袁良在担任广陵太守的时候，曾经带兵讨伐江贼张路，并将其一举扫除，表明其学习《易经》并非只是空洞的理论。文武兼备的袁良一度因病回家休养，直到汉顺帝时又被公府征辟为议郎。但这时袁良的年事已高，于是不久就辞官归家。几年之后，于汉顺帝永建六年，即公元131年去世。

袁良的孙子袁安是汝南袁氏家族在政治上成为顶级门阀的关键人物。袁安年轻时就以品行高洁而闻名。有一年洛阳下大雪，别人家都除雪出外乞食，独有袁安门前积雪如故。洛阳令前去查看，以为袁安已经冻饿而死。当令人扫除积雪进屋后，却发现袁安躺在床上。洛阳令便问他为何不出门，袁安答道："大雪人皆饿，不宜干人。"洛阳人都佩服他宁可困于饥寒，也不乞求于人的气节。后来用"袁安困雪"来褒扬高士生活清贫但有操守。袁氏后人，念祖上德行，以"卧雪堂"为堂号，卧雪堂为袁氏第一门。

袁安举孝廉出身，在汉明帝时先后任楚郡太守、河南尹。在职十余年，政号严明，断狱公平，京师肃然，名重朝廷。汉章帝时袁安先后任司空、司徒，更是为朝廷所倚重。而袁安的后代也都是当时的名臣。他的第三个儿子袁敞在汉安帝时期，代刘恺为司空，以廉洁自律，不逢迎权贵而闻名。袁安的孙子袁汤在桓帝即位初期升任司空，历任司徒、太尉等高位。曾孙袁逢、袁隗分别担任过汉灵帝的司空及太傅。汝南袁氏从袁安，到袁敞，到袁汤，再到袁逢、袁隗，四世居三公位，一百多年内都身处政治高层。而"四世三公"的家世背景也让汝南袁氏的门生、故交遍天下，形成了庞大的利益共同体和关系网络。

汝南袁氏的家族经学传承，不像其他家族同修"五经"，而是一门累世专攻一经。从袁良开始，世传孟氏《易》学。这是家族人才辈出的经学背景。也是因为人才辈出，子弟强悍，在东汉末年，其他如弘农杨氏、颍川荀氏、颍川陈氏这些大家族只能依附于某一方势力，只有汝南袁氏亲自上阵逐鹿天下。而参与争霸天下的两个著名的人物，就是我们所熟知的三国时期的人物：袁绍和袁术。

袁绍是袁逢的庶长子，而袁术则是袁逢的嫡次子。由血缘上来看，袁绍、袁术是同父异母的亲兄弟；由宗法来看，两人为从兄弟。但实际上两人在政治上一直是对立的。这也很好理解。首先，作为夫人和如夫人，他们的母亲之间的关系就不会好到哪去；其次他们两人之间有着激烈的权力竞争，相当于康熙的大儿子皇长子，和皇后所生的二儿子皇太子之间的关系。作为嫡子，袁术一直看不上自己这个哥哥，所以在两人分别起兵成为一方诸侯后，很少相互支持，甚至有时对对方口出恶言。

不过他们的命运倒是殊途同归。公元197年，袁术因为得到传国玉玺而野心膨胀，自己在淮南称帝，成为四方诸侯讨伐的对象，两年后被灭。兵败逃亡路上，袁术已奄奄一息，却还向侍从要蜜水喝。侍从回答："只有血水，哪有蜜水？"袁术听后极受刺激，吐血身亡。公元200年，袁绍与曹操战于官渡，结果在占尽优势的情况下被曹操击败。袁绍去世后家族分崩离析。曹操进军袁绍大本营冀州，袁绍的几个儿子相争不下，难以抵敌曹操大军，不得不逃亡辽东，最后被辽东守将枭首献于曹操，汝南袁氏家族精英尽灭。作为董卓之乱后十八路诸侯中的两路，亲身上阵参与逐鹿天下的汝南袁氏，虽在东汉末年威震一时，却如烟云般迅速消散。相反，在三国战乱中始终保持低调的陈郡袁氏却存续达数百年的时间。

当然，不同的后人有不同的追求，对陈郡袁氏和汝南袁氏这两种家族传统的认可度也是不同的。比如，民国枭雄袁世凯的家族宗谱上就以"汝南家声旧，舜裔世泽长"自诩。袁世凯推崇汝南袁氏，不仅是因为袁世凯自己是汝南袁氏的传人，而且因为他自己最热衷的，就是政治权力。

第五节　兰陵萧氏：历史上真实的琅琊榜是怎么回事？

一、人在家中坐，皇位天上来

南北朝时，兰陵萧氏是最显赫的门阀世家之一。南朝的四个王朝宋齐梁陈中，南齐和南梁两个朝代都是由兰陵萧氏所建立的。

萧字有两种解法，一说"萧"字是象形字体，中间三匹马，佐从两旁各一匹马，共拉着马车奔驰。这说明得此姓者有五马之车，在当时地位颇高。二是殷商时期曾建造观日灵台，用于观测太阳运转变化，叫作"萧"。

历史上萧姓的来源，也有两种说法，一是来自嬴姓，即伯益后代孟亏，被分封至萧地（今安徽萧县西北），建立了萧国，并以国为氏；一是出自子姓，殷商被灭国后，微子启的后裔大心诛南宫长万有功，被周天子分封于萧。宣公十二年，萧为楚所灭，子孙以国为氏，称萧姓。

而兰陵萧氏的最初来源，是汉朝丞相萧何。萧何后人、西汉公卿萧望之曾定居于山东兰陵，也就是现在的临沂，兰陵因此成为萧氏家族的郡望。

永嘉年间，萧望之的后代、淮阴县令萧整带领家族衣冠南渡。萧整有三个儿子：萧俊、萧铠与萧烈。其中萧俊是齐高帝萧道成的曾祖；而萧铠则是梁武帝萧衍的高祖。也就是说，齐朝和梁朝的两个开国皇帝其实是相差一辈的远亲，都出自同一家族兰陵萧氏的门下。

齐高帝萧道成得国的过程颇为奇妙。萧道成作为兰陵萧氏传人，曾师从名儒雷次宗，精通经史，宋文帝元嘉十七年（440）从军后屡立战功，曾一日破敌营十二垒，名动军中。在宋武帝刘裕死后，刘宋皇室成员自相残杀，刘宋宗室力量损耗殆尽，为掌握禁军的萧道成提供了一个上升空间。在几次平乱胜利后，萧道成的权势渐渐增长。特别是桂阳王刘休范叛乱时，萧道成平叛成功，被封为公爵，与袁粲、褚渊、刘秉并称"四贵"。

此时刘宋王朝出了一位史上有名的昏君刘昱，以滥杀无辜为乐。他喜怒无常，随意诛杀身旁的近侍和陌生人。有一天，刘昱突然闯进大将萧道成的府邸，看萧道成挺着大肚子正在午睡。也许是看到萧道成的肚子很圆很有趣，他命令萧道成站起来，并在他袒露的肚子上画了个箭靶，想要射着玩，萧道成吓得要死。幸亏刘昱的亲信中有人劝他，如果用真箭会射死人，以后就不能玩了，不如用没有箭头的代箭。刘昱表示同意，用代箭一箭正中肚脐，才哈哈大笑而去，留下了惊恐而愤怒的萧道成。

此后正逢七夕，刘昱又突发奇想，想要看牛郎织女渡河相聚，他命令侍从杨玉夫坐在殿外看着，如果看不见牛郎织女就要砍头。这在侍从中引起了普遍性的恐慌。根据刘昱的为人，他真的有可能这么做。此时，一个关键性的人物出手了，就是越骑校尉王敬则。王敬则本是刘宋王朝的领兵大将，刚刚和萧道成一起平定了刘休范之乱，对萧道成十分佩服，对昏君刘昱则非常不满。并且不像其他大臣只是将不满压在心底，王敬则胆子大到要把弑君付诸行动。他早就买通了宫中侍卫，伺机下手。他听到刘昱七夕夜的荒唐命令，感到机会来了，于是就说服内侍官杨玉夫，还有其他二十五个侍从，在深夜突然闯入刘昱的毡房，杀掉了这个睡梦中的只有十六岁的昏君。

王敬则对弑君之后的事情早有谋划，他杀了皇帝之后就去找萧道成，请他来主持大局。萧道成待在家里，上一次是"人在家中坐，祸从天上来"，这一次则是"人在家中坐，皇位天上来"。当王敬则和侍从们来到萧宅的门外，宣称杀了皇帝，请萧道成主持大局时，萧道成一开始还不信，直到王敬则命人从墙外扔进来刘昱的首级，萧道成确认无误，这才大喜，率领自己的卫队跟随内侍进了宫。

　　宫中侍卫们见放进来的是全副武装的萧道成及其卫队，大惊失色，本来准备反抗。此时萧道成的大红马突然扬蹄嘶叫，见如此高大威猛的骏马，还有马上威风凛凛的萧道成，宛如天神下凡，王敬则等人趁机高举着刘昱的脑袋大喊："昏君已死，萧领军入宫主持大事！"殿内众人先是被吓住了，片刻后都高呼起万岁来。随后萧道成以皇太后的名义，将死去的刘昱贬为苍梧王，迎立宋明帝第三子刘准为帝，刘准时年仅八岁。几年后萧道成自立为帝，还加封那匹高大威猛的大红马为"龙骧将军"。

　　自古以来，对于亡国的皇族，基本上不加杀害，而是封个爵位养起来。周朝对商纣王后裔，晋朝对蜀汉后主刘禅、吴主孙皓的做法，都是这样。而刘宋王朝建立后，宋武帝刘裕却不顾群臣反对，将皇族河间司马氏灭族。而萧道成以齐朝取代刘宋王朝后，出于愤恨，也将刘宋皇室屠杀灭族。世家和皇权的争夺，在南朝这一时期变得尤为血腥。

　　但得国不正，终有后殃。萧道成篡夺刘宋皇位所建立的齐朝，也没有得到好下场。不过短短二十多年后，萧道成的侄孙子、著名的昏君萧宝卷的胡作非为并不亚于刘宋的皇帝刘昱。于是，出身于兰陵萧氏另外一支的大将萧衍乘机起兵，反对萧宝卷。在杀掉萧宝卷后，萧衍先是立了齐和帝萧宝融，随后又自己夺取了皇位，建立起新的王朝南梁。

二、萧氏的文学艺术成就

　　南朝的权力斗争虽然血腥，但在文化艺术上仍然取得了非常大的成就。这是因为随着中原大家族的南迁，文化重心也随之南移。兰陵萧氏不但武功强悍，在世家与皇权的斗争中连续胜出，而且其文采风流，也在王谢袁萧这四大世家中占有一席之地。

如前所述，兰陵萧氏号称萧何之后，但有史书确切记载的先祖是西汉的萧望之。当萧望之的十三世孙淮阴县令萧整带领整个家族渡江南迁之后，这个家族就获得了新的发展机遇。特别是在南梁时期，兰陵萧氏家族到达了家族史上的巅峰——这种巅峰不仅仅是权势武功的巅峰，也是文化学术的巅峰，即兰陵萧氏的子弟们不仅仅是南齐与南梁的皇族，更是一群杰出的文学家。

兰陵萧氏素来是以儒学传家，数代不辍。而且不像汝南袁氏专攻一经，萧氏家族子弟研读的儒学经典范围极广。萧望之之子萧良、萧咸、萧由皆通晓五经。但在西晋末年，五胡乱华之际，萧氏家族部分子弟开始由文转武，并且在乱世中夺取了皇权。但家族的经学传统和文学传统也并未断绝，在南朝社会逐渐稳定下来，尤其是南梁梁武帝开创的太平盛世中，得到了发扬光大的机会。

早在南齐时代，齐竟陵王萧子良喜爱文学，他开馆招揽了一些当时颇有名气的文学之士，如萧衍、沈约、谢朓、王融、萧琛、范云、任昉、陆倕等并游，时号"八友"，因为这些爱好文学的世家子弟经常在竟陵活动，史称"竟陵八友"。

其中来自吴中沈氏的沈约精通音韵，著有《四声谱》。他以"平上去入"四声制韵，奠定了汉语标准音韵，也对我国古代诗歌形式的发展做出了重要贡献。而来自陈郡谢氏的谢朓是当时著名的诗人，其描写景物细致逼真，注重情景交融，成为当时诗坛的佼佼者。

后来建立梁朝的梁武帝萧衍，作为"竟陵八友"之一，也是一位博学通识之人。他博学能文，长于音乐、诗赋、佛学、书法，而且都达到了极高的造诣，并有作品流传后世，就连下围棋都是当时一流水平，全国只有他的书童陈庆之等少数几个人能够和萧衍匹敌。

南梁接连几位皇帝，本身也都是文化名家。如梁武帝萧衍之子、昭明太子萧统，简文帝萧纲，梁元帝萧绎在文学理论上均有建树。就思辨性质而言，萧统、萧绎重在立论，萧纲倾于论辩。其中昭明太子萧统，字德施，是梁武帝的长子，天监初年被立为太子，但未及即位就去世。死后谥号昭明，世称昭明太子。昭明太子曾招揽天下文学之士，编集《文选》三十卷，选录了自先秦至梁的诗文辞赋及部分诗书共三十八类、七百余篇，世称《昭明文选》。《昭明文选》是现存最早的诗文选集，并有意识地划分了文学与非文学作品的标准，对后世颇有影响。这部书也将兰陵萧氏在中国文学界的地位推向了巅峰。

兰陵萧氏的经学和文学繁盛，并非个例。自两汉将经学的研究和教育移于家族、成为"家学"之后，家族就开始成为文化的繁衍和栖息地，成为文化发展的重要组成部分。兰陵萧氏是中古时期有重要影响力的家族之一，其历代子弟凭借政治地位、文化成就等，对中国的文化发展有着重要影响。

不过，文采风流也难以解决世家权力斗争的难题。南北朝时，虽有和平时期，但长期以来的主流都是社会动荡，战乱频繁。在乱世更迭中政治博弈、军事实力的作用压倒了文采风流。兰陵萧氏以家传经学为根基，武学谋略的传承也是各大家族中的翘楚，称得上是文武双全。在成为皇族之前，萧氏子弟出将入相，都是凭借军功累积而逐渐接近高位，因此有比别的家族更多的掌控皇权的机会。在世家与皇权博弈的背景下，经学、文学也经常成为权力斗争的工具。齐朝的开国皇帝齐高帝萧道成、梁朝的开国皇帝梁武帝萧衍，走的都是靠经学和文学结交圈层（如"竟陵八友"等文学团体也是顶层世家子弟圈层），再靠武力夺权这条路。

三、历史上真实的琅琊榜是怎么回事？

萧衍得国的过程和萧道成颇为相似。南齐的皇位传到萧道成的侄孙萧宝卷这一辈，就是史上有名的昏君东昏侯。萧宝卷治国无方，暴虐无道，荒淫无度，比之刘宋末帝刘昱有过之而无不及。萧宝卷除了让世家平民都怨声载道外，还滥杀功臣、动摇国本。在这个过程中他最致命的一个举动，就是赐死了手握兵权的大将萧懿，而此人正是萧衍的兄长。

萧衍在齐朝时本为"竟陵八友"之一，是竟陵王的文学圈好友。萧宝卷做皇帝时，萧衍正担任雍州刺史，拥兵一方。此时兄长被杀，齐朝内乱，萧衍就联合其他宗室起兵反对萧宝卷，在成功后又将其他宗室排挤出去，自己成为皇帝。并且他还告诉南齐皇室后人，虽然大家都属于兰陵萧氏，但我们两家是远亲，早已出了五服，所以这一支兰陵萧氏不会继承南齐的皇位，而是要改朝换代。就这样，萧衍建立了梁朝，他自己就是梁武帝。

梁朝建立后，马上面临着北方强大的北魏帝国的威胁。特别是北魏在孝文帝迁都洛阳后，统治重心随即南移，对梁朝造成了极大的政治、文化、军事上的压力。为改变不利局面，梁武帝在天监四年（505）十月大举伐魏，意图收复雍州失地。但是由于大将萧宏畏敌不前，东路主力在北魏反攻以后一触即溃，北魏趁机一路反击，并在公元506年包围梁朝军事重镇钟离城。城中仅三千人，但城池险要，守军英勇。魏军昼夜苦攻，死尸堆积到和城墙一样高，仍不能克。

钟离城地理位置重要，是南北要塞，一旦失去，江淮之间无险可守，北魏可直接威胁都城建康。梁武帝意识到问题的严重性，先后调派曹景宗、韦睿率二十万大军增援，而魏军围城兵力也增至三十五万，双方可以说都是空国而来，此时恰逢淮水暴涨，梁军以水军优势搭配火攻，击败了不谙水性的北魏大军。根据《北史》《魏书》《资治通鉴》等记载，北魏战死者当在三十万人左右，被俘虏者五万人，资粮、器械、牛马驴骡的损失更是不可计算。日本作家田中芳树的历史小说《奔流》的故事背景，就是这次钟离之战。

钟离之战是北魏对南朝所有军事行动中受挫最大，也是影响最为深远的一次。战后的北魏元气大伤，不但从此无力再进犯中原，而且以此为转折点，其内部矛盾也迅速激化。

公元528年，即北魏武泰元年二月，北魏胡太后擅权秉政，鸩杀了魏孝明帝元诩，引发内外不满。在一系列的内部兵变、民变、政变的动乱局面后，大将尔朱荣进攻洛阳得手，并将胡太后及其所立的幼帝元钊投入黄河，再立北魏皇族元子攸为帝，即敬宗孝庄皇帝。同年四月，尔朱荣在河阴纵兵围杀王公百官两千多人，北魏诸王元雍、元钦、元邵、元子正等全部遇害，史称"河阴之变"。尔朱荣为人残暴至极，在这次屠戮中，他将迁到洛阳的汉化鲜卑贵族和出仕北魏的汉族高官消灭殆尽，所谓"代北虏姓"这一系的世家大族，基本上退出了历史舞台。

河阴之变不但彻底改变了北朝统治集团的结构和历史走向，也影响到南梁的选择。在河阴之变后，北魏的宗室王爷们大为震恐，纷纷举州投奔南梁。北海王元颢为求自保，投靠梁武帝，请求梁武帝派兵支持自己回国当皇帝。于是，梁武帝萧衍就派出南梁名将陈庆之，奉命率领七千白袍骑兵护送元颢回国即位。

陈庆之称得上是南朝战神。他原来是梁武帝的书童，以围棋对弈而见长，在棋力上和梁武帝相当，两人是势均力敌的大国手，因此关系深厚。陈庆之出道较晚，在四十一岁的时候才首次带兵打仗，但一出手就震惊天下。陈庆之在第一次出兵作战中，以两千兵马大胜北魏两万军队；后来在荥阳城外，更以三千人马，击退敌军三十万。这一次，陈庆之奉命率领七千白袍骑兵出战中原，在四个月间，历四十七战，拔三十二城，击败北魏五十万大军，都是以少胜多，一直打到北魏的首都洛阳。洛阳城中童谣曰："名师大将莫自牢，千兵万马避白袍。"

在护送元颢回国的路上，陈庆之纵横中原，打败了北魏所有的名将，将元颢顺利护送到洛阳即位。本来只要梁朝主力大军跟上，收复中原或者控制北魏都是易如反掌。只可惜陈庆之时运不济，元颢在成功即位后开始盘算如何摆脱梁武帝的控制，因此迟迟不愿梁朝大军进入。

公元529年六月，尔朱荣南下与并州刺史元天穆合军，声势大振。尔朱荣虽然为人残暴，但很会打仗。在当年闰六月，他趁元颢、陈庆之互相猜忌之机，迅速进攻洛阳。元颢的十万大军在尔朱荣的攻击下立时崩溃，元颢兵败身死。至于率兵助战的陈庆之军累月征战，已是强弩之末，不敌后撤。值得一提的是，当时随尔朱荣攻入洛阳的有两位大将，一是贺拔岳，关陇军事贵族集团的创始人；二是李虎，西魏柱国大将军，李渊的祖父。

陈庆之眼见功败垂成，洛阳已失，只得率领七千勇士南撤回国。不料在渡河之时，河水暴涨，洪水巨流将这支战无不胜的白袍部队全部吞没，只有陈庆之幸免于难，回到了梁朝。梁武帝萧衍并没有怪罪他，还是让他带兵守土。但此后梁朝就再也没有实力去主动进攻北方了。

四、侯景之乱，江南士族的末日

与"河阴之变"几乎消灭了北魏皇族以及汉化了的"代北虏姓"等诸多世家类似，发生在梁武帝统治后期的侯景之乱，对于包括王谢袁萧等顶级世家在内的江左侨姓士族来说，也是一次巨大的灾难。

在钟离之战和尔朱荣动乱平息后，北魏暂时无力进犯南梁，而南梁也无力北伐北魏，南北分立的局面更加确定。当时的中国虽然处于南北朝分裂的状态，但南北方内部却相对维持了稳定和平。特别是南方，本来是经济文化落后地区，但由于北方中原世家和平民的迁入，历经东晋、宋、齐、梁四个朝代，生产力水平得到了极大提升。特别是在梁武帝治下，江南富足安宁，堪称盛世。但在承平日久之时，晚年日渐昏聩的梁武帝萧衍接纳了东魏叛将侯景，这无异于引狼入室，让羯族骑兵在江南进行了毁灭性的破坏，亲手结束了他所打造的盛世。

侯景，羯族人，本是东魏大将，因受到皇室打压而起兵反叛，却被东魏军队打到几乎全军覆没。作为叛将的侯景，在走投无路之时带着八百残兵南下，得到了梁武帝的接纳。侯景在归顺后曾求婚于王谢等家族，希望融入南方士族，却遭到王谢家族的断然拒绝。梁武帝也无能为力，还对侯景说王谢门第太高，你高攀不上，不妨在朱异以下的门第中物色云云，后来又承诺将自己的女儿嫁给侯景。世家大族的拒亲，被侯景引为奇耻大辱，说"会将吴女儿配奴"，意思是总有一天要把王家谢家的女儿配给我的家奴。恰在此时南梁又想出卖侯景换回被俘的宗室萧渊明，结果被侯景得知，更让其怀恨在心。

侯景为人残暴，却很有政治手腕，也会收买人心。他以南豫州牧的身份镇守寿阳，废除了梁朝盘剥百姓的市场税和田租，因而百姓都来加入和支持他的军队，再加上许多羯族将士南下投奔侯景，他的军事力量很快又壮大起来。同时侯景还让自己手下的军人与当地百姓婚配，让军队和地方形成紧密的关系，整个寿阳城成为一个大军营。此时恰逢梁武帝的养子临贺王萧正德也在蓄谋反叛，侯景与之暗中联结，酝酿叛乱。

公元548年，南梁太清元年八月十日，侯景在寿阳起兵，其借口是"清君侧"，即要诛杀朝廷中的中领军朱异、少府卿徐驎、太子右卫率陆验、制局监周石珍等人。最初参与侯景叛乱的兵力约有八千人，梁武帝还不以为意。但侯景是个战争天才，虽然兵少，却采取闪电战的战术，奇袭建康。侯景九月出寿阳，十月渡长江，十月底就攻击到了建康，并在萧正德的内应下攻破建康城的朱雀门，围困了梁武帝所在的台城。

侯景势力的迅速壮大，得益于他高明的政治手腕，以及南朝士族和平民之间根深蒂固的矛盾。侯景特意发布告示说："梁自近岁以来，权幸用事，割剥齐民，以供嗜欲。如曰不然，公等试观：今日国家池苑，王公宅第，僧尼寺塔；及在位庶僚，姬妾百室，仆从数千，不耕不织，锦衣玉食；不夺百姓，从何得之！"确实，国家重税盘剥，士族生活奢靡，武帝热衷佛教，僧尼众多，不事生产，这些都加重了人民负担，让人民不堪重负。所以，侯景的叛乱其实反映了很多被士族剥削和压迫的普通平民的愿望。侯景也借此颁布了一系列打击士族和有利于平民的政策，吸引了大量平民投奔，还下令释放了大批奴婢，叛军队伍迅速壮大起来。同时侯景为人极其残暴，军队所过之处，平民百姓要么加入侯景大军，要么被杀。在拉拢和胁迫之下，侯景部队迅速增长到十万人。

而当侯景围住台城之时，南梁的各路勤王军队，包括萧氏的子弟们，虽已到达建康城外，却因惧怕侯景，谁也不去主动救援。这些久已不经战阵的士族子弟缺乏战斗的勇气和决心，只想着保存实力。各路勤王将领眼睁睁地看着侯景攻破建康。亲手引入侯景这个祸害的梁武帝被活活饿死。

攻占了建康的侯景立刻抛下了他爱护平民的面具，暴露其豺狼本质。在建康的大屠杀中，侯景先是将当初拒亲的王谢等高门士族全数屠杀殆尽，其他文武官员三千多人也被其屠杀，之后又大肆杀戮平民，在建康就杀了四十万人，几乎占到当时建康居民总数的九成以上。侯景军队还四处侵扰作战、抢掠杀人，犯下累累罪行。南朝居民上百年的和平安宁生活就此终结，整个南方被这些羯族军队屠杀得赤地千里，虎狼食人。据统计，侯景之乱中的南梁的死亡人数达到四百六十万人。[①]在四年的侯景之乱中，包括王谢袁萧四大士族在内的所有的士族高门都在屠杀中受到

---

① 李万生：《侯景之乱与北朝政局》，中国社会科学出版社，2003。转引自网络：http://www.jianglishi.cn/zhanshi/269636.html。

重大打击，门阀制度至此全面衰落。而皇族兰陵萧氏也在不断的内战中凋零。最终南梁王朝彻底覆灭，代之而起的是颍川陈氏的后裔，大将陈霸先所建立的陈朝。而东魏和西魏趁梁朝内乱时大举南下夺占地盘，让陈朝失去了很多南朝土地，但公元 552 年陈霸先还是全部消灭了羯族乱军，让江南重新回到和平时代。

虽然兰陵萧氏所开创的南齐南梁两大皇朝都成为历史，但萧氏家族的故事还没有完结。萧家辈出秀逸俊美的人物。来自弘农杨氏的隋文帝杨坚统一全国后，就选了梁孝明帝的女儿萧妃为晋王杨广之妃，萧妃聪婉博学，并助杨广夺嫡。兰陵萧氏又成为隋朝外戚，再度中兴。到了唐朝，萧氏也出过皇妃。例如与武则天争宠的唐高宗李治的妃子萧淑妃，就出身兰陵萧氏。

唐朝初期的宰相萧瑀，字时文，是南梁宗室后裔，隋炀帝皇后萧后的弟弟。萧瑀曾在隋朝当过内史侍郎和河池郡守。当李渊攻占长安建立唐朝后，萧瑀降唐，并任内史令。萧瑀为人性情耿直，是非分明，深受唐高祖李渊的信赖。等李渊退位，李世民登上皇位后，也照样倚重萧瑀，并晋封其为尚书左仆射、宋国公。太宗还赐给他一首诗："疾风知劲草，板荡识诚臣。"这首诗也成为唐诗名篇。

此后萧家几乎每一代都出宰相：萧瑀的侄孙萧嵩是唐玄宗时的宰相；萧嵩的儿子萧华，又是肃宗时宰相；孙子萧复，是德宗时宰相；萧华的孙子萧俛，是穆宗时宰相；萧仿是懿宗时宰相；萧复的孙子萧寘，也是懿宗时宰相；曾孙萧遘，是僖宗时宰相；萧仿的孙子萧顷，到了五代十国的后梁时又担任宰相。整个隋唐时期，萧氏有多达十人出任宰相。当时人称："名德相望，与唐盛衰。"

纵观兰陵萧氏在南北朝时期的辉煌历史，不但其自身成为顶级豪门，而且还创立了齐、梁两大皇朝，出了二十一位皇帝，三十五位宰相，可谓鼎盛一时。兰陵萧氏的政治功业和文化传统一样，长久地流传了下来。

不过，随着隋唐科举制度的兴起，家族以军功崛起的道路被替代，以经传家的文化垄断地位也被平民教育所打破，萧氏也就慢慢地退出了历史的舞台中心。但依靠家族深厚的教育传统，兰陵萧氏虽然由武入文，却也在科举制度中站稳了脚跟，子弟们靠着出众的文采，仍然能够脱颖而出，仕途通达，家族得以保持其生命力。

真正给予兰陵萧氏致命一击的，是晚唐时期的黄巢大起义和朱温的朝堂杀戮。聚居于京城的门阀士族几乎在唐末的战乱中被屠戮殆尽。兰陵萧氏也难以幸免。事实上，兰陵萧氏的兴盛和衰亡，也呈现了当时许多世家大族的命运轨迹。

五、门阀士族没落的时代背景

门阀士族依靠经学传家成为社会的主流阶层，一度复兴了中国的贵族传统。春秋时期的贵族文化——尚礼、荣誉、勇敢等品质，也成为世家子弟的标志。即使在永嘉南渡之后，这些世家子弟中也出现了许多不世出的英雄人物，像琅琊王氏的王导、会稽顾氏的顾荣、陈郡谢氏的谢安、太原王氏的王坦之，都称得上是人中之杰，而且颇有春秋贵族的遗风。

那么，这些杰出的家族为何最后没落了呢？有学者认为南方江左士族是亡于侯景之乱。但实际上，以王谢袁萧为代表的江左士族在侯景之乱前就已经开始走下坡路了。时代毕竟不同了，在残酷的权力斗争中，如春秋贵族那样高贵的品质变得不合时宜，最终被功利主义所吞没。而南北朝士族也无法和春秋贵族相提并论——他们垄断了做官的门路，虽有精英，但却不能挽回整个门阀士族阶层在高位上的腐朽。在南北朝末期，那些在东晋和南北朝大放异彩的门阀士族最终都没落了。侯景之乱、尔朱荣之乱、黄巢起义、朱温大屠杀等只不过给已经萎靡不振的世家大族以最残忍的一击而已。

从今人的眼光来看，门阀士族没落的根本原因可以从内、外两个层面来理解：

内因是世家子弟自身的整体没落，无法振兴家声。在门阀士族成为历史主角的魏晋南北朝时期，那些掌控权力、声望和财富的家族领袖，为家族未来计，往往以才干为标准选择家族的领导人，而非纯粹的血亲关系。如谯郡桓氏、陈郡谢氏，前者由桓温选择了自己的弟弟桓冲，而不是儿子桓玄成为家族掌门人；后者由谢安选择自己的侄子谢玄而不是自己的儿子成为家族掌门人。这就保证了家族传人的高素质，不但可以传承学问，还有能力经邦济世，成为国家栋梁。

但在南方承平日久和世袭制度根深蒂固的情况下，门阀世家的子弟轻而易举成为高官，对其能力的要求也在降低，原来赖以传承权力的经世济用之学渐渐荒废。到了梁朝时，南方士族门阀日趋腐朽堕落，他们"傅粉施朱""迂诞浮华"，社会风气萎靡消极。精英阶层的思想言行被佛学与清谈所充斥，"家家斋戒，人人忏礼，不务农桑，空谈彼岸"[①]"人士竞谈玄理，不习武事"[②]，许多世家子弟虽然做了高官，但却形同废物。梁朝建康令王复，出身士族，一见到马喷气和跳跃，就吓得要死。他问别人："这是老虎，为什么叫马呢？"让人哭笑不得。这样的子弟当然做不成国家栋梁，也无法振兴家声。祖上辛苦创业的家族，在这些纨绔子弟手中没落也是必然的。

而世家没落的外因则更为复杂一些，是多种因素的组合。主要包括四点：皇权剪除世家，世家内斗，士族与寒门及平民之间的矛盾，以及侯景之乱等战乱的爆发。

---

① 《南史》卷七〇，列传第六〇，《循吏传·郭祖深》。
② 《南史》卷七六，列传第六六，《隐逸传下·陶弘景》。

从东汉末年开始，最高统治者就一直试图打压世家的势力，许多世家大族被皇帝和武德世家、地方军阀族诛。仅仅是死在曹操手里的世家精英子弟就包括弘农杨氏的杨修、孔府世家的孔融、清河崔氏的崔琰、颍川荀氏的荀彧，等等。

与此同时，自东晋以来的世家权斗也让一个又一个世家大族折戟沉沙。颍川庾氏、谯郡桓氏等望族都在权力更替的过程中失去了地位，甚至身死族灭。兰陵萧氏的内争，也让原本繁盛的南朝毁于兵火战乱。

而门阀士族在垄断了权力、地位、财富甚至文化之后，也不可避免地遭到寒门和平民阶层的仇视。门阀士族的寄生化，更让自己成为寒门和平民阶层的沉重负担。士族与寒门地主、平民之间的矛盾，在东晋时代就已经开始了。孙恩起义就是寒门地主和平民联合对门阀士族的一次攻击，起义者几乎灭了陈郡谢氏。之后宋武帝刘裕也是寒门武将，陈武帝陈霸先虽是颍川陈氏旁支，起初也只是个普通武官。这些寒门皇帝上位后，对世家既拉拢又打击，但是出于对世家的忌惮，还是以打击为主。

这些不断累积的、来自社会高层、中层和底层的仇恨，最终被侯景、尔朱荣这些军阀所利用，在战争中一朝爆发便酿成了高门贵第的灭顶之灾。如极端仇视士族的侯景就利用了梁朝这种士族和平民之间的深刻矛盾，假装站在平民一方，残杀了在南朝历史上辉煌一时的士族阶层，还顺带毁灭了他们所创造的文化。在侯景攻入建康后，焚毁的书籍达三万卷之多，士林馆也被付之一炬。江南在兵灾中又经历了一次文化浩劫。门阀士族的传统是"以经传家"，侯景之乱不但摧毁了士族阶层，连带他们的精神文化传统也一并毁弃。

不过，虽然南朝的陈、谢、袁、萧等门阀世家在隋唐时期不复当年的兴旺，但作为传承达数百年的士族阶层，却并没有那么容易就彻底退出历史舞台。事实上，北方士族阶层仍然代有传承，在隋唐大一统王朝的发展进程中，又出现了士族精英"五姓七望"。这也可被视为中国的士族阶层最后的回光返照。但这最后的士族并不衰朽，而是如夕阳一般，在即将没落的时节散发出深远的光芒，形成绚烂的漫天云霞，辉映着历史的天空。

第四章
隋唐"五姓七望"[①]

第一节　陇西李氏与赵郡李氏：文武相济，是家族长久之道

一、武德家族转型为门阀士族

在北魏帝国的统治下，来自鲜卑族的拓跋氏皇族一方面自身不断汉化，一方面在统治上承袭汉制，依靠北方豪强进

[①] 公元313年永嘉南渡时，一些在北方根深蒂固的汉族世家不愿南下，仍然留在北方。这些世家虽然在五胡十六国的战乱中遭遇重大损失，但最终还是生存了下来，很多世家子弟还在那些仰慕汉族文化的少数民族政权中担任要职，重新进入权力中枢。历史上有名的世家群体"五姓七望"，大多就来自这些北方汉族的门阀士族。

所谓"五姓七望"包括：陇西李氏、赵郡李氏、清河崔氏、博陵崔氏、太原王氏、范阳卢氏和荥阳郑氏。值得注意的是，古代世家是以郡望来区分彼此的。而在这七大世家中，有两对世家的姓氏是相同的（李姓和崔姓），但郡望却不一样。其实同属李姓的陇西李氏和赵郡李氏的确来自同样的祖先，但在家族繁衍的过程中，不同的支脉迁徙到了不同的郡望，由此形成了不同的世家。清河崔氏和博陵崔氏也是同样的情形。

行统治，并开始了"以贵承贵，以贱袭贱"，按门第高低来分配官职，完全复活了魏晋以来的门阀制度，使得武德世家与门阀士族开始合流。所以，和南朝的王、谢、袁、萧等完全以经学传家的门阀士族不同的是，北朝"五姓七望"家族中，有部分来自关陇军事贵族集团，属于武德世家；另一部分部分来自北方汉族世家存续，属于经学传家的门阀士族。

关陇军事贵族集团起源于代北武川，建立于关中，最初是来自北魏著名将领贺拔岳的经营。贺拔岳死后，宇文泰接替了他的地位，并建立了西魏。西魏朝廷设置八柱国、十二大将军。八柱国中赵贵有拥立宇文泰之功，元欣辅佐宇文泰，李虎能征善战，李弼将略过人，于谨善于谋划辅事，侯莫陈崇以勇纵横，独孤信以德抚民。这些将领逐渐形成了融合胡汉的贵族门阀，即陈寅恪所称的"关陇军事贵族集团"。他们纵横中国近两百年的时间，创造了西魏、北周、隋、唐四个王朝。

另一精英集团"五姓七望"大多来自北朝汉人世家以及胡汉结合的武德世家的后代。这些世家大族因为和鲜卑贵族联姻，因而家族成员多有鲜卑血统进入。如弘农杨氏的杨坚，其夫人就是鲜卑独孤氏；陇西李氏数代和鲜卑贵族联姻，甚至自身也曾被赐予鲜卑姓氏"大野氏"。

在中国南北朝的大一统进程中，统一战争是由北向南进行的。上述世家大族特别是关陇军事贵族集团在这次统一战争中发挥了重要的作用，而武德世家也在战争中崛起。作为八柱国的重要人物，李虎和他的后代李渊、李世民都秉持了以武传家的传统，并且在建立唐朝和四面扩张的战争中将其发扬为"以武立国"。

和南朝王谢袁萧四大家族一样，北朝的"五姓七望"在北魏、东魏、西魏、北周、北齐等各个朝代都是统治阶层的柱石。同时，由于南北朝是以北方的隋朝军事统一南方而终结的，因此，在统一后的隋朝和唐朝，来自北方的"五姓七望"登上历史高位，成为中国历史上第二次大一统时代的顶级家族。

当然，皇权都有两面性：在统一和扩张的过程中要依赖武德世家，在统一之后则特别警惕武德世家。弘农杨氏和陇西李氏在这一点上都差不多，虽然强调武功的作用，但对于内部成型的军事贵族集团却特别警惕。事实上，在整个隋朝时期和唐朝的前期，两朝皇权都致力于和强大的关陇贵族集团的博弈。虽然建立隋朝的弘农杨氏家族、建立唐朝的陇西李氏家族都来自关陇贵族集团，关系密切，论起亲戚来，建立唐朝的唐高祖李渊还是隋炀帝杨广的表哥，但现实却是，即使是出身关陇集团的家族，一旦跻身皇位，转过头来就会将其他关陇家族的强大武力视为最大的威胁。

来自关陇集团的隋朝皇室就是这样做的，先是隋文帝创立科举制，试图扶持寒门读书士子上位，替代以军事起家的关陇集团大臣；后是隋炀帝迁都洛阳离开关陇地区，又借由开凿大运河、三下江南和定都江都，大力扶持山东士族和南方士族，以对抗关陇集团。唐朝的时候，李渊和李世民父子保留了隋朝的科举制度，利用大运河的兴盛，也疏离了自己赖以起家的关陇集团，不断倾向山东士族集团。

在隋朝初年，关陇集团的其他家族就在杨素之子杨玄感的号召下，起兵反抗弘农杨氏家族的统治。杨玄感起兵时，许多大家族的二代慨然追随，包括韩擒虎之子韩世谔、杨雄之子杨恭道、裴蕴之子裴爽、郑善果之子郑俨、来护儿之子来渊，而杨玄感的军师，正是蒲山公李宽之子李密。

李密给杨玄感献了上中下三条计策：上策是到东北挡住隋炀帝的归路，这时候杨广粮饷已经断绝，又被高丽逼迫，可以不战而擒拿。中策是向西直入长安，凭借关中的地形固守。下策是袭击洛阳，取得号令四方的义军盟主的地位。

杨玄感选择了下策，却久攻洛阳不下，结果被隋炀帝杨广大军南下消灭，玄感兵败自杀，李密逃亡而去。这次以关陇集团其他世家子弟为主的反抗以失败告终，关陇集团的世家遭受了重大打击。但几年之后，未参加这次反叛却仍然受到猜疑的李渊家族再次起兵，这一次他们成功了，取代隋朝建立了大唐帝国。

但当李氏家族登上帝位后，照样开始找机会清除其他关陇世家。特别是唐高宗李治登上皇位后，皇后武则天极力怂恿高宗杀死了关陇集团的代表人物长孙无忌。而武后登上皇后位和皇帝位的过程也遭到关陇集团的强烈反对。武则天登基之后展开了一系列瓦解关陇集团的手段，包括大力推行科举、破格录用人才、取消府兵制度，等等，关陇贵族的人才延续性遭到了破坏。玄宗李隆基时期，朝廷甚至开始大力起用胡人将领带兵。随着关陇集团的代表性人物受到压制，而且唐朝承平日久，军人集团的重要性显著下降，山东士族和南方士族开始崛起，关陇军事集团的势力彻底退出了历史舞台。

对关陇集团（武德世家）的打击并不意味着对门阀士族整体的打击。隋唐时期还是延续了南北朝的身份制社会，士族阶层拥有崇高的地位。所以两者在隋唐统一后也继续了这种合流的趋势。在将统治基础由关陇军事集团转变为山东士族和南方士族的过程中，陇西李氏也正式完成了由关陇世家大族向皇族的演变。

二、李唐家族，从世家到皇族的龙兴之路

在历史上，有很多人质疑大唐皇室是否真的来源于陇西李氏，甚至是否真的属于汉族血统。前一个问题有争议，后一个问题则可确定无疑。因为虽然李氏和鲜卑族之间通婚，母系经常来自拓跋、独孤等鲜卑姓氏，血统上的胡汉交融是不可避免的，但父系一直姓李。只是在北周时期，李氏被赐胡姓"大野氏"。到了北周末年又恢复为李氏。不仅如此，李氏的母系民族鲜卑族到了北周时期已经完全融入汉族。所以，无论从狭义，还是广义上讲，大唐皇室是正宗的北方汉族。

至于李唐皇室是否是陇西李氏传人，一些历史学者认为李唐皇室是

冒认的，其实来自赵郡李氏。但实际上，论世家地位，陇西李氏也只比赵郡李氏略高一点而已，这一点差距实在算不上赵郡李氏冒认陇西李氏的原因。以李唐皇室的地位，既然可以将陇西李氏提到第一等世家的地位，提升赵郡李氏地位又有何难？另一方面，从世家谱系来看，从李信到李广和李敢，从李敢到李渊的世家谱系确实是完整的。

李广的三子李敢被霍去病射杀后，留下一个孤儿延续了血脉，其后人在东晋时期出了陇西李氏第一个君主——西凉国主李暠。关于李暠是李广的后代，史学界基本认可，没有太多争议。李暠建立西凉王朝后，注重农业发展，一度让陇西非常繁荣。后来西凉被北凉所灭，李暠的后代迁入中原，其中最著名的分为两支：一支是西凉后主李歆的弟弟李翻之子李宝，逃往北魏，后来成为北魏灭北凉的功臣。在唐朝史官的考证中，其后人李充这一支被称为唐皇族的武阳房。武阳房的后代中最有名的，就是大诗人李白和大书法家李阳冰。

另一支是西凉后主李歆。他的后代到了西魏成为大将，就是关陇集团创始人贺拔岳的左膀右臂——柱国大将军李虎，被封唐国公。而李虎的孙子，就是大唐王朝的开国皇帝李渊。李虎起初居住于赵郡，这是李氏被人怀疑出于赵郡的理由。

李虎去世后，李渊世袭为唐国公。而李渊的母亲是元贞太后独孤氏，和隋炀帝的母亲独孤氏是亲姐妹，所以李渊和隋炀帝算是姨表兄弟。这么多的亲戚关系，都是顶级世家之间为相互奥援而互通婚姻所带来的结果。

隋朝末年天下大乱、群雄割据。公元617年，作为太原留守的李渊设计除掉了隋炀帝安插在军中的心腹王威、高君雅，在晋阳起兵，攻取山西，直逼陕西。九月，李渊的长子李建成率军进逼灞上，次子李世民率军直取长安，形成了对长安的包围之势。作为进攻长安的主力，李建成的部队表现出了强大的战斗能力。当年十一月，李建成部下雷永吉用云梯首先登上城墙，长安守军顷刻瓦解。而李世民更是少年英雄，在打长安之前的霍邑之战中诱杀大隋主将宋老生，甩开另一主将屈突通，为长安之战的胜利奠定了基础。

李世民二十多岁就领大军出征，经常带少量骑兵亲自侦察敌人的情况，并且参与战斗，率骑兵冲锋。在与中原豪杰们进行洛阳大决战之时，夏王窦建德的军队蜂拥而至，人数上占有优势。李世民则带领训练多年的骑兵部队"玄甲军"率先展开中央突击，势如奔雷，无法阻挡。第一场战斗就俘虏了窦建德，让另外一支敌军王世充开城投降，为唐朝扫清天下统一的障碍。

公元620年，身为秦王的李世民又打败了另一劲敌、背后有突厥支持的刘武周。在赢得这场关键性的战斗后，唐军将士们为表达胜利的喜悦，以新词填入旧曲，全军高唱"四海皇风被，千年德水清；戎衣更不著，今日告功成"。这就是流传不衰的《秦王破阵乐》，和北朝渤海高氏赞颂名将兰陵王高长恭的《兰陵王破阵曲》一样，都是著名的中华古乐。

三、家人相残，成为李唐皇室挥不去的魔咒

公元626年，李世民在长安城宫城玄武门发动政变，杀了太子李建成、齐王李元吉和他们全家，其中包括这两位皇子的儿子，也就是李世民自己的侄子们。李世民的大将尉迟恭以"护驾"为名包围了李渊，逼迫李渊让位。"玄武门之变"后，秦王李世民上位做了皇帝，是为唐太宗。唐太宗在位期间，唐朝国力强盛，社会安定，被称为"贞观之治"。陇西李氏在历史上创造出了前所未有的辉煌治世。

不过，仿佛是一个家族魔咒。唐太宗的"玄武门之变"以兄弟相残的方式夺得皇位，埋下隐忧，为后来的李氏皇族子孙开了一个很坏的头。虽然李世民晚年著《帝范》一书教诫太子，总结了他一生的政治经验，也对自己的功过进行了评述，以避免后人犯同样的错误，但李氏家

族还是在传承上屡屡出现问题。在唐朝历史上，正常而不流血的皇位传承少之又少。李世民最有才华的三个儿子，太子承乾、魏王李泰、吴王李恪，或被黜或自杀，都没有入承大统，反而是才能一般的李治最后继承了皇位。

唐高宗李治在位期间，唐朝武力随着经济社会的发展而日益强大。在东北方向，高宗应新罗之请，先后派兵出击高句丽和百济，并派兵大败援助百济的倭国军，灭百济，促成朝鲜半岛的统一，并完全收服朝鲜为大唐属国，做成了隋炀帝和唐太宗这两位皇帝想做而没有做成的事。在西北方向，显庆二年（657），唐军大将苏定方大破西突厥，西突厥灭亡。次年，朝廷徙安西都护府于龟兹（今新疆库车）。大唐帝国的版图面积也在此时达到了顶峰。这些赫赫武功说明，比争论血脉传承更加重要的，是大唐皇室完全继承了陇西李氏以武立家的传统，并且将其发扬光大为以武立国。

高宗死后，早就表现出政治野心并曾和高宗一起临朝执政的皇后武则天开始单独把持朝政。公元690年，武后废睿宗，自称圣神皇帝，改洛阳为神都，国号为周。就这样，陇西李氏最终被女皇武则天夺取了天下。武则天在对付关陇贵族集团的同时，还对李氏皇族进行残酷压制。但毕竟武则天自己的后代也姓李，所以对于李氏并未斩尽杀绝，最后还将政权还给了李唐。到了唐玄宗李隆基登基后，李氏皇族再次兴旺起来。

作为李世民的曾孙，李隆基在年轻时就显现出过人胆识。一天，朝堂上举行祭拜仪式。禁卫军头领武懿宗，大声呵斥李隆基的侍卫。年仅七岁的李隆基大怒，当即叱责："这是我家的朝堂，有你什么事！竟敢呵斥我家的侍从！"武懿宗被震住了，哑口无言。后来李隆基先是平灭韦后势力，然后又于712年杀了自己的姑姑太平公主，登上皇位，恢复了李唐天下。

唐玄宗前期治国有方，开创了中国古代最繁盛的时代之一——开元盛世。但玄宗在位后期昏乱无方导致安史之乱爆发，结束了他所开创的大唐盛世。这非常像开创南梁盛世的梁武帝萧衍，他年轻有为时开辟了四十八年南梁盛世，却在老年时亲手断送了这个盛世。而且历史重演的程度还不止于此：两个盛世都是因胡人入侵而中断的。南梁毁于侯景羯族叛乱所带来的大屠杀，大唐盛世则被安禄山的边疆胡兵所终结。安史之乱爆发后，经过父子之间的权力博弈，唐玄宗禅位给其子唐肃宗李亨，在失意中度过最后的时光，终年七十七岁，在位四十四年。

到了唐帝国中期，赫赫有名的李晟、李愬这一对父子名将，仍然出自陇西李氏。他们是李唐皇室的远亲，在藩镇割据的时代表现出了名将家族的勇武忠诚。唐宪宗时期，李愬雪夜袭蔡州，擒杀淮西藩镇吴元济，让其他各藩镇恐慌不已，纷纷上表臣服中央，唐帝国一度呈现中兴之势。可惜的是，在藩镇割据让中央孱弱的同时，唐帝国内部的土地兼并也不断加剧，失地农民的造反起义层出不穷，让唐帝国的统治难以为继，最终在黄巢大起义的打击下迅速走向衰亡。

值得一提的是，陇西李氏不但武功战绩出众，而且文采斐然。作为武德世家，其后代既出武将，也出诗人。在唐玄宗时期大放异彩的"诗仙"李白，唐宪宗时期的"诗鬼"李贺，唐文宗时期著名诗人李商隐，都出自陇西李氏的支脉。

四、赵郡李氏：通过家族聚居，保持门风传统

在隋唐时期同列"五姓七望"的赵郡李氏，和陇西李氏同源，其始祖都是上古名人、黄帝后裔皋陶。在唐尧时期，皋陶任理官，佐尧舜六十余年，在尧山之地繁衍后裔，以理为姓。这个地方就是李氏祖源地——隆尧。皋陶之二十六世孙理征在冀州为官，当冀州牧反商失败后，理征被诛，其妻契和氏携儿子利贞逃往伊子之墟大茂山中隐藏起来，靠吃"木子"活下来，就以李为姓。这是李氏得姓之始。

在战国时期，秦国大司徒李昙的几个儿子都很有出息。其中长子李崇就是后来陇西李氏的始祖。李昙的四子李玑曾做过秦国太傅，功名显著。李玑有三子，其中次子李牧后来成为赵国的国相，被封为武安君。从李牧开始，这一支李氏就定居在赵国柏仁，后称赵郡，现在的河北赵县。所以赵郡李氏的始祖就是李牧。

李牧是军事奇才，曾经在赵国对抗匈奴的战争中经过巧妙布置，让匈奴中了埋伏，一次性斩杀来犯的匈奴十万多人，让匈奴十多年不敢南下。在秦赵长平之战后，秦国屡次入寇赵国，李牧出任军事统帅，在番吾之战中大败秦军，挽救了赵国。秦国惧怕李牧，就收买赵王身边的奸臣郭开，诬陷李牧造反。赵王听信谗言，要收李牧的兵权，身处前线的李牧知道只要自己一走，数十万赵国将士必遭秦军屠戮，于是拒绝了赵王的"乱命"。赵王更加坚信李牧要谋反，于是派人杀害了李牧，自毁长城。李牧一死，赵国很快就被灭掉。

李牧的孙子李左车是秦汉时期著名军事家、谋略家。他先是辅佐复国的赵王歇，功劳卓著。后来在韩信进攻赵国时，李左车被韩信用"背水一战"的战术所击败。胜利后的韩信俘虏了李左车，但韩信深知李左车的军事才能，不但没有杀他，反而为他松绑，恭请上座，以师礼事之。此后，李左车就辅佐刘邦和韩信攻下燕齐，被封为汉广武君。这位连韩信也真心佩服的将军有一句名言流传千古，即"智者千虑，必有一失；愚者千虑，必有一得"。

此后从东汉到三国两晋、南北朝、隋唐，赵郡李氏的子弟都有身居庙堂者，家声不辍。赵郡李氏有一个特点——无论是在战乱还是承平时期，赵郡李氏都会选择聚族而居。这其实是赵郡李氏掌控地方势力的重要方式。最多时有上万赵郡李氏子弟聚居一地，可谓巨族。各个朝代赵郡李氏子弟都有人担任地方郡守，于是李氏家族繁衍到了各地。

到了北魏和西魏时期，李弼被封为八柱国之一，让赵郡李氏跻身"五姓七望"的顶级世家行列。到了隋朝末年，李弼的曾孙、蒲山公李宽之子李密成为反抗隋炀帝杨广的急先锋。他先是参加了杨玄感叛乱，之后又成为瓦岗寨领袖反抗隋朝，手下集结了众多的能人志士，书写了轰轰烈烈的"瓦岗英雄传"。众位瓦岗英雄如秦琼、程咬金、王伯当等人，其实大多数出身平民阶层，都甘心投效于李密麾下，对推翻隋朝起了至关重要的作用。

可惜李密在取得一系列胜利后变得骄横，失去了以往清晰的判断力，再加上李密为人有失忠厚，杀死了曾经扶持他上位的前任瓦岗寨主翟让，让兄弟们离心离德。这些因素导致瓦岗寨的分裂和失败。当李密被王世充击败后，瓦岗英雄们流散四方，各投明主。李密投奔了唐王李渊。但李密并非是一个甘于人下之臣，最后还是选择离开长安出走，结果被唐军围追，一朝身死。

李密虽死，但赵郡李氏的顶级家族地位并未受到影响。唐肃宗李亨在位期间，起用名将郭子仪、李光弼（契丹族）为帅，全力平定安史之乱。而当时为唐肃宗参谋军机大事的重臣李泌，就出自赵郡李氏，是西魏八柱国之一李弼的六世孙。电视剧《长安十二时辰》中李必的原型，就是这位赵郡李氏的李泌。他颇有才干，是唐帝国中期的著名政治家，先后辅佐唐肃宗等祖孙四代皇帝，让大唐在"安史之乱"后得以中兴。李泌在唐德宗时期拜相，封邺侯，后于789年去世，年六十八岁。

唐武宗时期的"牛李党争"，李党首领李德裕也出自赵郡李氏。作为一代名相，李德裕历仕宪宗、穆宗、敬宗、文宗四朝，到武宗时成为宰相，卫国公，辅佐武宗进行改革。李德裕任职期间，对内制驭藩镇和宦官，对外消除回纥威胁，发展经济，简化政府，取得了中晚唐时期的"会昌中兴"。梁启超曾评价李德裕为中国历史上六大政治家之一，与管仲、商鞅、诸葛亮、王安石、张居正齐名。不过，这位政治家却因为卷入"牛李党争"，最终失败，被贬到最偏远的海南岛，并在那里去世。

五、陇西李氏和赵郡李氏的结局

在整个唐朝，陇西李氏为皇族，而赵郡李氏则为相族，相互支持，相互扶助，共创了大唐帝国的辉煌。但两支李氏的结局却迥然不同。皇族陇西李氏身处权力中心，遭受了一波又一波屠戮，以至于最后人才凋零；赵郡李氏选择聚族而居和旁支播迁，家族势力随时间流转而不断扩张。

作为唐朝的皇族，陇西李氏的子弟总体来说贤明者居多。但另一方面，唐朝的皇族相对于宋明清的皇室来说命运是很悲惨的。唐朝经常发生宫廷政变，每次都是血洗宫廷，家人相残。

最早发生的"玄武门之变"，就是皇室继承人兄弟相残，太子建成和齐王元吉都被秦王李世民诛杀。而两位皇子的家眷后人也被屠杀。

至于李世民的子孙，结局也令人慨叹。武则天篡唐为周，对李唐宗室进行血腥清洗，甚至连自己的儿子也不放过：太子李贤先是被武则天流放，之后又被逼自杀。

至于其他唐朝宗室更是多有在政争中遭受屠戮者。凌烟阁大将徐世绩（赐姓为李）的后代徐敬业起兵反抗武则天统治，在檄文中满怀愤怒地写道："一抔之土未干，六尺之孤安在？""试看今日之域中，竟是谁家之天下！"描写的就是武则天在清除唐朝宗室和关陇贵族集团的过程中，大开杀戒，让李唐皇族凋零殆尽。

唐玄宗李隆基重振李唐局面之后，又遭逢安史之乱，玄宗自己逃亡四川，留在长安的皇族们被安禄山、史思明的叛军血腥屠杀，宗室"十不存一"。

在唐僖宗年间，黄巢起义军几次攻入长安，宗室和大户都成为被消灭的对象，李唐皇族再次经历了惨祸。

公元 905 年的九曲之宴，以及同年发生的白马驿之祸，又给了唐朝皇室及士族精英最后的致命打击。

篡唐自立的后梁皇帝朱温,原是黄巢手下,后来带兵投降了唐朝,并击败了黄巢、李克用等将领,成为唐朝最大的权臣。公元902年,朱温带兵入潼关,将唐昭宗完全掌控在自己手中,并逼唐昭宗迁都洛阳。两年后又暗杀了唐昭宗,立唐昭宗的儿子李柷为皇帝,史称唐哀帝。

905年二月九日,正是当年春社之日,为断绝唐朝皇室的血脉,朱温让手下蒋玄晖在九曲池设宴,以祭祀的名义邀请已故昭宗的九个儿子赴宴。九位皇子中最小的才九岁。酒宴之中蒋玄晖将九位王爷灌醉后,命武士用绳索将他们勒死,并把尸体扔到九曲池内。这次被害的九位王爷是:德王李裕、棣王李祤、虔王李禊、沂王李禋、遂王李祎、景王李祕、祁王李祺、雅王李禛、琼王李祥。在九曲之宴上上演了血腥的"一宴杀九王"。此前在昭宗避祸华州时,就被韩建诬杀了唐朝宗室十一位皇子。这次朱温又缢杀九王,李唐皇族嫡系已经完全凋零了。

然而悲剧并未止步于此。公元905年六月,朱温假传皇命,让裴枢、独孤损等三十多位朝廷重臣到滑州白马驿(今河南滑县)。等他们到达后,武士齐出,将三十多位手无寸铁的官员诛杀,尸体全部丢入黄河。对于没有来到白马驿的清流,以及退休的官员,朱温也不放过。其对门阀士族的残暴杀戮,世所罕见。此前有奸臣李振对朱温说:"此辈常自谓清流,宜投之黄河,使之浊流!"史载"全忠(朱温)笑而从之"。就这样,大多数陇西李氏皇族、在朝的世家大族,都和唐朝一起灭亡了。朱温顺利坐上了后梁皇帝的宝座。但多行不义必自毙,朱温不久后也遭李克用的儿子李存勖反攻,身死国灭。

在大唐王朝覆亡后,陇西李氏的子孙还是有所绵延。南唐的开国皇帝李昪算是陇西李氏的后人。他初为徐温的养子,名为徐知诰,但后来得知他实际上是唐朝皇室后裔,乃宪宗之子建王恪的曾孙。李昪后来从杨行密的子孙手中夺得吴国政权而建立了南唐,并改回姓李。

宋朝建立后,攻占了南唐,俘虏了南唐后主李煜。随着陇西李氏最后一位著名人物李煜被毒杀，陇西李氏的皇族荣光渐渐隐没。当然，陇西李氏的皇族血脉并未完全断绝。史载绩溪胡氏的真正源头正是陇西李氏。而关于绩溪胡氏的胡雪岩家族的历史，笔者将在善财家族部分进行专章描述。

赵郡李氏虽然在历史上没有取得陇西李氏那样的皇族权柄，但因其聚族而居的家族传统，保持了强盛的家族生命力，到东汉末已派生出三房，分布在江夏、汉中、辽东等七个州郡。之后到晋惠帝永康元年（300）后又繁衍为六房，子孙遍及各地州郡。

这么庞大的家族，自然人才辈出。到了唐代，赵郡李氏达到权力的高峰。其子弟中，仅宰相就出了十七人。其中南祖房七人，西祖房三人，东祖房三人，辽东房一人，江夏房二人，汉中房一人。李泌出自辽东房，李德裕出自西祖房。至于宰相以下至刺史、县令的官员达数百人之多。

当然，唐帝国之后，作为皇族和相族的两支李氏都没落了。不但陇西李氏最终失去了皇族的位置，赵郡李氏聚族而居的传统也在乱世中消失了。由于不再是数万人聚居的大族，其家族影响力也迅速消失。专研赵郡李氏的姜士彬指出："到唐末时，李氏在赵郡已没有田产和依附农民，也没有宗庙和家族祠堂等，赵郡李氏无非只是一个概念，很多人认为自己是他的子孙而已，也就是说它不再是紧密的、限定的血亲集团。"[①]

不过，权柄虽然消失，家族虽然星散，两个李氏家族仍然生生不息。据今天的资料统计，分布在海内外的李氏人口，包括陇西李氏和赵郡李氏在内，已经达到一亿人之多，是世界第一大姓。

[①] 胡志宏：《姜士彬和伊沛霞的世家大族研究——〈西方中国古代史研究导论〉》第四章"汉学领域的社会史研究（上）"之六，大象出版社，2002。

第二节 清河崔氏与博陵崔氏：世家和君主处不来是怎样一种体验？

一、清河崔氏：从中国到韩国的家族传承

清河崔氏和博陵崔氏是北朝和隋唐的大家族，清河崔氏还曾被公认为是居首位的顶级世家。当然，这个排名最后被李世民取消了，并将皇族陇西李氏排到了《氏族志》的第一位。但回溯两大崔氏家族的历史，确实源远流长，并且在家族史的开端就以出大名士而著称。

说起来，崔氏的源头还是齐国姜姓，是太公望姜尚的后代。西周时期，齐国第二代国君的嫡子季子本该继承君位，但他却把君位让给了弟弟，自己住到崔邑，就是今山东章丘，后来以邑为氏，就是崔氏。到了汉朝，崔氏后人主要分为两支：崔业袭爵，居住在现今河北清河，被称为清河崔氏；崔业的弟弟崔仲牟，另居于博陵安平，被称为博陵崔氏。

博陵崔氏在汉代已经出过一些名流高官，是很有声望的家族。而清河崔氏则在东汉之前都没有出过大人物，直到三国时期，出了大名士崔琰。

崔琰能够受人尊崇，主要是因为他是东汉儒学大宗师郑玄的学生。崔琰在郑玄的学生中非常出色，成为河北名士。后来曹操消灭袁绍，请崔琰担任相府掾属，相当于今天负责

选拔官员的组织部部长。崔琰风度翩翩，识人眼光独到，又很有原则，选官十分出色，积累了极高的声望。

有一次，已经做了魏王的曹操要接见来自西域的使者。曹操觉得自己身材矮，长得又不怎么样，不足以压服远国，于是让崔琰穿上自己的衣服去接见，崔琰一表人才，身材高大，而且声音洪亮，很有气势，曹操对他十分看重。同时为拉拢崔琰，曹操还与崔琰结成儿女亲家。曹植的妻子崔氏就是崔琰的侄女。作为清河崔氏的当家人，崔琰则进入朝廷中枢担任大鸿胪、光禄勋。

不过，在朝堂之上，名士崔琰经常占据道德高地，不给曹操面子，让曹操很尴尬。曹操平定袁绍之后，看了冀州的户口资料后很高兴，说可以召集到三十万军队。别人都在捧场，唯独崔琰说："天下分裂，百姓涂炭，您取得冀州之后不但没有推行仁政，关爱百姓，第一件事就是关心能召集多少军队，实在是太让冀州百姓失望了！"①曹操悚然而惊，立刻颁布安民举措。

曹操和崔琰在群雄争锋的战争年代合作无间，但到了三国鼎立局面基本确定下来后，曹操和崔琰之间却爆发了深刻的矛盾，以至于崔琰最后被曹操杀害。通常人们将曹操杀害崔琰的原因解读为夺嫡之争，即曹操为了扶植曹丕而杀害了崔琰。但实际的原因要复杂得多。

在魏王世子之争中，崔琰其实早早地就表明了立场——支持曹丕。当时曹操曾在曹丕和曹植之间犹豫到底选谁为继承人，于是下密令询问一些重臣。其他人都是密奏，唯独崔琰公开向曹操回复奏章，表示依照《春秋》大义，应当立子以长。曹操认为崔琰是在故作姿态，却并未追究。

建安二十一年（216），崔琰在给杨训的书信中写道"时乎时乎，会当

---

①陈寿：《三国志·崔琰列传》。

有变时"[1]，曹操认为此句有不逊之意，一气之下将崔琰的头发剃光。崔琰被剃光头，闲居在家，仍然有很多人到崔家表示慰问。这让曹操更加生气，但那时还未对崔琰动杀机。

直到曹操遭遇汉中失败，才随便找了个由头将崔琰赐死。这和曹操诛杀名士杨修的心理动因非常相似。陈寿在《三国志》中特意提到，崔琰的被杀让当时的人们都感到痛心。因为崔琰和杨修一样，是毫无理由的冤杀。

细究起来，曹操对崔琰的忌惮和恨意，实际上是曹操要取代汉室却遭遇世家大族阶层激烈反对后的产物。当时汉中被刘备夺取，许多支持汉室的世家暗自兴奋；而在许昌内部，曹操谋求篡汉却遭到包括颍川荀彧在内的许多大臣反对而功败垂成。在这种情况下，曹操不能不对那些忠于汉朝的大臣产生恨意，甚至心理逐渐失控，连名士（孔融、崔琰）和名医（华佗）都不放过。

即使在崔琰死后，曹操对崔琰的忌恨也没有消散。有一次曹操在高台上看到曹植的妻子崔氏穿着华丽的服饰走过，曹操想起她是崔琰的侄女，就非常生气。此前曹操曾多次表示要推行节俭，不可过于奢华，而崔氏居然穿着华服出现在公共场合。曹操以此为借口，竟然下令赐死了崔氏。

不过，尽管崔琰已死，但清河崔氏在魏晋南北朝的地位仍是顶级士族。崔琰推举任官的堂兄崔林在魏国继续升迁，最终做到了魏国司空，崔琰的后代也是累世高官。他的儿子崔谅任晋中书令，曾孙崔逞曾任前秦齐郡太守、北魏御史中丞等职，玄孙崔颐曾任北魏太子洗马、冀州刺史。整个清河崔氏家族更在原有基础上发展壮大，分出了清河大房、清河小

---

[1] 陈寿：《三国志·崔琰列传》。

房、青州房、鄢陵房、乌水房、西祖崔氏、东祖崔氏等支系。此外，崔琰有一个曾孙崔毖在西晋末年担任东夷校尉。五胡乱华之时，崔毖带着部曲逃到高句丽，后成为朝鲜崔氏和韩国崔氏的始祖。

二、清河崔氏：连李世民都妒忌的世家

晋朝永嘉南渡之后，仍有一部分世家大族留在北方没有南下。其中最著名的就是清河崔氏。因为冀州之地是清河崔氏的根基。崔氏采取和占领北方的较为开明的胡人政权合作的方式，试图保全家族子弟和文明的种子。

出自清河的崔宏在小时候就有冀州神童之称，才华过人。冀州被前秦占领后，苻坚派自己的弟弟苻融镇守。苻融久仰崔宏的名声，请他出任自己的幕僚。前秦灭亡以后，崔宏辗转流离于东晋、翟辽之间，最后在后燕任职。但是没过多久，后燕又被北魏吞并，崔宏只好逃走。

北魏第一位君主魏道武帝拓跋珪早就听说了崔宏的名字，觉得一定要得到这个人才。于是派骑兵日夜追赶，最终在东部海边将其抓获。崔宏本以为是来抓自己问罪，没有想到，拓跋珪是想和他一起创业。两人经过深入的谈话，拓跋珪完全被崔宏的才华所折服，任命他担任了黄门侍郎。这个官职虽然级别不高，但有了拓跋珪的信任，崔宏开始参与军国大事，与另一位汉臣张衮同掌机要，为拓跋鲜卑政权制定了德治、重农、交好东晋等一系列国策。在北魏的历史上，关于官爵、朝仪、音乐、律令等与国家密切相关的制度，都是由崔宏裁定的，甚至"魏"这个朝代名也是崔宏提议的。

公元398年六月，南北大局初定，鲜卑政权与东晋通使。拓跋珪令百官议定国号。群臣都认为，拓跋鲜卑在代北创业，而且最早使用的国号为"代"，毫无疑问，现在应该继续使用"代"作为国号。但是崔宏认为，拓跋鲜卑占领的邺城是原来战国时的魏国和三国时期魏地的重心，而

河东地区也是魏国旧地。所以，以"魏"为国号，所涵盖的地理范围可以比"代"广泛得多。同时，"魏"这个名称也给拓跋政权涂上了浓厚的汉文化色彩。拓跋珪认为很有道理，便接受了崔宏的建议，建立魏朝，史称"北魏"。

到了崔宏的儿子崔浩这一辈，历仕北魏道武帝、明元帝、太武帝三朝，官至司徒。崔浩擅长谋划，算无遗策，言必有中，为魏太武帝拓跋焘运筹，先后消灭胡夏、北燕、北凉，击退柔然和南朝刘宋的进攻，为北魏统一北方立下盖世奇功。

在内政上，拓跋焘也将政事全部交给崔浩。崔浩大力推行士族制，以五姓七家为头等家族，即清河崔氏、博陵崔氏、范阳卢氏、荥阳郑氏、陇西李氏、赵郡李氏、太原王氏。五姓七家从此走上政治舞台的中心。这就是历史上著名的"五姓七望"世家大族的来源。

然而，拓跋鲜卑此时只是表面上汉化，骨子里仍然对汉人有所疑惧。不久之后，崔浩因在编纂史书时直书了北魏祖先的劣迹，触怒了拓跋焘，被拓跋焘满门抄斩。清河崔氏盛极而衰，几乎灭族。直到北魏孝文帝时期，魏孝文帝更加醉心汉化，要找昔日五姓七家的后人，于是被拓跋焘诛灭的清河崔氏、范阳卢氏等，凭借侥幸逃出的子弟，纷纷复兴。特别是具有深厚家学传统的清河崔氏，凭借经学基础再次上位。崔琰的八世孙崔光、崔亮从平齐户中脱颖而出，被陇西李氏的李冲推举为高官。而崔光在做官之前就因学养深厚而被推崇为"当世儒宗"，"历事三朝，师训少主"。

经过南北朝、隋唐的历史变迁，崔氏到了唐代仍然显赫。但由于清河崔氏在政治上有过太多惨痛的经历，因而自外于皇家，大多数子弟不愿出仕为官，不为李唐所用。但在专制统治者眼中，非暴力不合作也是不能容忍的，所以李唐统治者曾多次采取措施压制崔氏。除了唐太宗将崔氏降等之外，唐高宗李治还下禁婚诏，禁止清河崔氏等七姓十家互相通婚，以限制其势力。

但即便如此，崔氏仍然傲立于"五姓七望"之首。一方面崔氏虽然并不积极出仕，但其政治和社会影响力仍然不减。诗人杜甫本是关中望族京兆杜氏之后，其外祖母来自皇族，但杜甫介绍自己家世的时候总是说自己是"清河崔氏之甥"。说明在杜甫心目中，清河崔氏的地位比"京兆杜氏"和"李唐皇室"更高。

另一方面清河崔氏虽然总体上拒绝出仕，但还是有少数子弟不甘心隐居林下出来做官。就是这少数出仕的子弟中也产生了不少名臣。有唐一代清河崔氏一共出了十二位宰相。当时科举制已经兴起，清河崔氏的十二位宰相中，有八人是以科举入仕。这也足证崔氏深厚的文化底蕴，才让崔氏子弟不断在科举中取得功名，并在朝堂上担任高位。

不过，历史的潮流已经改变，随着大一统的实现，原来以经学传家的门阀士族、以军功传家的武德世家的时代已经过去了，大量平民子弟开始成为帝国的中坚力量，他们建立了新的世家序列。像清河崔氏这些传统世家，也纷纷从经学传家转变为教育传家。关于世家大族的一个新的时代，就此揭开了序幕。

三、博陵崔氏：第一等世家大族靠的不是个别人才，而是整体素质

博陵郡的郡治，从东汉到北齐一直设在安平城。博陵崔氏和清河崔氏都出自齐国姜姓，就是姜太公姜尚。姜尚在辅佐周武王灭商后，被封在齐国。他的曾孙季子把齐国君位让给了弟弟叔己，自己被封到崔邑，子孙便以崔为姓。

汉朝时，崔意如长子崔业袭封爵位，并在清河东武城（今河北清河东北）定居下来。崔业弟崔仲牟，另居博陵安平（今属河北），成为博陵崔氏始祖。博陵崔氏和清河崔氏后来都名人辈出，成为第一等的世家大族。

东汉是博陵崔氏发展的第一次高峰。六代之中出了四位大家，即崔篆、崔骃、崔瑗、崔寔。祖孙四人皆善辞赋，均有文集传世。崔骃是著名文学家，与班固齐名。自此起博陵高于清河。但到了曹魏时，清河崔氏因为出了崔琰这样的人物而开始崛起。到了南北朝时期，清河崔氏和北方政权合作，崔宏、崔浩父子更是主宰了北魏朝政。虽然后来几乎遭遇灭族之祸，有所衰落，但从北魏到北齐的政治影响来看，清河一直比博陵更有影响力。

但在隋唐时期，博陵崔氏再度崛起。唐初官员修订《氏族志》，与关陇军事集团关系密切的博陵崔民干，被提名为天下第一门阀，甚至排在皇室李家之前。唐太宗得知后大怒："崔氏早已衰微，既无显官，又无人才，凭什么列为第一？难道我李氏贵为天子，还比不上崔氏吗？"下令改以皇室李氏第一，皇后氏族长孙氏第二，崔氏与其他山东士族列第三。

就这样，博陵崔氏被放在皇室李家、皇后长孙家之后，依旧排在其他众姓之前，是皇族外的第一姓氏，可见其影响与地位。中晚唐时崔氏人才辈出，其中博陵崔氏出宰相十六人，清河崔氏出宰相十二人。虽然博陵崔氏的科举成绩比清河更为优秀，但这并不能证明博陵超越了清河，因为清河崔氏的主流是拒绝参加科举的，通过科举出仕的只是少数子弟。

博陵崔氏中，第二房人物最盛，出了五位宰相。其中崔玤一门"历台阁、践藩岳者二十余人"，是"天下士族之冠"。[①]神龙元年（705）正月，崔玄暐与张柬之等大臣一起，乘武则天患病之机，掌控了羽林军，迎立太子李显由玄武门入宫，立为中宗，并杀死了武后的宠臣张昌宗、张

---

①刘昫：《旧唐书·崔球传》。

易之兄弟。此后唐中宗封张柬之为汉阳王、崔玄暐为博陵王、桓彦范为扶阳王、袁恕己为南阳王、敬晖为平阳王，时称"五王"。

不过到了今天，人们最熟知的崔氏子弟其实不是这些政治人物，而是诗人。岭南节度使崔护的诗作《题都城南庄》"去年今日此门中，人面桃花相映红。人面不知何处去，桃花依旧笑春风"传诵千古。崔姓的另一大诗人崔颢则写出了《黄鹤楼》"昔人已乘黄鹤去，此地空余黄鹤楼。黄鹤一去不复返，白云千载空悠悠。晴川历历汉阳树，芳草萋萋鹦鹉洲。日暮乡关何处是，烟波江上使人愁"这样的名篇，使得"诗仙"李白也惊叹："眼前有景道不得，崔颢题诗在上头。"无论是博陵崔氏还是清河崔氏，其文采风流、才学识见，都可称为隋唐士人之首。

在唐末乱世，两支崔氏都备受摧残。来自博陵崔氏的末代宰相崔远，跟其他士族大臣一起，在白马驿之祸中被朱温扔进了黄河。而清河崔氏的命运也好不到哪去，在黄巢、朱温等人对长安的接连屠戮中损失惨重。唐末那个杀戮的世界，两支崔氏家族幸存的子弟们，在备受摧残的个体命运中，也一定已经听到了中古时代结束和门阀世家没落的历史挽歌。

第三节　范阳卢氏：世家子弟成大儒，学生是刘备，粉丝是曹操

一、儒学大师卢植的政治和学术

"五姓七望"中的范阳卢氏，是北方传统的世家大族，属山东士族。从秦朝到隋唐，族中杰出子弟辈出，不仅接连跻身于朝廷顶级文官行列，甚至还出了一位佛教的祖师。

范阳卢氏源自齐国姜姓，因封地在卢邑而受姓卢氏。秦统一六国后，秦始皇封卢敖为五经博士。卢敖定居范阳（河北省定兴县），他的子孙后来迁往涿水（今河北涿州），但仍以范阳为郡望，于是被称为范阳卢氏。

范阳卢氏从一开始就以学问见长，到了东汉更以儒学学问而成为世家大族。东汉末年范阳卢氏出了一位大儒卢植。他是当时著名的政治家、军事家、经学家、教育家、文学家，是历史上配享孔庙的二十八位大儒之一。卢植成为此后几百年内范阳卢氏中兴的关键人物。

卢植师承大儒马融，是郑玄、管宁、华歆的同门师兄，著有《尚书章句》《三礼解诂》，不但学问好，政治、军事无一不通。黄巾军起义时，他奉命去平叛，治军、兵法都属一流，甚至打败了黄巾军主帅张角。可惜，在东汉末年腐败的制度下，卢植虽然打了胜仗，却没有得到好结果。

当时朝廷派到卢植军前来当监军的宦官左丰，虽然不知兵事，却敢于厚着脸皮向主帅卢植索贿。卢植为人正直，不肯贿赂宦官。于是左丰回到朝廷后就在汉灵帝面前诬陷卢植说："广宗贼很容易打败，但卢中郎却坚固营垒，停止进攻，这大概是要等待天诛吧。"汉灵帝闻言大怒，不分青红皂白，派人用囚车把卢植从前线抓捕回来，判"减死罪一等"，就是死缓。最后打了胜仗的卢植不但没有被提拔，反而被撤职了。

等几年后卢植被重新起用为尚书时，又逢董卓之乱。他在朝堂上面斥董卓，差点被杀掉。后来他要求辞官归隐。董卓起先应允，后又反悔，派人去追卢植。卢植早已料到，此前就乔装改道，躲开了追兵。

卢植自己仕途不顺，就回家安心教书。他的学生都很争气。有两个学生在东汉末年参与了诸侯争霸。一个是刘备，一个是公孙瓒。《三国演义》中描写刘备在起家时得到公孙瓒很多帮助，如刘备一次做官就是公孙瓒推荐的。这也是二人师出同门，有相当亲厚的关系之故。

曹操虽然不是卢植的学生，对卢植也十分崇敬。建安十二年（207），曹操讨伐乌桓时经过卢植的家乡涿郡。即使在打仗这种紧急情况下，曹操还是命人修整卢植的坟墓，亲自去祭扫，并撰文颂扬卢植为"名著海内，学为儒宗"，"士之楷模，国之桢干"[1]，表明他对卢植的重视。当刘备前去投靠时，曹操知道刘备是卢植的学生，也对刘备非常尊重，还在汉献帝面前保荐了他。

在卢植的巨大影响力下，卢家子弟不断被三国两晋时期的朝廷所起用。卢钦、卢珽、卢志、卢谌累居高官，至北魏太武帝时卢玄受邀进入朝廷。此后北魏定一等大姓"王崔卢李郑"。北方汉族里，范阳卢氏成为排名第三的大世家。

---

[1] 范晔：《后汉书·卢植传》。

到了唐初，李渊李世民父子着手削弱关陇集团和山东士族，范阳卢氏暂时沉寂。但到唐朝中期，世家大族的势力又有所复兴，先后有八位范阳卢氏成员官至宰相。这就是"八相佐唐"佳话的由来。范阳卢氏也因此再度崛起，并在唐朝正式登顶为第一等的世家大族。

但安史之乱为范阳卢氏带来了灭顶之灾。因为安禄山就是在范阳起家的，曾任范阳节度使。而在范阳深孚众望的范阳卢氏对唐朝非常忠诚，也因此成为叛将眼中的敌对目标。居住于范阳的卢氏在安史之乱中几乎被屠戮殆尽。直到宋代卢多逊才重新回到相位，再振家声。

二、高僧惠能出于卢氏

唐太宗时期，范阳卢氏出了一位监察御史卢行韬，因得罪朝廷而多次被贬，最后被贬到岭南新兴县为百姓。不过，就在广东新兴，卢行韬老来得子，有了独生子惠能。"惠能"这个名字，据说是他父亲请一个过门乞食的和尚给起的。父亲问和尚为什么叫"惠能"？和尚说："惠能者，即上惠下能也。上惠，以法惠众生；下能，能作佛事。"[①]

惠能小时候的生活非常孤苦。他三岁时父亲去世，自己在贫寒中长大，以卖柴为生。但一个人天资聪慧，即使起自贫寒，也会有不凡的表现。一次，惠能在卖柴回家的路上听到有人诵读《金刚经》，觉得含义精妙，便萌生了学习佛法之念。于是他长途跋涉去了黄梅双峰山拜谒五祖弘忍，由此开始了学佛生涯。

中国禅宗始祖是来自天竺的达摩，他弘扬的是理念是"直指人心，见性成佛，不立文字，教外别传"。惠能进入佛门禅宗后，其佛法悟性得到了五祖弘忍的认可。这就是那个著名的"菩提本无树，明镜亦非台"的

[①]惠能大师口述，弟子法海辑录《六祖坛经》。

故事。当时五祖弘忍为选拔继承人,让弟子们每人作个偈子。大师兄神秀写下的偈子是:"身是菩提树,心如明镜台,时时勤拂拭,勿使惹尘埃。"而惠能并不识字,就口述让别人代写了一首:"菩提本无树,明镜亦非台,本来无一物,何处惹尘埃。"

弘忍见到这个偈子,知道此人已见本性。于是他表面上说惠能在胡言乱语,并亲自擦掉了这首偈子,却找机会暗示惠能和自己私下联系。惠能在晚上三更的时候去了弘忍的禅房,在那里五祖弘忍向他讲解了《金刚经》。当讲到"应无所住而生其心"时,惠能大彻大悟,对五祖说:"何期自性,本自清净;何期自性,本不生灭;何期自性,本自具足;何期自性,本无动摇;何期自性,能生万法。"[1]

见惠能已彻悟,弘忍果断地传了衣钵给他。惠能于是继承东山法门,为禅宗六祖。五祖传了衣钵后,便让惠能立刻逃走,以避免衣钵之争带来伤害。惠能连夜逃回南方,并继续打柴隐居十五年,在曹溪宝林寺创立了禅宗的南宗。以上是最为人普遍接受的禅宗南宗创派的说法。

当时,六祖惠能的同门师兄神秀,主张"渐悟",在华北势力颇盛,号称"北宗"。而六祖以"见性成佛"为宗旨,提倡不立文字,主张"顿悟",人称"南宗"。六祖以传统文化的精髓结合禅宗教义的秘籍,形成中国佛教禅宗独特的"南宗"修禅之法。六祖惠能的弘法传法长达三十七年之久,"南宗"禅学的影响逐渐遍及全国,并取代了"北宗"在禅宗中的主导地位。各地投奔在惠能门下治学的门徒数以千计。

神龙元年(705),武则天遣内侍召惠能入京。惠能推辞说久处山林,年迈风疾,拒绝前往。武则天多次召见不至,就强行索要了"木棉袈裟",才不再召惠能入京。这件佛祖袈裟在中国佛教传承中的地位非常重要。当

---

[1]惠能大师口述,弟子法海辑录《六祖坛经》。

年菩提达摩带着这件木棉袈裟来到东土弘法，成为禅宗初祖。经慧可、僧璨、道信、弘忍，至六祖惠能大师，木棉袈裟一直作为禅宗传人的唯一凭据，被武则天强要去后不知所踪。

没了佛祖袈裟，六祖惠能只得"传法不传衣"。他的弟子后来辑录其讲经的要义，编纂成《坛经》一册。但各大弟子对其理解不同，都认为自己学的才是佛法真谛，于是有了一花开五叶，禅宗多义流传的历史。

就这样，自汉末卢植之后，范阳卢氏名人辈出，其中特别多的是学者和政治家。历代学者卢钦、卢谌、卢景裕、卢彦卿、卢思道等都有著述流传，东晋农民起义军领袖卢循，北周名臣卢辩、初唐四杰之一卢照邻，乃至于流布海外的卢氏支脉也出了两任韩国总统。这些学者和政治家都曾经名重一时。而在南北朝时的"禅宗六祖"惠能更是开创了中国佛教的新局面。

自汉末卢植起至唐代中期，范阳卢氏入正史者共八百四十人，有官职记载者多达四百六十余人。许多皇室子弟也和范阳卢氏联姻，史称"范阳卢氏，一门三公主"。范阳卢氏也被描述为北方第一等世家，所谓"望出范阳，北州冠族"。到了清朝，乾隆皇帝也题诗纪念范阳卢氏之辉煌——"自古幽燕无双地，天下范阳第一州"。

第四节　太原王氏与荥阳郑氏：从政治而入文学，家族影响深远绵长

在"五姓七望"中，太原王氏和荥阳郑氏都能够在隋唐的科举潮流中跟随不辍，成功地实现了从传统的门阀士族向科举世家的转变。

一、太原王氏：与琅琊王氏同源，南北皆有传承

太原王氏与琅琊王氏属于同源，其远古始祖都来自黄帝苗裔，姬姓后代。近古始祖都可以追溯到秦国大将王翦。

王氏得姓始祖是西周灵王的太子姬晋。姬晋，字子乔，是历史上著名的贤人。史书上说他"幼有成德，聪明博达，温恭敦敏"[1]，十五岁就以太子身份辅佐朝政。灵王二十二年，太子晋治理洪水，却因同时讽谏政治而触怒周灵王，被贬斥，三年之后去世。此后周氏衰微，太子晋的儿子宗敬辞去司徒官职，到太原隐居。当时的人们因为他来自周王室，因此称之为王家。于是宗敬索性以王为姓，这就是太原王氏的来源。太子晋被尊为王姓始祖。

由于太子晋在人们心目中地位很高，人们纷纷传说他成

---

[1] 王符：《潜夫论·卷九·志氏姓》。

了仙人。而历代文人都对他深深景仰。屈原在《远游》提到他"轩辕不可攀援兮，吾将从王乔而娱戏"。李白也有诗云："吾爱王子乔，得道伊洛滨。"这里的王子乔，就是太子姬晋，字子乔。子乔是历史上不多的被儿子改了姓氏的人物。

到了战国末年，王翦、王贲、王离祖孙三代都是秦军主将。到了王翦孙子王离这一辈，他交战的对象不幸是西楚霸王项羽。在巨鹿之战中王离败于项羽的分敌突击战术，大军失败，主将王离被杀。王离长子王元为避秦乱，迁于琅琊，为琅琊王氏始祖。王元之弟王威则居住在晋阳，成为日后太原王氏之祖。东汉时，王威的后代王霸重返太原定居，从此这一支王氏就以太原为根基，繁衍兴旺。

总体看来，太原王氏的家风以礼法为基础，注重孝悌，表现出崇文尚武、文业相继的家风，家族成员文化素养较高。无论是察举制的"明经"，科举制的"诗文""策论"，都成为太原王氏入仕的途径。

西汉末年，太原王氏出了一位重要人物王霸。作为一名博学鸿儒，王霸目睹王莽的倒行逆施，不愿出仕，以隐居读书为事。此时郡望的文化和社会意义在增强，而在宗族关系方面的意义在减弱。同出一个姓氏的宗族，因不同的郡望而被划分为不同的群落。就像王氏本身可以被分为琅琊王氏和太原王氏一样，太原王氏也在播迁的过程中分为两支——太原郡祁县王氏与太原郡晋阳县王氏。王霸有两个儿子，长子王殷曾任中山太守，食邑祁县，衍生了祁县分支。次子王咸跟随父亲继续居住于晋阳，是为晋阳分支。

东汉司徒王允就出自祁县的这一分支，是王殷的五世孙。当董卓篡权乱政时，为保汉室，王允拉拢董卓大将吕布，巧施连环计，最后诛杀了董卓。王允的哥哥王懋也曾官至侍中。

在司马懿发动"高平陵之变"时，据守兖州的太尉王凌曾起兵反抗。因王凌来自太原王氏，司马懿在处死王凌后下令夷其父母妻三族，太原王氏因此几乎被灭族。但另有一位太原王氏的后代——关内侯王昶却站到了政变的司马懿一方,因此成为西晋开国元勋,保全了太原王氏血脉。王昶的后代王浑更是西晋灭吴的功臣。

公元 279 年,西晋灭吴战争开始,司马炎采用太傅羊祜生前制订的计划,以二十万大军分六路进攻东吴。其中最重要的三路大军分别是:安东将军王浑自扬州,出横江渡口进军;镇南大将军杜预自襄阳、江陵南下;龙骧将军王濬和广武将军唐彬自巴蜀顺江东下。其中王浑所部遭遇东吴主力的抵抗。王浑派部下将其一一击破,迫使吴国投降。但吴主孙皓投降时分别送降书给晋军三位主将王浑、王濬和琅琊王司马伷。而王濬所部沿长江率先到达建业,成为首功。王浑却认为他自己率先攻破吴军主力,功劳应当最大。由此上演了一场二士争功。

事后晋武帝还是认可了王浑的功绩,加封其为京陵公、征东大将军。而王浑也不负朝廷所托,妥善安抚了东吴遗民,令江东安定,民心归附。此后太原王氏族人也得以大量入朝为官。田余庆在《东晋门阀政治》一书中评论:"如无王浑的功业位望,太原王氏只凭'盛德''德誉',是断难维持其家族地位于不坠的。"[①]

不过,在西晋统一后,王浑犯了一个历史性的错误,影响深远。在西晋朝堂大臣辩论如何对待内迁的少数民族时,王浑强烈支持胡人迁入内地,这导致了胡人向中原的内迁潮,大批胡人成为西晋王朝"站在门口的野蛮人",王浑的政策也被视为后来五胡乱华的政策根源。而在晋武帝试图杀掉匈奴首领刘渊时,王浑又站出来为其担保。后来,五胡的部队在匈奴首领刘聪的带领下,在中原内乱时趁机夺占汉人土地,让北方遭遇空前的民族仇杀,赤地千里,中国更是经历了数百年的分裂战乱格

[①] 田余庆:《东晋门阀政治》,北京大学出版社, 2005,第214页。

局。从这个角度来看，王浑的历史功过都很显著。

有很多人认为，允许胡人迁入内地，这是资深政治家王浑当时的一时糊涂，或者心太软。但事情并非如此。王浑袒护胡人的根本原因在于，太原王氏的大本营在太原，是最靠近北方少数民族的大城。王氏手下部队中也是胡汉杂处。而王氏能屡立战功、得享高位，与少数民族的支持是分不开的。王浑选择支持胡人的做法，无非是将家族利益置于国家利益之上的表现。

太原王氏在五胡乱华之后，部分子弟迁居南方，由此形成太原王氏的南北两支。在北朝，皇族为了巩固和提高自身地位，曾多次与太原王氏联姻。特别是北魏孝文帝实行汉化政策后，与北方汉族世家联姻成为国策。那些留在北方的太原王氏子弟，被北魏统治者重用，出了很多高官，如北魏并州刺史王光，以及王光的儿子王冏曾担任度支尚书、护乌丸校尉。由此派生出太原王氏的祁县乌丸支，贵盛一时。太原王氏也在北朝成为"王崔卢李郑"五大山东士族之一。

东晋时，南渡的太原王氏曾有名臣王坦之，在幼年时就饱读诗书，他的《废庄论》成为传世名篇，也算得上是一位出色的书法家。在政治方面，王坦之曾担任过大司马桓温的参军，同时承袭父亲蓝田侯的爵位，名望迅速崛起，成为朝廷重臣。王坦之辅政期间，以敢于直言进谏而闻名，甚至当面撕毁诏书，斥责皇帝的举动，让皇帝都怕了他。后来又和陈郡谢氏的谢安一起，抵制了权臣桓温称帝的野心，保护晋朝皇室，稳定了东晋政局，贡献良多。在南朝刘宋王朝时期，王玄则、王玄谟兄弟文武双全，王玄谟还作为宋武帝刘裕的北伐前锋，战功显赫。

此后，随着王朝转换和天下统一，很多南朝的王氏子弟又回到了原籍太原，与留在北方的太原王氏再次合流，共同接续祖传的郡望。在隋唐时期，太原王氏还跻身"五姓七望"，一直保持了顶级世家的地位。

二、隋唐时期的太原王氏

唐初的太原王氏虽然仍是以做官为职业，但却一度被排除出了上层统治集团，往往任职地方州县，缺乏显宦。直到唐玄宗以后出了宰相王晙等人，才再度显赫。其中祁县王秉支在隋唐两朝皆受尊崇。

值得指出的是，在隋唐时期，太原王氏虽然保持了政治高位，但这个家族的主要成就已不在政治上，而是在文学上。唐朝著名的诗人中，王勃、王昌龄、王之涣、王维都出自太原王氏，可谓文学史上熠熠生辉的明星。

王勃可以追祖到南北朝时的经学博士王玄则。王玄则和王玄谟兄弟分别是刘宋王朝的文武重臣。王玄谟曾经劝说刘裕北伐，很有政治眼光，可惜最终失败。而王玄则坚守家族文学传承，他曾对玄谟说："咱家是拿笔的，你却好舞刀。"玄则之子后来回到太原，后代中就出了王勃这样的天才诗人。

王勃名列"初唐四杰"，一篇《滕王阁序》，文思缜密，通篇用典，骈俪藻饰，辞采华美，是中国文学史上的精品，更留下了"落霞与孤鹜齐飞，秋水共长天一色"的名句。可惜这位天才诗人英年早逝，可说是大唐诗坛的遗憾。

但太原王氏在文学领域不断有后继者。王之涣，祖籍并州晋阳（即山西太原），"慷慨有大略，倜傥有异才"，与高适、王昌龄等诗人经常唱和，留下《登鹳雀楼》等经典唐诗。王昌龄的祖籍也是并州晋阳（山西太原）。

王之涣、王昌龄和高适三人斗诗的故事广为流传。据说三人聚会听歌女唱歌，打赌看歌女们唱谁的诗最多。结果第一首就是王昌龄的《送别》："寒雨连江夜入吴，平明送客楚山孤。洛阳亲友如相问，一片冰心在玉壶。"王昌龄听后大喜。接着歌女们又唱了一首高适的《哭单父梁九少府》:"开箧泪沾臆,见君前日书。夜台今寂寞,犹是子云居。"到第三首歌仍然是王昌龄的《长信秋词》:"奉帚平明金殿开,且将团扇共徘徊。玉颜不及寒鸦色,犹带昭阳日影来。"

王之涣很不服气,指着其中一位最漂亮的歌女说,听她唱的是什么。结果这位女子一开口便是:"黄河远上白云间,一片孤城万仞山。羌笛何须怨杨柳,春风不度玉门关。"正是王之涣的《凉州词》。三人大笑。歌女们询问得知作者就在眼前,于是邀请共饮。这个故事虽有夸张之处,却很能代表慷慨豪迈的盛唐气象。

也是在盛唐,祖籍来自太原祁县王氏的王维,诗词成就冠绝一时,成为与李白、杜甫齐名的"诗佛"。王维的妻子来自清河崔氏,后来早逝。王维终身未再娶,是一个深情之人。其诗风也清奇雅致,融入感情,脍炙人口,经常被人传唱,王维是诗篇数目流传下来最多的大诗人之一。其名篇《送元二使安西》"渭城朝雨浥轻尘,客舍青青柳色新。劝君更尽一杯酒,西出阳关无故人"情景交融,意境绵长,也是中国诗歌的经典之作。

而在唐朝之后,明朝哲学家王阳明、清朝大学问家王夫之,从其族谱上溯源都属于太原王氏的后裔。作为"五姓七望"之一,太原王氏对中国历史的影响十分深远。

三、荥阳郑氏:从门第家族到科举家族的家族传承

郑姓源起于周厉王的小儿子姬友。公元前807年,周宣王姬静封他的异母兄弟姬友于郑(今陕西省华县),姬友就是郑桓公。周幽王时姬友任司徒,他看到周幽王昏庸无道,重用奸臣,预感到将要发生动乱,就向太史伯请教生存之道。太史伯劝他搬家。于是,姬友就把郑国迁到了荥阳,在后来的战乱中保全了自己的家族。在周朝历史上,郑国国君和周天子的关系,比其他诸侯更加密切,是因为他们本来就有相当近的血缘关系。

荥阳这个地方很有文化和历史底蕴。项羽和刘邦争霸时所划定的边

界"鸿沟"就在荥阳,后来成为象棋棋盘上的"楚河汉界"。不仅如此,荥阳也是一座中国古代文化名城。《诗经》郑风和小雅的很多篇章所描述的就是荥阳的风土人情。当郑国灭亡后,郑国人相继改姓为郑。所以,荥阳就成了郑姓的发祥地。有"天下郑氏出荥阳"之说。

东汉末年,出身荥阳郑氏的名儒郑兴之子郑众成为大司农,声望卓著。他出使匈奴时拒绝向北匈奴单于跪拜,持节不屈,赢得了匈奴单于的尊敬,匈奴单于甚至对他躬身致意。郑众后来被派往西域,多次击败来犯的匈奴军。郑众在玉门关时恰逢耿恭"十三将士归玉门"。郑众作为朝廷特使,感动于耿恭等人的义举,亲自为其沐浴更衣,传为佳话。

郑众与后来的经学大家北海郑玄并称为"先郑"(郑众)、"后郑"(郑玄)。这两位郑氏在经学领域都算得上是儒家领袖,学术声望极高,是奠定荥阳郑氏经学传家传统的最重要的人物。

特别是"后郑"郑玄,作为东汉末年学问大家,虽然官声不显,却让荥阳郑氏在学术上成为当世第一流的家族,培养了众多人才。郑玄曾进入都城洛阳的太学攻读官学,遍学《京氏易》《公羊春秋》《三统历》《九章算术》《周官》《礼记》《左氏春秋》《韩诗》《古文尚书》等,今文经学和古文经学无不精通。

郑玄官声不显是有原因的。他在 37 岁时经儒学大师马融的学生卢植介绍,拜在马融门下,等他出师时,学问已超过了老师马融。但他学成后恰逢东汉"党锢之祸",于是隐居林下 14 年没有出仕。在这 14 年间他除了注《易》《尚书》《毛诗》《周礼》《仪礼》《礼记》《论语》《孝经》《尚书大传》以及《中候》《乾象历》外,又著有《天文七政论》《鲁礼禘祫义》《六艺论》《毛诗谱》《驳许慎五经异义》《答临孝存周礼难》等[①],凡百余

---

① 《后汉书·卷三十五·张曹郑列传》。

万言，并且用融会贯通的方式，解决了今文经学和古文经学数百年来的争议，为儒学发展做出巨大贡献。

在"后郑"郑玄和他的直系后人一直与官场保持距离，专心做学问，因而事迹不彰，逐渐隐没于历史的同时，"先郑"郑众这一脉却积极入世、建立功勋，代代得享高位。郑众的曾孙郑泰曾与荀攸共谋诛杀董卓，没有成功，后来投靠袁术，拜扬州刺史。他的弟弟郑浑、儿子郑袤、侄子郑兴都在魏晋时期官居高位，出了这些高官名士，荥阳郑氏逐渐发展为高门望族，在三国两晋时世代为官。

"永嘉之乱"时，荥阳郑氏大举南迁，成为侨姓大族。而留在北方的郑氏被北魏所笼络。特别是北魏孝文帝，借鉴南朝盛行的门阀士族制度，也在北魏强力推行士族制度，并与汉族世家联姻。所谓"雅重门族，以范阳卢敏、清河崔宗伯、荥阳郑羲、太原王琼四姓，衣冠所推，咸纳其女以充后宫"。荥阳郑氏又成了北魏皇族外戚。

荥阳郑氏的影响力在唐代达到了另一个高峰，仅宰相级的高级官员就有十一位之多。其中，郑元是荥阳开封人，唐朝太常卿，曾被突厥扣留了很长一段时间不放，被唐高祖李渊比作苏武。当突厥再犯并州时，郑元出使，劝说颉利可汗退兵，表明他的威望与信誉得到两国认可。

唐代中后期荥阳郑氏的崛起与科举制度的推行密切相关。唐高宗以后，进士在官员尤其是宰相的选拔中占据越来越重要的地位，而世家大族的真正优势正是文化领域。门阀士族多有家传经学，并且不少被继承下来，成为家族可持续竞争力的来源。荥阳郑氏在科举制中的崛起，就与此有关。当然，也是因为那时的科举考的还不是八股文，而是诗文策论。

到了唐末，荥阳郑氏衰落。郑氏的另一支——河南故始郑氏入闽。郑成功的祖辈就是在这时进入福建。从福建出发，郑氏向台湾移居，向海外移居，现在泰国、菲律宾、印度尼西亚、马来西亚、加拿大、美国等国，都有以家族为单位的郑氏居住。郑氏成为遍布世界的中华大姓。

四、从"门阀士族"向"科举世家"转换的"五姓七望"

隋唐时期,随着商品经济的发展,普通人的知识、技能和地位都有了很大提高。而高门大姓保持自己荣耀地位的最重要保障,就是将自己的子弟培养为当世人才。这样才能让家族的每一代都有人能建功立业,保持家族的长盛不衰。

南朝士族就是因为没有做到这一点而渐渐没落。而在北朝,门阀士族则呈现出欣欣向荣的面貌。由于鲜卑族主动汉化以及胡汉通婚越来越多,来自少数民族的新鲜血液注入汉族名门的古老血脉之中,不但造就出关陇贵族集团这样强大的武德家族,也让以经传家的门阀士族有了新的发展,从而在军事、经济、政治、文化的方面超越了南朝。在侯景之乱让南方士族几乎消亡的情形下,北朝士族取得了对南方的碾压性优势,并最终统一了南方。

统一后的隋唐两朝,世家大族的地位比之南北朝时期并未降低,有的甚至可以和皇权比肩。当时最有名的世家大族之间都有相互通婚的传统,对于次等士族和普通庶族则不屑一顾,导致帝王对这些家族以姻亲结成联盟十分忌惮。唐高宗甚至以法律的形式颁布禁婚诏:"后魏陇西李宝,太原王琼,荥阳郑温,范阳卢子迁、卢浑、卢辅,清河崔宗伯、崔元孙,前燕博陵崔懿,晋赵郡李楷等子孙,不得自为婚姻。"没想到反而让世家大族的社会地位更高,所谓"禁婚家,益自贵"[1]。唐文宗时,皇帝向宰相荥阳郑覃求婚,希望郑覃能把孙女嫁给皇太子,但郑覃宁可把孙女嫁给时为九品官的清河崔氏子弟。为此唐文宗叹道:"民间修婚姻,不计官品而尚阀阅。我家二百年天子,顾不及崔、卢耶?"[2]

---

[1] 欧阳修、宋祁、范镇、吕夏卿等:《新唐书·高俭传》。
[2] 欧阳修、宋祁、范镇、吕夏卿等:《新唐书·杜中立传》。

这表明，隋唐时期第一等世家的声望甚至已超越了皇权。至于曾经可以和门阀士族抗衡的武德世家关陇军事贵族集团，除了在唐初立下汗马功劳外，此时经过皇族的多次打击已经没落下去。

但在唐朝长久统一、和平的背景下，以"五姓七望"为代表的门阀士族也难代代出人才，因而遇到和南朝一样的问题。与此同时，从隋朝开始的科举制度不断完善，完全取代了魏晋时期九品中正制度，让寒门的读书子弟有了更多出头的机会，对门阀士族形成了真正的竞争。

然而，科举制虽然为世家大族制造了一个和寒门子弟竞争的格局，但门阀士族的子弟却也因此获得了在竞争中成长的机会。由于这些高门子弟从小就享受到普通人难以企及的教育资源，因此也经常在科举的竞争中胜出，成为朝廷的栋梁之材。所以，公平地说，科举制并未直接导致门阀士族阶层的衰落，反而在一定程度上刺激了门阀士族的更好表现。一直到唐朝最后的阶段，首席宰相崔远仍然来自博陵崔氏，朝堂中的大臣也多来自世家子弟。

在崛起于南北朝、兴盛于隋唐的"五姓七望"中，既有门阀士族，也有武德世家，甚至还有科举世家，证明了世家大族顽强的生命力。那些在隋唐时期的政治、军事、文化上取得重大成就的人物，很少不是来自名家世族。

五、顶级世家"五姓七望"的结局

和南朝门阀士族积累多年矛盾最终亡于侯景之乱一样，唐朝门阀士族的消失，也是一个在渐衰的路途上突然之间"脆断"的过程。随着隋唐科举制的全面施行，官员选拔更多地来自科举考试，取代了原来的九品中正制，门阀士族失去了制度保障，以武力或科举取得权力成为新的常态。特别是在唐朝中后期，中央集权体制衰微，藩镇割据的地方竞争格局形成，寒门和平民子弟更有机会出人头地。就在门阀士族阶层受到来自皇权和寒门的共同挤压而渐显颓势的时候，唐末的大规模战乱爆发了。在战乱中，门阀士族成为主要的攻击目标，许多世家大族的族灭就是在这个时候发生的。

也是在唐末，绵延了数百年的"五姓七望"等世家大族均走向衰亡。这是一系列杀戮的结果，是一曲充满血腥的残酷挽歌。唐朝中后期，随着安史之乱、宦官专权、藩镇割据、黄巢起义等变乱接连发生，安禄山、仇士良、黄巢和朱温先后都对名门望族实行过灭族大屠杀，让唐朝的世家损失殆尽。

像"五姓七望"中的范阳卢氏在安史之乱中几乎灭族；唐宪宗时宦官集团杀戮朝臣的"甘露之变"让充斥着高门大族的朝堂为之一空①；而清河崔氏和博陵崔氏也在朱温叛乱中被屠戮殆尽。等唐王朝终结时，包括"五姓七望"在内的高门士族早已人丁凋零、走入末途。

屠杀灭族对于一个士族的打击是根本性的。虽然一个大家族总会有侥幸存活的子孙，但家族意义上的士族灭亡不可避免。《新唐书》曾经将永嘉南渡之后的顶级世家分为五类：江左侨姓（王、谢、袁、萧）；江左吴姓（顾、陆、朱、张）；山东士族（王、卢、崔、李、郑）；关中士族（韦、裴、柳、薛、杨、杜）；代北虏姓（元、长孙、宇文、于、陆、源、窦）。②他们的结局几乎全部是毁于战乱屠杀，具体是：江左侨姓覆灭于

---

① 唐文宗时期宦官势大，权倾朝野，唐文宗感到深受威胁，故在宰相李训（出自陇西李氏武阳房）的建议下，和李训、郑注策划诛杀宦官。公元839年，即唐太和九年，唐文宗以观露为名，将宦官头目仇士良骗至禁卫军的后院欲斩杀，被仇士良发觉。经过双方激战，李训、王涯、贾餗、舒元舆、王璠、郭行余、罗立言、李孝本、韩约等朝廷重臣及其家人被宦官杀戮殆尽，1000多人受株连被杀。"甘露之变"后，唐文宗也彻底被架空，最终忧郁成疾，郁郁而终。

② 《新唐书·柳芳氏族论》：（晋）过江则为侨姓，王、谢、袁、萧为大。东南则为吴姓，朱、张、顾、陆为大。山东则为郡姓，王、崔、卢、李、郑为大。关中亦号郡姓，韦、柳、薛、杨、杜首之。代北则为虏姓，元、长孙、宇文、于、陆、源、窦首之。

侯景之乱；南方士族崩溃于江陵之破；代北虏姓亡于河阴之变；关中士族和山东士族则被安史之乱、武后专权、宦官弄权、黄巢起义反复屠戮，最终消灭于朱温制造的白马驿之祸。

  不仅如此，随着唐末对于士族多轮的大屠杀，不但"五姓七望"出现断崖式的没落，而且横跨了三个时代、延绵上千年的士族阶层也就此消亡。从秦汉到隋唐，以高门血缘为传承的士族精英阶层以渐衰过程中的"脆断"方式终结，这在一定程度上是历史发展的必然，意味着中国自秦汉大一统时期断绝了先秦贵族传统外，又在唐朝末年失去了南北朝时期的门阀士族传统。唐朝以后在中国历史上崛起的家族，大多并非原有门阀士族的延续，而是靠武功拓地或科举考试而兴起的新家族。

第五节　皇权与世家的共生和相杀

历史上诸多权力游戏中，皇权与世家之间的博弈，成为千余年内困扰中国政治的大问题。在皇权与世家权力对比失衡的时候，不是由中央集权所打造出来的绝对皇权带来专制统治，阻碍社会发展的活力；就是世家坐大会带来政治上的不稳定和纷争，导致社会陷入动乱乃至内战。历史上政治稳定、经济发展的时期都是皇权与世家取得相对平衡的阶段。

皇权与世家两者既是共存共生的，同时又彼此防备和攻杀。而形成此一局面的原因，以现代政治学的逻辑来分析是非常清晰的：中国历史上的所谓中央集权体制，其间一直存在隐秘的分权机制。中国古代政治的要义也许不在于一味地将权力集中于统治者之手，而是谋求某种权力的平衡。因为即使是最极端的中央集权体制，也必须要求某种形式的分权，否则就无法持久地存在下去。只不过这种分权并非通过正式制度实现，而是来自非正式的博弈和政治文化传统。

一、东西方贵族们的选择

孟子说，"春秋无义战"，是指本来礼乐征伐自天子出，但到了春秋则变成礼乐征伐自诸侯出。不合乎规则和传统的战争，无论打出什么名号，都难称"义战"。之所以会造成这种局面，是因为在春秋之前，周天子通过分封功臣和亲族，建立了拱卫天子的封建制,诸侯听命于天子,而大夫以下则听命于诸侯。天子与诸侯之间一直保持着权力平衡达数百年之久。这与诺曼征服之后威廉一世大封贵族并与他们共处多年的情形极其类似。中国在春秋之前可说是真正的封建制。

但问题是,无论是西周的宗法分封制,还是威廉的贵族政体,本身存在着设计上的问题。随着天子与国君的代际传承,等到几代之后,分封宗族的血浓于水的血缘关系不可避免地被稀释,而曾经深厚的君臣恩情也日渐疏远。贵族(诸侯)与王室(天子)之间必会发生争端。周幽王烽火戏诸侯只是给诸侯不服从中央提供了一个借口而已。当中央政权政治军事能力下降、周天子因受西戎攻击而迁都,无力以军事手段约束诸侯时,天子与诸侯之间保持了数百年的权力平衡就被打破。这一点与英国在十三世纪封建贵族力量上升、王权地位下降,贵族甚至打败了国王的情形也很相像。

复杂理论强调初始条件的重要性,即最初的选择决定了一个体系随后的变迁路径。而正是在这个贵族(诸侯)与王室(天子)权力平衡被打破的关键节点上,中国的贵族和欧洲的贵族做了截然不同的选择,导致两者在制度和政治传统上分道扬镳。

要知道,君主与诸侯虽然存在权力分配上的紧张,但实际上是共生关系。意识到这一点,正是英国贵族的聪明之处:在贵族势力上升并战胜国王约翰后,如果就此废掉国王,那么此后英国一定出现内战和内乱。所以英国贵族战胜了国王,但并未赶尽杀绝,而是通过《大宪章》来制约王权,取得了对国王的优势地位,这是法治和代议制的开端。

周朝的贵族们其实也有机会出台自己的《大宪章》,在周厉王之后,周公召公为首的世卿贵族建立了"周召共和",代替天子进行统治。但可惜的是,世卿贵族们随即又将权力交回,并未趁机建立约束性规则,形成正式的分权制度。此后,不是天子压制诸侯就是诸侯侵凌天子。到了东周时期，诸侯逐渐坐大并试图取代周天子的权威，从而形成了诸侯争霸的霸道传统，而霸道成功之后就要消灭其他的竞争者——那就是专制。

不过，当诸侯将天子抛在一边，自相争霸的时候，诸侯的末日也就不远了。周朝末年，最终是由武力，而非法治决定了权力的归属——在争霸战中，周天子和贵族世家们都被专制的秦国所消灭。此后历史不断重演，世家与皇权不断斗争，在世家占优势时上层阶级内斗不断；在皇权占优势时趋于专制和僵化。在权力平衡时彼此共存，在权力严重失衡时则同归于尽。

二、门阀士族崛起的内在动力是经学传承

经学产生于西汉，并有今文经和古文经之分。东汉时著名古文经学大师如卫宏、贾逵、马融、许慎等，因学术成为高官，门人弟子动辄几千人，势力极盛。贵族阶层通过经学教育而将官位、学术传承二代、三代，势力逐渐强大。由此，经学成了做官的学问，并且各家均有不外传之秘，所谓"家学渊源"，概源于此。世家通过经学传承这种非正式的方式，出仕做官，与皇家分享权力。有时还通过联姻，维系权力平衡。

东汉是中国历史上的皇权和世家之间取得最佳平衡和合作的时代。汉光武帝刘秀定鼎中原之后，世家大族再度崛起，因刘秀取得政权主要依靠南阳豪强的支持。这些家族成为朝廷的基本班底，也奠定了之后王朝世家政治的传统：在王朝开拓之初，政治世家往往是由军功累积而成的武德世家；而在王朝定鼎之后，则是通过读书做官而进入统治集团的序列，形成累世的以经学传家的政治家族。

东汉后期，汉室衰微，外戚与宦官这两大顶级权力集团在相互斗争中双双毁灭后，以地方势力为根基的士族世家趁机扩张和上位，打破了权力平衡。三国乱世中，许多武德家族在上位后也主动转型成为经学家族，强化了士族的势力。

如前章所述，武德世家若要长久存续和繁荣，一定要做到文武相济。一直到晋初，这种武德与文德匹配的传统仍然存在，维系着少数武德世家的光荣，并且让这些武德世家顺利转型为经学世家。如吴郡朱氏在三国时期为孙吴立下大功，但当江南基本安定后，吴郡朱氏也转型成为书香世家。据说南宋著名理学家朱熹就是东吴武将朱治这一支脉的后代。另一支吴兴沈氏在东晋南北朝也以武功而著称，后来家族崇尚文德，在唐朝时成为高门，还出了著名的吴兴才女沈珍珠。

同时，世家大族也有着与后世英国贵族相似的认知，即不能随便倾覆皇权，否则必将天下大乱，世家也必不能幸免于难。于是才有了董卓之乱后汉室衰微而不灭；曹操只能选择挟天子以令诸侯，而终其一生不敢称帝的局面。这些都与世家大族对汉室的支持有关。

汉以后的世家也存此认知。在西晋灭亡，东晋司马睿称帝时兵微将寡，全力依赖北方士族王氏和江南士族顾氏的情况下，世家取得了对皇权的绝对优势。但在这种情况下，世家也不愿推翻皇权。王氏家族的王敦两次起兵反对东晋朝廷，其中第一次是因为司马睿开始起用来自其他寒门的大臣，试图架空王家的势力。在这种情况下王敦以"清君侧"即反对刘隗、刁协侵凌士族为名，得到士族的普遍支持，这说明士族在东晋的特殊地位和特殊权益，是不容皇权侵犯的。

但当王敦第二次叛乱时，欲取代司马氏而独吞江左，就因遭到士族的共同反对而告失败。其后谯国（龙亢）桓氏的桓玄借剿除司马道子而试图篡晋自立，过程和结果都与王敦无异。这说明士族群体不容任何一姓擅自废弃皇权。只有皇权与士族共治天下，平衡和秩序才得以维持。

此后，随着世代更替，世家不可避免地逐渐坐大。南北朝时两边的士族都得到极大的发展。声势之隆，连皇帝也要攀附世家大族。东晋司马睿时"王与马共天下"的局面自不必说。就连中国历史上开创了统一盛世的唐朝李氏家族也先后攀附过赵郡李氏、陇西李氏。

陇西李氏有十三房支，分布极广。其中一支在十六国时期立国西凉，即武昭王李暠——李广的十六世孙。为强调这一支系的皇族渊源，唐太宗判定《氏族志》，将皇族陇西李氏判为第一等。玄宗李隆基追封李暠为兴圣皇帝，追溯家族谱系直到李广，即：西凉景王李弇（李广十四世孙）—简王李昶—武昭王李暠—李歆—李重耳—李熙—李天锡—李虎—李昞—李渊。

这不但在当时被其他世家所非议，也引发后世的争议。如陈寅恪就认为李渊家族与陇西李氏没有关系。但实情如何，尚难定论。无论这个谱系的真实性如何，但作为皇帝家族，如此不惜功夫，牵强攀附，一定要强调世家出身，从这里也就不难领会当时世家大族的地位和影响。此后皇室更将有功之臣赐姓李，将陇西李氏由一个血缘宗族演变成为一个政治性的庞大士族。

三、绝对皇权的建立与士族的消失

到了唐朝中叶之后世家陵替，皇权开始扩张，再次打破了权力平衡。并且，中国本来有可能形成像英国一样的世家与皇权共治、依法规范各自权限的局面，由于皇权的大举扩张而变得不可能。

在统治集团内部的政治斗争中，世家明确的敌人有五个：皇权、宦官、外戚、寒门进取之士和其他世家。这些政治主体之间会进行你死我活的斗争。在这些政治势力所有的排列组合中，皇权和宦官结成联盟，皇帝被宦官控制或者皇权独大的情形，对世家来说都是致命的，因为这都表明中央权力的扩张。

需要说明的是，宦官与皇权的结盟，仍可被视为中央权力的加强而不是削弱，当然这时主导中央政权的往往不是皇帝本身，而是宦官阶层。其关键点在于，唐朝禁军中最精锐的神策军一直掌握在宦官手里，而且唐朝的宦官将领们也经常带兵打仗取胜，在军中威望较高，在政治上的地位也相当稳固。但宦官当政的一个问题就是，他们对于中央权力的行使往往没有节制，为祸尤烈。李辅国、俱文珍、王守澄、仇士良，这些掌握了中央权力的宦官，为了维护自己的地位，动不动就大举屠戮朝廷官员和士人，毫不容情。和东汉十常侍、明代魏忠贤一样，掌握了中央权力的宦官都是饱读儒家经典的世家的死敌。

公元835年，唐文宗不甘心受到宦官的长期控制，与近臣李训（出身陇西李氏姑臧房）、郑注等人谋划诛除宦官势力。本来这次谋划已经取得了阶段性成果，大宦官王守澄被赐死，唐文宗已接近夺回权柄，但李训和郑注二人争功，郑注被派往外地，削弱了文宗的实力。此后唐文宗和李训密谋在甘露寺杀死神策军中尉、宦官领袖仇士良。但当仇士良奉诏前来时，恰逢大风吹起廊下布幕，露出甲士和兵器。仇士良大惊，立刻退走并调集神策军诛杀反宦官集团的大臣，是谓"甘露之变"。在这次事变中，仇士良几乎杀掉了整整一个朝廷的大臣，许多世家大族子弟在事变中殉难。

至于皇权独大的情形，则是皇权依靠近臣（内廷）来掌控局面。在任何一个中央集权的朝代，都可以看到"朝廷"被划分为由近臣组成的"内廷"和其他大臣组成的"外朝"。为了在治理层面摆脱对世家的依赖，皇家往往依靠和召集近臣密议，通过扩大"内廷"的权力，以从"外朝"夺权。这种类似皇帝秘书小组的"内廷"，在明朝时升级成为正式的机构内阁，清朝也设立了军机处。

当然，上述皇权从世家夺权的举措，只是削弱了世家的权势。但问题是世家和皇权是共生关系，世家没落之后，皇权也难独善其身。东汉的六大世家辅佐皇权，多与其共始终；两晋南北朝的皇族鲜卑元氏、司马氏等被夺权时，都伴随着支持他们的世家的灭族；而唐朝的世家也和皇族李氏一起经过兴衰荣辱，甚至一起灭亡。有唐一代，世家和皇族共同经历了武后当政、安史之乱、宦官事变、黄巢起义、白马驿之祸的大举杀戮,损失惨重,几乎没有一个传统的门阀士族(包括李氏皇族)能够逃过五代十国而迁延到宋朝。

在唐宋之后,中国的历史进程发生巨变。门阀世家衰落之后,皇权对缺乏世家介入的官僚机构的控制进一步升级。科举制下的皇权不再依赖世家共治,而是亲身遴选人才,形成新的精英集团和治理主体;而统治能力也不再传承于家传经学,最终导致"经学"传承的世家彻底被取代,中央集权逐渐强化。如此一来,中国社会经过唐宋之间的巨大变迁,步入了一个全新的时代。

因为世家的没落,包括"经学"和经学贵族们的没落,对中国社会历史发展进程的影响巨大,所以研究中国古代史的日本学者内藤湖南首先提出,世家的没落可以被视为中国历史从中古贵族政治转变为近世专制政治的一大标志。这就是中国历史研究中著名的"唐宋变革论"。

第五章
宋元明清科举世家

第一节　科举世家：以文传家，雅道相连

经过了唐末大屠杀和五代十国的乱世，门阀士族彻底退出历史舞台，中国的世家结构和世家文化发生了重大变化。到了宋朝，时人统计，当时最有势力的三十个家族在唐代都没有出现过，算是全新的世家。原有的士族传统中断，与新的科举世家传统的建立，是宋以后家族文化的典型特征。而学界也认为，中国社会也是在唐宋之间完成了从中古向近世的转变，世家的变迁应被视为这一总体性变化的组成部分。

一、唐宋变革论

"唐宋变革论"最初是由日本国学者内藤湖南在十九世纪末二十世纪初提出，经过一百多年学界的充分研究与探讨，东亚各国学界对此已经形成基本认识，即承认唐宋间历史进程的巨大飞跃。

之所以说从唐到宋的转变是全方位的彻底转变，主要是依据六个方面所做的判定，包括：政治体制、统治阶级构成与权力的分配、社会结构和阶级流动、经济自由化和商业化程度、文化特性与价值观、国际关系，等等。其中与世家文化有关的变化包括：

>隋唐两朝皇帝出自世家大族（弘农杨氏和陇西李氏），两宋皇帝来自平民；
>
>隋唐到两宋，中国经济重心往东南转移；
>
>隋唐名臣大多出将入相，两宋则是重文轻武的文官政治；
>
>隋唐是门阀政治，两宋是科举政治；
>
>隋唐的科举多出士族文官，两宋的科举多出平民文官。

此外，由于科举文官引领潮流，也改变了学术、文学、艺术的品味。例如，唐代学术讲究"疏不破注"原则，宋代则以己意解经，其实就是读书士子自身主体性的伸张；两宋的新体诗运动、古文运动、新乐府运动、诗文革新运动，都重视文学作品的创新和解放；艺术创造上由金碧辉煌的壁画变为清淡简朴的卷轴，也是贵族文化让位于士人文化的具体表现。

这些转变有着巨大的影响。内藤湖南认为唐宋变革是中国历史从中古向近世的转移过程，其本质是"贵族政治的衰颓和独裁的兴起"。

中国自从春秋战国时期的诸侯割据、分权政治以来，经历了西汉短暂的大一统，随即转变为东汉的皇权与外戚、世家共治的格局，南北朝时，皇权进一步低落，还是门阀贵族独占政治特权的局面。东晋门阀士族和春秋贵族世家的地位接近、特权相似，并且也有凌驾于皇权之上的能力。

内藤湖南认为，贵族阶层（即两晋南北朝的门阀士族）在隋唐实行了科举制后，因官吏通道向普通平民开放，而逐渐失势。而"贵族的失势的结果，使君主的地位和人民较为接近，任何人要担任高职，亦不能靠世袭的特权，而是由天子的权力来决定和任命"。当然，这个地位更替的变化本来是缓慢的，但唐末的大屠杀让士族阶层为之一空，大大加快了这一进程。

在门阀士族失势的同时，人民的地位亦有变化。贵族时代，人民在整体贵族眼中视若奴隶。但自隋唐时代"中国虽然完全不承认人民的参政权，但贵族阶级消灭后，君主和人民直接相对，亦是进入近世政治以后的事情"，"君主在中世虽然居于代表贵族的位置，但到了近世贵族没落，君主再不是贵族团体的私有物，他直接面对臣民，是他们的公有物"。①君主直接面对人民，意味着从贵族政治进入君主独裁政治。这是任何国家都能看到的自然顺序，是世界史的普遍现象。

发生在唐宋之间的这些巨大变化，对于世家大族的影响至为深远。除了皇权进一步加强外，中国的精英阶层，从原来先秦的贵族君子，转变为东汉到隋唐的门阀士族，经唐宋之间的革命性变迁后，再度转变为科举制下的读书士子，完成了一次又一次影响深远的精英迭代。中华帝国的统治精英，经过数千年的历史演变而不断下沉到平民阶层，在宋朝之后逐渐集中在那些具有家国情怀的读书人、知识分子那里。而这个新的精英阶层掌控权力的最主要途径，就是通过科举考试。

科举考试制度，不仅仅是人才选拔制度，同时也是阶层向上流动的渠道。中国的历代皇朝，就是通过科举制度，不断地培育精英阶层、任用杰出人才，让来自社会层面的新鲜血液不断地输送到政权中枢，从而形成可以更新、可以竞争的统治精英集团，维护帝国的统治、帮助帝国的存续。

---

① ［日］内藤湖南：《概括的唐宋时代观》，译文出自刘俊文主编《日本学者研究中国史论著选译》，中华书局，1992年，第11—18页。

二、从察举制到科举制：唐宋统治精英结构的变化

在隋唐之前，朝廷选官制度经历了从汉朝"察举制"到魏晋"九品中正制"的变迁。特别是魏晋时期，来自颍川陈氏的陈群创立九品中正制，规定由特定官员，按出身、品德等考核民间人才，分为九品录用。九品中正制是察举制的改良，二者的主要区别是察举权由特定的官员行使，并成为此后选官的常规模式。

南北朝时沿用了魏晋的九品中正制。在这种选官制度下，地方世家大族经常和中央的选拔官员及地方的主要官员联手，源源不断地将相互之间有着裙带关系的世家子弟输送到朝廷和地方官场中，后来甚至选官所凭准则仅限于门第出身。九品中正制有利于世家大族影响甚至控制整个选官的流程，也就是控制政治权力本身。

北朝时期，经过多年内争外战，武将集团逐渐崛起，特别是来自关陇的军事贵族集团，对于北朝的历代皇权都有着重大影响。如北魏、西魏、东魏、北周、北齐，都有皇帝曾经被关陇集团内部的武将废掉过皇位。而隋文帝杨坚本人就来自关陇集团内部，并依靠军事实力篡位北周，建立了隋朝。杨坚深知关陇军事集团的厉害，于是在做了皇帝后立时创设了科举制度，用分科考试的方法来选拔官员，希望用民间士人来平衡关陇贵族的势力。

隋炀帝大业三年（607）开设进士科，正式用科举制代替了九品中正制，主要考核参选者对时事的看法，选拔人才，所谓"以策取士"。这对于一个人的背景、出身、视野、格局都有着极高的要求，非从小见惯大世面的世家子弟不能通过。这就导致科举制在一开始并没有起到遏制世家大族子弟做官的作用，还适得其反，甚至还增加了传统世家（包括关陇世家和山东士族）进入朝堂的机会。这些世家有着当时最好的教育资源，于是充分利用科举制度，让更多的子弟通过科举成为朝廷官员，并

且把贵族与皇权的博弈斗争从暗地里放到了朝堂之上，使得皇权与世家之争在有唐一代更为激烈。

但科举制的兴起毕竟让原来门阀士族所依赖的九品中正制消失，这让士族高门子弟完全垄断朝堂的状况有了改变，寒门和平民子弟可以借助科举进入统治阶级行列。特别是到了宋朝以后，科举考试形成了分级考试制度，考试内容基本以"四书五经"为准，形成了"以文取士"的方向，这就让平民子弟中的有才干者有了更多机会上位。

中国的世家主体，也因此从门阀士族转向科举世家。人才产生的机制不再来自家族传承，而是科举制度。这种变化也意味着中国的政治精英结构的彻底转型，以及科举制下中国古代精英阶层的变迁。像山西闻喜裴氏，原来虽有子弟为官为将，却算不上第一等的世家大族，但在科举制下，由于裴家特别重视教育，又有一套有效的教育方法，因而总是能够在科举考试中胜出。这让裴家在一千多年的时间里出了多位宰相级官员，跻身顶级世家行列。

随着士族高门权力的削弱，皇权开始上升。到了宋朝之后，中央集权的制度大大加强，这当然是皇权主动收权的结果，但科举制也起了至关重要的作用。科举制对于中国政治权力结构的改变，不仅在于用考试来选拔人才的方式变革，而且在于将所有选拔官吏的权力收归中央。科举制下，所有进士都成为"天子门生"。科举制的设计通过人才的选拔、流向、考评等方式，无形中强化了中央集权制度。

同时，科举制的施行，让来自不同阶层的读书人成为中国文化的支柱力量。特别是宋代之后就是彻底的平民社会了，布衣卿相之局从此开始。学者之所以将唐宋变革之前的中国称为"中古"，而将唐宋变革之后的中国称为"近世"，其中一个很重要的原因就是统治精英从世袭贵族向平民卿相的演变。

三、宋朝科举世家与文化发展的黄金时期

科举制度的意义不仅仅在政治权力层面,更在文化传承层面。

中华民族是一个由共同文化凝聚而成的民族。而中国人文脉的保存,世家大族的贡献居功至伟。从春秋贵族世家、魏晋南北朝门阀士族到唐宋元明清科举世家,都强调文化传承的核心价值。所谓"以文传家,雅道相连",是指这些家族以创造文化和文明的成果为家族使命,并且这种创造在几代人的时间内形成了系统的文化链条。

从隋唐到明清的科举考试,内容包括诗赋、策论、八股等,既有利于选拔理论型人才,也可以选拔实务型人才。而这些人才在建功立业的同时,也纷纷建立起以科举文化为核心内涵的家族,开辟了属于读书人阶层的"以文传家"的传统。有时这种传统还与古老但一直存续的"礼治"传统相结合,成为更有道德内涵的家族传统,是谓"诗礼传家"。

陈寅恪在《崔浩与寇谦之》一文中说道:"东汉以后学术文化,其重心不在政治中心之首都,而分散于各地之名都大邑。是以地方大族盛门乃为学术文化之所寄托。中原经五胡之乱,而学术文化尚能保持不堕者,固由地方大族之力,而汉族之学术文化变为地方化及家门化矣。故论学术,只有家学之可言,而学术文化与大族盛门常不可分离也。"

有汉一代儒学独尊,孔、孟、颜、曾四大家族因儒学兴家,也以儒学传家。魏晋南北朝时期山东文化世家灿若星辰,如高平王氏家族中王粲的文学创作、王弼的玄学与易学研究,兰陵萧氏家族中萧统主持编纂《文选》,东海徐氏家族中徐陵编《玉台新咏》等,都代表了当时文学或学术的高峰。

到了唐朝,科举内容与隋朝相比发生了变化,文学的内容增加了,总体来说对于考生背景上的隐性要求比隋朝更低。唐朝科举分为明经、进士两科,最初都只是试策,考试的内容为经义或时务。后来两种考试的

科目都有所变化，明经重帖经、墨义，进士重诗赋。明经需要熟读经传和注释，诗赋则需要具有文学才能。而文学才能更加取决于个人天赋和努力，而不是阶层出身。所以进士科得第很难，有"三十老明经，五十少进士"的说法。大诗人孟郊考中后作《登科后》，其中有一名句："春风得意马蹄疾，一日看遍长安花。"说明连这样的大诗人都认为进士的诗赋考试很难，所以才在考中后如此欣喜若狂。

宋朝是科举和文学的黄金时代。宋代科举将唐朝以来以诗赋取士变为以经义取士，并且经历了唐末大屠杀和五代十国的变乱之后，原有的"五姓七望"等士族门阀消失殆尽，朝廷也只能从平民中选拔人才，这就打开了平民中有真才实学者的上升通道。在两宋时期，以平民身份起家，通过科举上位的家族不胜枚举。以江西为例，抚州临川和吉安庐陵成为江西文化的胜地。其中临川出了以晏殊、晏几道为代表的晏氏家族，其他如王安石家族、曾巩家族都是一时之选；而庐陵则出了"画荻教子"的欧阳修家族、解缙家族、以文天祥为代表的文氏家族等。这些家族的精英都是通过科举走上仕途，建功立业，光耀门楣的。

在宋朝之前，儒学的发展经历了先秦时期的"礼学"、两汉南北朝时期的"经学"阶段。汉唐经学恪守"注不违经""疏不破注"，使儒学发展陷入停滞。到了宋明时期，以道德和真理追求为核心的"理学"兴起。"理学"反对"经学"的注释为主和"学不见道"，强调思辨和价值理性。这也对宋朝之后的士大夫阶层和科举制度产生了影响。

在文人地位提高的背景下，士大夫文化的传承，及其对道德和真理的追求，成为中华文明传承的核心组成部分。而世家特别是科举世家，仍然是这种士大夫文化传承的主要载体之一。在一千三百多年的中国古代科举考试历史上，涌现出了为数众多的科举望族，而明清尤甚。如新城王氏、莆田林氏，这些家族本身往往就是文化重镇：在近代的农村社会，许多乡绅家中积累藏书达数百年的时间，藏书达到万册、几十万册，成为中国文化和士大夫精神的重要传承者。

文化传承的方式，当然首重教育。而这些文化世家的教育，虽以科举为导向，但其内涵仍是儒家文化的传承，是一种以天下为己任的教育，政治和文学并没有划分得那么清楚。唐宋之前的文化家族，多以诗文传家，继志述事，代有其人。其中最为有名的包括渤海欧阳家族。

作为春秋贵族世家越王勾践的后代，渤海欧阳氏在两汉魏晋时期原本是以门阀士族而闻名。在东晋永嘉南渡之后，欧阳氏因经历残酷的政治斗争而衰落，而且很多欧阳氏族人改为他姓。直到北宋时期，欧阳氏才重新崛起。

作为"唐宋八大家"之一的欧阳修出身贫寒，从小父亲去世，家里很穷，买不起纸笔。母亲就以地作纸，用芦荻当笔，教他识字。后人为怀念先人，许多欧阳氏族人就以"画荻"为堂号。欧阳修刻苦攻读，长大后通过科举登上高位，恢复了渤海欧阳的高门大族的地位。

欧阳修不但自己官至枢密副使，成为"唐宋八大家"之一，还有知人之明、用人之量。通过科举选拔的机制，欧阳修评断、发现了不少人才，并且在文坛和官场上极力举荐。这才有了才华横溢的苏氏父子三人，"苏门四学士"黄庭坚、秦观、晁补之、张耒等诗人，还有曾巩、曾布等文章圣手，以及"中国十一世纪最伟大的改革家"王安石。欧阳修死后谥号为"文忠公"，这是中国古代文臣仅次于"文正公"的高等级谥号，彰显其奠基了宋代文化盛世的人才基础。

值得一提的是，在家族文化建设方面，中国大多数家族其实都受益于欧阳修。欧阳修在仕途和文学上进取的同时，还编写了影响深远的《欧阳氏谱图》，确定了私家修谱的格式，包括：谱序、谱例、世系图、世系录、先世考辨等，为中国的大家族世系文化的传承提供了重要的载体。元明以后，私家修谱的内容又加上了族规、家训等，让单纯的家谱记录有了家族文化传承的内容。从此之后，无论是世家大族，还是普通的平民家族，都有了私家历史和谱系传承。家族文化传承也成为中国历史文化的重要组成部分。

四、宋末文天祥兄弟：同时保全国之气节与家之传承

科举是为国选拔人才，并且以儒家的忠孝仁义等伦理为文章内容之本，因此从科举出身的人才往往有强烈的进取心和责任意识。在他们身上，对国家的责任和对家族的责任可以完全融合在一起，这是真正的"家国情怀"。

文天祥，江西庐陵人，科举状元之才。作为文官左丞相，他在南宋即将覆灭之时，组织队伍抗击蒙古兵，抱必死之志，不屈服不投降，成就了华夏民族的气节，与陆秀夫、张世杰并称为"宋末三杰"。而这样殉身于华夏文明的豪杰之士，是来自什么样的家世传承呢？又如何通过"兄尽忠，弟尽孝"而同时担负起了对国家和家族的责任呢？

汉族文氏的源头一共有五个。第一是出自姬姓，就是周文王姬昌的姓氏，是中国最古老的姓氏之一，属黄帝后裔。周文王的后代中有以文王谥号"文"为姓的，这是陕西文氏的来源。第二是周武王封炎帝后裔文叔于许，建立许国。战国初年为楚所灭，文叔的后代有的以许为姓，有的就以文叔的文字为姓。第三是出自春秋卫献公的将军孙文子，孙文子很有名望，他的子孙有的就以祖先的名为姓，这是河南文氏的来源。第四是战国时期齐国发生叛乱，公子孟尝君逃到魏国，成为魏国丞相，死后谥号文子。孟尝君的后人有以"文"为氏的，这是山西文氏的来源。第五是来自大舜的后裔妫姓，妫姓后代建立陈国，陈厉公的儿子陈仲谥号为敬，也被称为敬仲。后代就以敬为氏。等到五代十国的后晋时期，当时的晋高祖石敬瑭的名字中有个敬字，为了避讳，很多"敬"姓就改为"文"姓。文天祥就出自这一支。

作为中国最古老的文明开创者的后裔，文天祥的不屈气节青史留名。

不过，在宋元交替的那个乱世里，文氏家族的身份和作用并不是一个殉国英雄那么简单。

南宋崖山海战失败后，陆秀夫抱着小皇帝跳海，有十万宋朝精英跟随他们蹈海而死。这是中华文明史上十分惨烈的一幕，所以历史上有"崖山之后无华夏"的说法。但如果所有的文明精英都随着皇帝殉国而死，这文明也确实流传不下来。中国古老的文明能够传承至今，绝非仅有宁死不屈的气概，还需有委曲求全的韧性。在这一点上，文氏家族是一个典型。

文天祥被俘后，元军统帅张弘范劝他投降，他便写下那首著名的《过零丁洋》交给张弘范，"人生自古谁无死，留取丹心照汗青"，让张弘范为之动容。此后文天祥目睹崖山海战宋朝灭亡，仍要为国守节。他的气节赢得了对手的尊重，张弘范一生都在保护文天祥，甚至在临死之前还上书忽必烈，力主必不能杀文天祥。

文天祥以身殉国，决不屈服，但他的两个弟弟文璧、文璋却没有跟着他殉国，而是率领家族离开广东，回到老家江西，想要默默地生存下去。然而元朝廷却多次发出诏书征召文璧去大都，命令一道接着一道，措辞也更加严厉。文璧无奈，只好来到大都，就任临江路总管兼府尹。但文璧并非贪生怕死地投降，而是意在保全家族。战后，文璧发展经济，救助南宋遗民，做了不少好事。他收集出版了文天祥遗著，为文天祥建祠。同时他还买回文家祖屋，建立家庙，把母亲的灵柩从广东迁葬家乡；把流落大都的大妹、二妹两家都接回老家，还千方百计找回了流落在外的文天祥的妻子，奉养终生。

文天祥在被忽必烈囚禁的时候，已经知道弟弟做了元朝的官，并没有责怪他，而是在给文璧儿子的信中解释了兄弟两人为何选择不同的道路：文天祥自己是宋朝的科举状元和丞相，深受国恩，在国难之时必须尽忠，这是民族和个人的气节所在。而弟弟文璧、文璋则不一样，他们只是地方官，而且宋朝已经灭亡了，即使拼上文家全族的性命，也无法改变现实。他们的投降是保全家族，把血脉传承下去。有了人就有希望。

时人对于文氏兄弟的评价截然相反，认为兄长文天祥慷慨就义，弟弟文璧却忍辱偷生。但实际上，没有文璧，文家很可能已经消失于历史之中。从超越政治的家族视角来看，在国家兴亡之时，文家兄弟分别献身于国和家，兄为国尽忠，弟为家尽孝。兄流芳千古，弟背负汉奸骂名。这既是他们的个人选择，也可被视为文明的刚强和柔韧在同一家族身上的体现。

公元 1282 年十二月初八，距离宋朝灭亡已经四年了，文天祥也被囚禁了四年。在这四年中，他没有吃过元朝政府的饭。一个叫张毅夫的人在文天祥被押送去大都的路上赶上了队伍，要陪着他一起坐牢，最后在大都文天祥的牢房附近租了房子，给文天祥送了四年牢饭。在这一天，忽必烈最后一次召见了已经被囚禁四年的文天祥，再次许诺，只要他投降，就任命他为元朝丞相。文天祥再次拒绝。忽必烈问道："汝何所愿？"文天祥回答："愿一死足矣。"

第二天，文天祥就刑而死，死前向南而拜，大声说："臣报国至此！"这样的大丈夫，就是我们的先辈。

五、明清科举世家：科举内容的变化与门槛的降低

随着科举制的内容不断变化，从宋朝以后，进入科举考试的门槛不断降低，在这个过程中官员的出身阶层也不断降低，逐渐完成了从一等士族阶层向次等士族阶层，最终到平民阶层的转变。由于科举成为普通平民上升的最重要通道，因而无论是权贵还是布衣，无论是大家族还是小家庭，都试图要把子弟培养成为文士，这些不约而同的选择，也形成"科举世家"的传统。

到了明朝初年，因为经历了大规模战乱，传统的权贵阶层世家再次

凋零。但两个因素促使新的、来自平民阶层的科举世家崛起，一是明朝皇室出身平民，对传统的世家权贵阶层并不信任，因而大力拔擢平民；二是明朝科举考试的八股化，让科举取士的门槛进一步降低。

明朝对于科举考试的内容和标准有了重大的改变。即为了保证所谓的"公平公正"，推行八股取士。八股文的应试化取向、答案标准化，实际上对于学习者的思想是一种禁锢。但也因此导致应试门槛降低——在标准化的考试中，世家子弟的眼光格局、诗词文学的天赋异禀，都抵不过下苦功夫的死记硬背。

不过，明清参加科举学习的人数比唐代有了几十、上百倍的增长，其间的竞争也越来越激烈，因此也不乏人才出现。此时就连原本以武德传家的满蒙军功贵族世家也渐次向科举文学世家转型，并出了纳兰容若这样的大诗人。

值得注意的是，科举世家的基础比门阀士族的基础更加薄弱和不可靠。原因是科举世家因科举考试而兴，这种维系家族兴盛的手段并不可靠，往往"家族兴起—科举及第—进入权力中枢"和"科举不第—不能为官—家族衰落"这两种相反的循环在一两代人的时间内就会交替上演，来不及形成世家传统。所以宋以后，家族为了自我维系的需要，更将精力放在家族内部的规章体系建立，形成宗族传统，并逐渐以普通宗族取代了士族。这时的宗族，缺乏士族"经世济用"的家学，也无法为家族积累强大的政治资源，因此无力与中央集权相抗。其与皇权的关系也不再像以往士族那样密不可分，从而形成了新的世家文化内涵。

但科举考试有一点和士族年代的"举明经"是一样的，即主要学习内容是以儒家的忠孝节义等伦理为根基，这造就了明朝知识分子的"节义"观念非常强烈。和宋朝一样，当明朝灭亡时，大批知识分子选择为明朝殉国，或者举族起兵抗清而共赴国难。中国人的家国情怀通过科举世家而得到了持续的传承。

第二节　教育名门：河东裴氏变迁与江西士子崛起

唐朝的科举世家有些是由传统的门阀士族演化而来，如位于北方的千年名门河东裴氏；有的是平民家族教育有方，如地处南方的江西士子群落；有的甚至是由武德家族演化而来，如江东吴兴沈氏原为以武传家，后来却出了很多文学才士。

一、"宰相村"的两千年传奇

春秋末期，秦公子嬴鍼因为国内政争而投奔晋国。晋平公给了他一块封地，这块封地就是现在的闻喜县裴柏村，当时叫裴中。嬴鍼因为封地的原因而被人称为裴公，从而成为裴氏家族之祖。裴家在历史上的传奇之处在于家族兴盛的时间长度达两千年之久。除了孔子家族外，没有其他家族能够比得上。

汉武帝时期，河东裴氏出现了第一位高官裴盖。他成为汉武帝的侍中，相当于宰相。从此以后，裴氏家族出任宰相就成了一个传统。裴氏家族所在地闻喜县裴柏村又被称为"宰相村"，因为从这个村子里走出去的裴氏家族，共出了五十九位宰相。

裴氏家族的兴旺，究其原因，可以用四个字来概括：家学渊源。在家族自身的儒家文化传承之外，还有鲜明的个性和广泛的涉猎，儒学、道家、文学、地理、天文等无一不学。在科举制之下，由于裴家的教育水平高，所以其在科举考试中脱颖而出。正是因为这些文化要素构成的整体，才推动闻喜裴氏家族的传承和发展。

在学问方面，裴氏家族屡屡出现大文学家、大思想家，最著名的是南北朝时期的"史学三裴"——裴松之、裴骃、裴子野，他们是祖孙三人。裴松之，是南朝刘宋太中大夫，所写的《三国志注》成为不朽的历史文献。他的儿子裴骃为司马迁的《史记》作注，撰写《史记集解》，共计八十卷，流芳百世。而裴骃的孙子裴子野有史学兼文学著作《宋略》。

在从政方面，有唐一代河东裴氏出了十七名宰相，平均十七年有一位裴氏宰相出现。在唐朝末期的朝廷上，裴氏有三位宰相，分别是裴澈、裴贽、裴枢。在朱温的白马驿之祸中，裴枢与其他大臣都被朱温所杀，第二天裴贽也遇害。裴氏家族对唐朝的忠诚，导致朝中一百四十多名裴氏大臣先后被杀或是被贬，裴氏遭遇重大打击。直到北宋时期裴氏家族又出现了三位宰相：裴济、裴宜、裴定，才重新恢复了家族的政治地位。

裴家不但文学出众，在武功方面也不遑多让。河东裴氏的裴仁基是隋末名将，裴行俨、裴行俭是裴仁基的儿子，裴行俨号称"万人敌"，是一员猛将，是《说唐》中隋末第三条好汉裴元庆的原型。另一个儿子裴行俭人称"儒将之雄"，名列武庙七十二将。裴行俭的老师是苏定方，而苏定方的老师则是"战神"李靖，所以裴行俭算是李靖的传人。

唐朝时，萨珊波斯帝国被阿拉伯帝国所灭。裴行俭送波斯王子回国复位，却在路上遇到了突厥人的阻挠。当时裴行俭只带领极少数人马出发。到了边境的时候，说天气炎热，要停下来避暑，结果却开始就地招募骑兵。他成功地动员了当地少数民族，组织了一支上万人的部队，击败了西突厥大军，并抓获西突厥首领阿史那都支，其部众也随之投降。

论长途奔袭战术，大唐战神李靖是最有经验的。而裴行俭在这方面也十分出色。公元679年，归附唐朝数十年的东突厥发生叛乱，策动大军南下进攻，并击败了前来平叛的唐军。高宗李治大怒，调集了三十万大军平叛。裴行俭统帅其中十八万主力部队。680年春天，两军相遇。裴行俭在此战中第一次成建制地使用了"大唐陌刀"，一千多把陌刀同时出手，东突厥整整一支部队在很短的时间内就被全歼。突厥首领最终不得不再次归降大唐。

二、百年传承靠权力，千年传承靠教育

俗话说"君子之泽，五世而斩"，这本是描述先秦贵族世家的支系"小宗"在几代人之后就要改姓的传统，后被用来形容世家传承之艰难。中国世家大族兴旺的时间通常只是几代人，只有少数超过百年时间。特别是科举世家，如果子弟科举不继，可能两代人之内命运就会反转。而裴氏的兴旺时间却长达千年，这在中国历史上是非常罕见的。

为什么会有超过千年兴盛的家族？裴氏族人对于教育的重视程度，以及正确选择的教育内容和教育方法，是裴氏能够长盛不衰的主要原因。

明末清初的名士顾炎武曾经考察过裴柏村，他认为，裴氏家族之所以昌盛，原因有三：自强不息、世袭、联姻。但问题是，世袭和联姻是许多世家大族都在做的事情，为何只有裴家能够兴家旺族如此之久？但顾炎武提出的"自强不息"确实是最重要的因素。而裴家的自强不息主要是通过严格而一贯的教育实现的。

河东裴氏的教育主要分为三个方面：儒家修身教育、经世致用教育和道家玄学教育。

儒家修身教育主要体现在家规家训中。早在北朝时，名臣裴良就已经开始着手整理祖上口碑相传遗训，撰写了《宗制》十卷。隋唐时期，裴氏家规日臻完善。现存的裴氏家规形成于清末民初，分为《河东裴氏家训》和《河东裴氏家戒》两个部分。

《家训》是从正面引导和要求，而《家戒》是从反面提醒和警诫。《家

训》十二条，即敬奉祖先，孝顺父母，友爱兄弟，协和宗族，敦睦邻里，立身谨厚，居家勤俭，严教子孙，读书明德，淳厚戚朋，慎重言语，讲求公德。其中，家训第八条关于"严教子孙"说，"传子一经，金玉薄之"，经书是胜过金玉的。这是一种明确的价值观教育。

《家戒》明确十个"毋"，即毋忤尊亲，毋辱祖先，毋重男轻女，毋事赌博，毋为盗窃，毋贪色淫，毋吸烟毒，毋酗酒好斗，毋忘本崇洋，毋入帮派。家规家训的目的是培养崇仁向善、知书达礼、建功立业的"堂堂正正之人"。

裴家世传的经世致用之学，实际上就是重视实务和科学。裴秀被誉为"中国地图学之父"，他著有《禹贡地域图》，基于实用的目的，按照科学的方法进行了地图的制定。其子裴頠继承其父的科学精神，建议改革度量衡。而曾经在护送波斯王子回国的路上大败突厥的大将裴行俭，也是靠着地理学和天文学知识行军打仗，屡立战功。裴行俭征讨东突厥的时候，有一天唐军已经扎好了营帐和战壕，裴行俭却突然命令搬家，他手下的士兵们不知道为什么要这样做，心怀不满但也只好服从命令，转移营地到了高处。当天晚上一场暴风雨不期而至，原来安营扎寨的地方，积水足有一丈多深，众人这才叹服。裴行俭所掌握的天文和地理知识挽救了全军。

裴家还把道家玄学纳入家学教育体系，这是家族进入逻辑思维和哲学思辨等高层文化的基础。南北朝时裴徽是谈玄人物之祖。裴氏的玄学教育，使族人在分析问题、思考问题时能够跳出现实窠臼，就显得比别人的见识高、判断力强。隋朝裴矩是有名的能臣，但见皇帝胡作非为，苦谏不从，即挂冠而去，此后又服务于唐朝，做出一番事业。裴矩被认为是当时最能够准确地把握趋势的大臣之一。

裴氏不属于"五姓七望"的顶级士族门阀，但仍然在唐代大放异彩，有一个重要原因，就是科举制的推行。隋唐开始科举取士，对于推崇"自立求功者荣""因袭获爵者耻"精神的裴家来说，一直重视的教育正好派上了用场。这种具有鲜明家族个性色彩的独特教育内涵，通过不断积累、不断传承，让家族每一代都能够出人才，振家声。

裴氏家族对教育的重视程度前所未有，认为"玉不琢不成器，人不教不知义"，甚至规定裴氏子弟参加科举未能中秀才者不准走宗祠的大门。在这样的风气下，裴家的幼儿教育和少年教育就已经非常严格，甚至还有胎教（主要内容是孕妇行为规范）。这些教育基础让裴家可以通过科举而人才辈出。

家学累积之下，河东裴氏通过科举或举荐人才辈出，冠裳不绝。裴家历史上仅科举状元就有十一人、榜眼二人，进士的数量难以计算；先后出过宰相五十九人，大将军五十九人，中书侍郎十四人，尚书五十五人；其他的有驸马二十一人，皇后三人，太子妃四人，王妃二人；在爵位方面，公爵八十九人，侯爵三十三人，伯爵十一人，子爵十八人，男爵十三人，公主二十人；被写入史书有列传的六百余人，七品以上官员多达三千余人！可谓"将相接武、公侯一门"。"宰相村"迄今还闻名于世。

曾在河东为官的欧阳修赞道："表唐宰相世系以裴为首，宰相至十有七人，岂不盛哉！"还说"天下无二裴"，可见推崇之至。欧阳修的意思，一方面是说天下的裴家都出自闻喜的裴柏村，另一方面则说中国再没有哪一个氏族能像裴氏这样辉煌。

三、科举制度对传统世家的抑制

和其他门阀士族一样，裴氏也在唐末对世家大族的屠杀中损失惨重。裴氏在朝堂上有三位宰相裴澈、裴贽、裴枢。在白马驿之祸中，裴枢与其他大臣被朱温所杀，之后的第二天裴贽也遇害。因为裴氏家族对唐朝的忠诚，朝中一百四十多名裴氏家族的大臣先后被杀或被贬，裴氏受到致命打击。

五代十国时期整个中原混乱不堪，直到宋朝建立，社会才开始稳定了下来，这又给了裴氏家族以教育入仕的机会。《平遥县志》记载，裴谦生二子。长子裴彻，宋平章事；次子裴普的两个儿子，长子裴宜是大理寺平章事，次子裴定为礼部侍郎。而裴定的几个儿子也分别考中进士、举人。其他如裴见素，官至宋银青光禄大夫。裴见素的儿子裴鉴任湖广道监察御史，孙子裴相为工部侍郎，曾孙裴治在金国考中天眷癸卯解元。

就这样，在宋、金时期裴氏家族大批子弟又开始通过科举进士出身，跻身官场。在这诸多的官员子弟中有三人位居高位，裴彻——宋平章事，裴宜——大理寺平章，裴定——礼部侍郎。不过，宋朝三位裴氏宰相的身份一度受到学者质疑，学者怀疑裴氏家谱在唐朝之后造假，因为这三位宰相除了家谱和县志之外，在历史上很少有史书记载。

这也可以看出，裴氏虽然在宋朝仍有子弟做官，但影响已不是很大。究其原因，不是因为裴家的教育没落了，而是在北宋一朝世家子弟遭遇了教育上的"逆向歧视"。

开宝元年（968）三月开科，翰林学士陶谷之子陶邴名列第六，但宋太祖说："闻陶谷不能训子，陶邴安得登第？"命宰相加以复试，陶邴在复试时成绩及格，才被录取。之后宋朝立下了一条原则："食禄之家，有登第者，礼部具姓名以闻，令复试之。"世家子弟及第之后还要再复试，不仅是为了杜绝作弊，也是为了增加难度。

不仅如此，在宋朝，还有对贫家子弟参加科举考试赠予路费、提供方便等传统，对世家子弟不但没有这些资助，在考试评定上也执行了更加严格的标准。中央皇权有意与平民阶层结盟，抑制世家的影响，这种意图是再明显不过了。有宋一代所谓"布衣卿相"（宰相出自平民阶层）格局的形成，有着明显的政策因素。

配合着来自皇权的政策支持，当时许多寒门家族的教育水平已经得到了很大提升，从而成为真正的科举世家，而裴氏这样的传统世家在教育上已无法占据优势，只能成为那些如过江之鲫的科举世家中的普通一员了。

不过，裴氏家族的一些家族传统还延续到今天，每到重大节日，裴氏全族都会聚集在祠堂，族长向后人讲述祖先事迹，昭示后人严守祖训，自强自立。家规是非常严厉的。比如，"子孙考不中秀才者，不准进入宗祠大门"，"凡贪官污吏，死后均不得葬入祖坟"，"从政者行惠民之法，习文者出不朽之作，研习者留济民之术"。对于家风的千年教育，最终形成了一种可贵的家族精神传统。这应该是子孙们所继承的最大财富吧。

四、两宋科举世家：江西士子的群像式崛起

在河东裴氏等传统门阀世家在科举时代渐渐没落的同时，平民子弟在皇权的有意扶持下发展了起来。北宋时期，仅仅在江西临川，就曾出过晏殊、晏几道家族，王安石家族，曾巩家族等，都是以妙手文章出身科举，成为一代名士，其影响力在宋代远大过河东裴氏。

北宋的科举世家中，晏殊家族为杰出代表。公元991年，即宋太宗淳化二年，晏殊出生于江西临川，天资聪颖，儿时就是附近有名的神童。1004年十四岁的晏殊参加科举考试，竟中了进士。后来晏殊官至枢密使、礼部刑部兵部尚书，与名臣范仲淹相互支持，让北宋政坛风清气正，同时他们还合力阻止了西夏对边境的侵扰。

晏殊还以词著于文坛，尤擅小令。有名作《浣溪沙》："一曲新词酒一杯。去年天气旧亭台。夕阳西下几时回。无可奈何花落去，似曾相识燕归来。小园香径独徘徊。"风格含蓄婉丽，情感表达微妙，一股富贵清平之气中自有隽永哲思。

晏几道是晏殊第七个儿子，从小锦衣玉食。但在父亲晏殊过世后，受到政敌打压，晏几道的生活逐渐陷入困顿。他发奋图强，潜心六艺，终成文学名家。晏几道有名作《临江仙》："梦后楼台高锁，酒醒帘幕低垂。

去年春恨却来时,落花人独立,微雨燕双飞。记得小蘋初见,两重心字罗衣。琵琶弦上说相思,当时明月在,曾照彩云归。"同样抒发了时间流逝为背景的人生感悟。在北宋文坛上,晏殊与晏几道被称为"大晏"和"小晏"。

在此后二百年内晏家五代人中每代都有科举出身的官员。除晏殊本人外,共有九人列榜进士,和同出于江西、"一门十进士"的欧阳修家族都称得上是科举历史上的传奇。

江西临川的乐安董氏,只是宋朝科举世家的普通代表,已是成绩斐然。乐安董氏家族世代居住于江西乐安的一个小山村。在乐安县境内出过的五十二名进士中,董氏族人就有二十一名,七十二名解试举人中董氏占有四十七人,一半以上都是董家人。董氏家族中还出过一名"恩榜状元"——董德元,到了五十三岁时高中,可惜后来因为依附奸臣秦桧而被董氏家族拒绝列入乡祠,但还是入了族谱。

另外,同样来自江西的庐陵科举家族也在科举历史上大放异彩,庐陵就是今天的吉安,自古享有"江南望郡""文献之邦"的美誉,在科举历史上一共考取进士三千余人,名列全国州郡之首,是当之无愧的"进士之乡",形成了"隔河两宰相,五里三状元,一门多进士"。欧阳修家族、解缙家族都是其中的翘楚。

南宋灭亡之前,江西还出了庐陵文氏的文天祥兄弟三人同中进士,传为佳话。其中文天祥不但是当年考试的状元,后来还成为南宋宰相和宋末民族英雄。这些家族的共同特点都是起自平民、家族中有多位子弟通过科举晋身朝堂。

由江西一地的科举世家的兴盛,不难想见宋、金、辽、元来自其他地区的科举世家之盛,如江苏、福建、安徽等地,有名的科举世家更是不胜枚举。唐宋变革之后的科举时代,是读书人的时代,也是那些世代重视教育的书香门第的时代。

也是由于科举制打开了阶层上升的通道，上述出身寒门或平民的科举世家，在几代人的时间内就可以超越传统门阀士族。但是，只有河东裴氏这样极为重视教育的世家才能保持地位长久。这也表明，在中国的家族史上，门阀士族靠选官等制度优势，可以轻易做到百年传承；但要做到家族的千年传承，还是要靠教育。

第三节　明清科举世家：新城王氏与莆田林氏

一、科举制让统治精英更多地来自平民家庭

在中国古代，统治精英阶层的选拔方式，既关系到国家的兴衰，也是家族能否获得政治地位的关键要素。事实上，并非所有科举世家都有千年传承，更多的是唐宋变革之后，制度的变化导致考试门槛降低，以及教育普及化，让统治精英阶层的选拔范围从少数世家而走向了更广阔的平民家庭。

唐代诗文取士的门槛其实很高。因为要培养一个人的审美和才华，需要良好环境的熏陶、见多识广的经历，还高度依赖天赋，世家子弟天然具有优势。而宋朝以后科举考试形式和内容都发生了变化，这就为广大平民子弟通过受教育实现阶层跃升提供了机会。而这种高度分散竞争的人才选拔格局，也比之前的世家大族世代垄断权力资源更加适合宋明清的中央集权体制的需求。

到了明朝，随着中央集权制度的加强，科举制的内容也为之一变，从原来的诗文策论转变为八股取士，对明清的人才选拔和政治结构，产生了深远影响。

实际上，明朝的八股文其来有自。唐朝科举考试以"帖经"取士，所谓"帖经"，是拿所诵之经书，掩其两端，中间只开一行，裁纸为帖。唐朝先采用口试方式，令应试举子

回答经义，后来改用笔述回答经义，这就叫作"墨义"。帖经和墨义，实际上就是明朝八股文的萌芽形态。

明朝建立后，朱元璋在洪武三年（1370）开科取士，那时还并非八股取士。因感人才匮乏，朱元璋还在洪武六年（1373）恢复了荐举制，表示："山林之士德行文艺可称者，有司采举，备礼遣送至京，朕将任用之，以图至治。"荐举制在一定程度上缓解了明朝初期的人才荒。但随着时间的推移，由于荐举者大多是朝廷大臣，被荐举者大多是他们的亲朋好友，所以很容易结党营私，这让朱元璋无法容忍。于是他决心重推科举制度。因为科举制下，选拔人才的权力在中央，而不是在大臣手中，这样一来朝堂之上的官员全部都是通过考试选拔，有利于加强中央集权统治。

明朝的科举选拔主要分为乡试、会试和殿试。在参加乡试之前，必须先通过童试，童试按照成绩分为六个等级，其中的前两等有资格成为秀才，也就是生员，可以参加乡试。此后便是省里的会试和中央的殿试。也是在朱元璋治下，这些科举考试越发严格，并且朱元璋还通过南北榜事件，大力打压江南士子，拔擢北方的读书人，以此树立中央威权。

到了明成化年间（1465—1487），用排偶文体阐发经义的科举考试之法，亦称"时文""制义"或"制艺"，即所谓"八股取士"。《明史》对八股文的解释是："其文略仿宋经义，然代古人语气为之，体用排偶，谓之八股。"也就是说，每篇八股文由破题、承题、起讲、入题、出题、起股、中股、后股、束股、落下十个部分组成。

其中从破题到出题其实是题意解析部分。破题，开首用两句设破题意。承题，用三四句或五六句承接破题的意义加以说明。起讲，用数句或十数作为议论的开始，只写题大意，宜虚不宜实。入手一二句或三四句，为起讲后入手之处。

而从起股至束股是论证的过程。在这四股中，每股又都必须有两股排比对偶的语句，一般是一反一正，一虚一实，一浅一深，亦有联属者，共合八股。所以，所谓八股文指的是从起股到竖股这四股，因每股的排比对偶而形成的八股。

此种严格的文体要求在后来不断走向极端。连全篇总字数也有规定。顺治时定为五百五十字，康熙时增为六百五十字，最后改作七百字。八股考试对文字的技巧性要求已经超过了对实质内容的要求。八股文不但形式上要求极为严格，内容上也要求是"四书"和"五经"中的原文，应试者必须按"四书五经"的代圣贤立言，依格式填写。

这样的考试虽然降低了进入的门槛，让统治精英的选拔范围更广，更利于平民阶层，但要真正发现人才却远远不够。因为八股写作只注重形式，写的内容却生硬空洞，把人往迂腐儒生的路上引导。对大多数士子来说，八股文盛行导致了对思维的禁锢，贻害无穷。清末的维新派就痛斥八股取士的科举制度是统治者"牢笼天下"的愚民政策，因此要救中国必须废八股、改科举，办学堂、兴西学。

清朝普通人都能看到的弊端，最高统治者自然对此一清二楚。但这恰恰就是专制统治者的目的所在。乾隆曾公开说：科举既不为选贤任能，也不为教化国民，而在于让读书人拘于八股，皓首穷经，用"名利"二字牢牢拴住他们，使其再无暇思索什么真理大道，则大清永姓爱新觉罗。

即便如此，中国"士大夫"文化的生命力还是坚忍顽强的。八股取士在僵化大多数读书人思想的同时，还是选拔出了一些没有完全被八股戕害，并有卓越成就的读书人，比如明朝的张居正、高拱，清朝的林则徐、张謇等人。也产生过一些著名的科举家族，如明清时期的新城王氏、莆田林氏，都是能够培养子弟读书，代代为官，有所作为的世家大族。

二、新城王氏：以忠勤报国塑造家族精神传统

明朝初年，一个普通得不能再普通的农民王贵，因躲避当地发生的"白马军乱"，从老家山东省青州府诸城县初家庄，只身来到新城县曹村，

在一个大户人家做用人，后在新城落户成家。这个普通的农民王贵，就是后来新城王氏的始祖。因诸城为古琅琊地，所以新城王氏称其始祖王贵为"琅琊公"。

王贵为人勤恳能干，很快就积攒下小康的家业。王贵的第五子名叫王伍，在长大后也继承了王贵的勤奋品质。随着家境日渐殷实，王伍常常拿出财物周济穷人，人称"王菩萨"。王伍的长子王麟，是家族中一位极为关键的人物。他是新城王氏家族中第一个通过读书、科举步入仕途的人，开启了新城王氏从平民阶层成长为科举世家之路。

成化七年（1471），王麟参加科举考试，考中成为贡生。王麟做官的时候曾任永平训导、鹿邑教谕，官至颍川王府教授。这些官职虽然不大，但都是教育方面的职务，这对新城王氏形成重视家庭教育的家风有着极其重要的影响。王麟还精研《毛诗》，对王氏后人爱好诗歌、研究诗学、创作诗歌影响也很大。

从王麟的儿子王重光开始，新城王氏步入了政治高层。王重光也是从科举出身。作为贵州布政使左参议，王重光负责管理贵州的原始森林之地，也就是所谓"督木"。而当地正在发生少数民族起义，三万多僮、苗起义军对抗朝廷。王重光受命率兵进剿。他先派兵断绝起义军后援，又率骑兵突入起义军首领营地，宣布明王朝政令，以恩德招降，全活三万众，不遗一镞，不废斗粮，取得了招抚的胜利。在当时武将嗜杀的风气中，这种兵不血刃、保全生命，而又能达成使命的做法非常难得。

此后，为保证叛乱不再发生，以及为皇家宫殿采办木料，王重光深入贵州的森林之地达一年之久，辛苦操劳，不料却染上瘴气，于嘉靖三十七年（1558）以身殉职。嘉靖帝为之感动，认为平蛮功成为忠君，督木殉职是勤事，于是亲书"忠勤可悯"四字，并降旨礼部尚书吴山书"忠勤报国"四字以示嘉奖。王重光自己留给子弟的家训是："所存者必皆道义之心，所行者必皆道义之事，所友者必皆读书之人，所言者必皆读书之言。"

新城王氏是明朝科举世家的典型，即从原来一个普通的农民家庭，因为养成了"耕读传家"的传统，并创造各种条件着力培养子弟读书做官，终于有子弟金榜题名。而在子弟做官后，又因为家风正派，而成为朝廷的柱石栋梁，从而又为以后家族子弟的科举仕途打下了良好的基础。

新城王氏在明清三百多年的传承中形成了"忠勤报国、门庭肃清、洁己爱民、清正严明"的家风家训。其中王渔洋为了教导儿子做一个廉洁清正的好官，写下《手镜》一文，用短短五十条三千余字阐述人的立身之本、为官之道、处世之基、审刑之度。另外，王氏家族中独有的"母劝子廉，妻劝夫廉"的廉政家风和家族女性教育，也非常难得。

三、家族传统面对世事巨变，沧海横流安足虑

在新城王氏代代相传的家风和家教下，王氏家族名人辈出。其中王象乾官至一品兵部尚书，是整个新城王氏家族中官位最高的人。王象乾做官，勤政爱民，敢于为民解困，很有担当。他出任保定知府时，正逢灾年，百姓饥荒，州县纷纷告急。王象乾几次上奏，没有回音。于是他冒着被问罪的风险，向军队借来一万两购马款，用来赈济灾民，第二年再还给军队，救了很多人。

王象乾还具有杰出的军事才能。他镇守边关多年，实行安抚与用兵相结合的办法。他抓到叛乱的少数民族首领，不是杀掉，而是招抚他们归顺朝廷。这种做法很像祖辈王重光的作风。王象乾和这些首领一起打猎，其箭法精准，让这些首领钦佩不已。他还经常和他们一起喝酒，加深感情。久而久之，只要有王象乾在，边关就会安宁。王象乾年老时曾归乡休养，结果叛乱又起。有一次大同边关发生叛乱，王象乾被召回镇抚。听说王大司马又回来了，那些叛乱的首领还不相信，就派人假装议和前来探看，使者掀开帘子看到王象乾坦然卧在帐中，就拜了两拜，挤

舌而退。说："大司马果然健在，吾辈不敢轻举妄动。"

在明朝朝廷内斗中，王象乾属于东林党人。阉党编制《东林同志录》："以象乾列山东党人之首。其群从兄弟同仕于朝者，不下七八人，皆有名。"[1]王象乾因为坚持原则，被阉党恨之入骨，但阉党也拿他无可奈何。

王象乾死后，恰逢明末战乱，王氏家族经历了生死考验。先是崇祯五年（1632）清兵攻济南，王象复及其子部勒家人登城抗战，父子死难。崇祯帝自缢于煤山后，另一位家族掌门人王与胤自缢而死。明末的山东新城王氏在明朝灭亡时，家族精英几乎全部殉难，令人嗟叹。

但科举文学世家往往有着顽强的生命力。由于重视教育的家族传统，新城王氏在清朝时再度复兴，并在文化上做出了突出贡献，王氏族人在明清时期出现了农学家王象晋、著名诗人王象春和王士禄以及康熙诗坛领袖王士禛。由于王氏族人著述丰硕，被称为"江北青箱""文献世家"。

同时，新城王氏的科举出仕的能力也没有被明末清初的战乱所断绝，其子弟在清朝的科举中也屡屡中榜。自明嘉靖至清道光三百年间，新城王氏共出进士三十名，举人五十二名，贡生一百五十八名，出仕为官者一百多人，被认为是明清时期山东最显赫的科举世家，所谓"齐鲁第一进士家族"。在重视文化教学的家风传承下，一个真正的科举世家，即使经历了朝代改换的沧海剧变，也因其有教育作为核心竞争力而得以传承。

四、莆田林氏：崇儒重文的家族传统

到了清朝，科举世家的内涵又为之一变。郭嵩焘认为，"本朝与胥吏共天下"，说明大清的统治精英阶层除了清朝贵族之外，还有从科举出身的汉族官吏，特别是中下层官吏。这与唐朝的科举士子多来自世家大族，

---

[1] 转引自 王小舒：《明末清初山东新城王氏家族的历史选择》，《山东大学学报》2011 年第 6 期。

宋朝的科举士子多来自书香门第不同，清朝的士子来源更加多样化和平民化。

和北方的科举世家"新城王氏"一样，南方的科举世家"莆田林氏"也有着长久的重视文学和教育的家风，并且正是从平民大家族而兴起的。

汉族的林氏最初源自子姓，是商朝末年名臣比干的后裔。商末纣王无道，比干犯颜直谏被杀。比干的夫人陈氏逃入长林山中，生下了儿子泉。周灭商后，因泉生于林中，被周武王赐姓为林，为的是纪念他的父亲比干忠诚直谏，坚贞不屈。

林氏本来生活在北方，但在金兵进攻、宋室南渡后，北方的整个文化中心向南方转移，这次转移的规模不亚于西晋末年的永嘉南渡。在北方移民中，有相当一部分是出身于官宦之家或书香门第，这些士林精英来到南方，让原本文化水平不高的东南沿海地区，也转向"崇儒重文"。

所谓"崇儒重文"的一个表现就是爱藏书。莆田林氏这样的北方南下的读书人家庭，认为书籍是人生的真正财富，并鼓励子弟读书。当家族中有人通过读书仕进后，更是用官俸积累下更多的藏书，由此形成"读书—仕进—藏书"的良性循环。

宋朝的林伸就是这样的读书人。林伸考中进士做了官，还是狂热地收集书籍。"所至专访文籍，民间有奇书，必捐金帛求之。"有人就问："你为何不替子孙考虑，却将钱都去买书？"林伸答道："吾蓄书数千卷，苟有贤子孙，足矣；不贤，多财适为累耳！"还有林霆，也高中两榜进士，博学而深研象数，藏书数千卷，临终时告诉子孙说："吾为汝曹获良产矣。"整个莆田林氏的藏书家之多、藏书量之丰富，令人叹服。如此丰富的藏书，也成为名士辈出的基础。

北宋林茂先、林继先兄弟二人，老大林茂先考取进士，在京城任太常卿，官居二品，他的四个儿子后来均考取进士。弟弟林继先也把自己的两个儿子培养成才，先后考取了进士。他们的故乡莆田秀屿区埭头镇英田村，自古文风鼎盛，人才辈出，在宋朝就出了十八名进士，有"父子五进士"和"兄弟双进士"之美谈。

北宋仁宗嘉祐六年（1061），时任侍御史林英要回莆田祭祖，向皇帝请辞，仁宗皇帝问曰："卿殿少师苗裔，家乘可得见乎？"林英呈《家乘》以进，仁宗皇帝御览后很是感动，遂御笔题词"忠孝"相赠，并赐诗两首，敕曰："珍重到家，可即回京。"而仁宗亲笔所题的"忠孝"两字，至今仍悬挂于林氏祠堂。

据史料统计，自唐代第一位进士林藻至清代末科进士张琴的一千多年间，莆田共涌现出文武进士（含诸科、特奏名等）近两千四百人。其中林氏子弟众多。民间有俗彦说"无林不开榜"。

五、林则徐家族的世代书香传承

明清时期莆田林氏中最有名的两位，除了东南沿海人人敬拜的妈祖林默外，就是清朝主持虎门销烟的民族英雄林则徐了。林氏家族修谱时，认定林则徐是莆田九牧长房的后裔，在宋朝时迁居福清文峰，因此林则徐论远祖为莆田林氏，论近祖也可称之为文峰林氏。无论是莆田还是文峰，林氏都继承了世代书香的传统。

林则徐的父亲林宾日是嘉庆侯官岁贡生，在当地教书。林宾日共有十一名子女，林则徐是他的第二个儿子，于1785年8月30日出生。这一大家子，靠父亲林宾日教书和母亲做女红为生，日子比较清苦，但家庭氛围却非常温馨。邻居常常听到林家吃饭时的欢笑声，探看之下，不过是十多个人津津有味吃着豆腐。所以林则徐应该有一个快乐幸福的童年。

林宾日自己是教书先生，也非常重视子女教育。林则徐四岁时就被父亲带入私塾，教他认字，七岁时就能写文章，九岁时在学堂里写下名句"海到无涯天作岸，山登绝顶我为峰"，令人惊叹。

1811年，也就是嘉庆十六年，二十六岁的林则徐参加了朝廷辛未科开科取士，放榜时赫然名列二甲九十二名进士中的第四位，也就是仅次于探花的全国第四名进士。此后得到朝廷重用，进入官场。

嘉庆二十五年（1820），林则徐任江南道监察御史，发现时任河南巡抚琦善办事不力，引致河堤缺口。林则徐向嘉庆帝直奏琦善的无能，这是两人第一次打交道，事发在虎门销烟的二十年前。此后林则徐历任钦差大臣、两广总督，主持虎门销烟，积极抗击侵略，成为中国近代史上的民族英雄。而琦善则在和英国人打交道的过程中丧权辱国，丢掉国家权益。两人均被道光皇帝贬斥，但时人对其评价却截然不同。

鸦片战争后，林则徐被流放到新疆伊犁。在那里，他发现伊犁地区的屯田建设面临水源缺乏的问题。于是他又一次捐出自己的俸禄，主持修建了功业巨大的龙口渠。林则徐曾任黄河河督，主持修建过重大水利工程，经验丰富。在龙口渠项目中，林则徐亲自奔波往来进行勘查，还组织十万百姓，经过四个月的艰苦努力，成功地将新的水源引入渠中。当地人将建好的龙口渠也称为"林公渠"。这条灌溉水渠将农田灌溉面积延展到十余万亩。而在中华人民共和国成立后，新疆生产建设兵团在此基础上再次拓展了水渠，将灌溉面积增至八十万亩。对新疆的农业发展起了重要作用。

林则徐死后的谥号为"文忠"，可谓一代名臣。他的个人财产大多做了慈善，因为他所秉持的信条是："子孙若如我，留钱做什么，贤而多财，则损其志；子孙不如我，留钱做什么，愚而多财，益增其过。"这和他祖上林伸的说法如出一辙。也许正是因为有了这样的信条，林则徐的三子三女，虽居于乱世，但都有所成就。林则徐三子都考中进士，两个官至四品，一个官至三品。女儿也都嫁给知书达理的人家。林则徐的一个女婿就是清末名臣沈葆桢。另外值得一提的是，抗日战争结束之时，中国海军的舰队曾经开赴南海，代表中国收复被日军侵占的南海诸岛，并将国旗插在岛上宣示主权，而舰队的司令官就是林则徐的后人林遵将军。这个家族的爱国情怀也代代延续下来。

  从莆田林氏这个大族来看，其借科举而兴起，堪称科举世家。林则徐后代选择的就是非常典型的科举晋升之路，再之后几代子孙仍有很多选择学问之路。这种广泛、深厚的科举文化根植于当地民间的私学教育中。宋代莆田的书堂、书院之盛冠于全闽，规模较大的书堂、书院有三十所，仅林氏家族就有五所，占六分之一。到了清代，莆田林氏的读书风气也并未衰退。以林则徐为例，他退休之后，回到福州住在旧屋云左山房中，里面别无他物，唯有从新疆带回的七车书籍。

第四节　清代的科举文化世家与军功武德世家

一、清朝的世家多出于军功和科举

如前所述，在中国的世家传统中，许多家族是累世为官、参与政治的权力精英家族，而不是普通的宗族。春秋战国的贵族世家、魏晋南北朝的门阀士族，都属于以掌控权力为目的的政治世家。以此为标准，清朝的权力精英家族可分为两类：满蒙贵族的军功世家（近似于传统的武德世家）和满汉的科举世家。当然，到了清朝中后期满汉之间的民族界限已逐渐模糊。

清军入关后，为安置八旗官兵，在京畿周围大规模地圈占土地，然后按等级分给王公贵族和八旗官兵，因此形成军功世家（以武传家）。康熙时，八旗官兵"平时赏赐优渥，故八旗将佐居家皆弹筝击筑，衣文绣策肥，日从宾客子弟饮，虽一卒之享，皆兼人之奉"[1]。除了赏赐外，更重要的则是满蒙贵族有机会累世为官。皇帝从八旗子弟中选拔侍卫与笔帖式，正是为勋贵后裔入仕创造条件。不少家族祖孙父子相继在朝为官。清人朱彭寿在其《旧典备征》中详细列举清代世

---

[1] 辽宁省档案馆藏《黑图档》第360册第34页。

代官居一品的家庭，结果发现"满蒙父子官一品者甚多，载不胜载"①。这些家族成员任官具有连续性，可谓"官宦世家"。此外，婚姻关系也是满蒙军功世家出人头地的渠道，乌拉那拉氏、博尔济吉特氏、富察氏等家族都曾是皇帝的世代姻亲。

而科举世家则是指世代参加科举考试并取得功名、出仕人数较多的家族。自隋唐兴科举、振寒门以来，科举世家逐渐取代了原有的以"经学传承"为特点的传统士族门阀。当然，隋唐时期的传统世家毕竟教育资源好，人际网络发达，在科举考试中也占尽上风。但经过唐宋之变，世家大族逐渐退出历史舞台。宋朝以后，由平民通过科举考试成为文官蔚然成风。家族地位由科举成绩决定，而非由门第本身维系，由此科举世家全面取代了传统士族。

明末清初，虽然许多科举世家子弟抗清，战败自杀殉国者比比皆是，但大多数家族都认为自己这一代尽到对皇帝的责任就够了。因此许多明朝遗民自己拒绝降清，却鼓励子孙参加科举出仕。说明在历史大转折的时代，士大夫阶层将家族的延续看得比国更重要，对家族的忠诚超越了对于王朝和君主的忠诚。"当政权转换时，个人到底要为自己争得千载声名，还是要为子孙铺下平坦仕途，的确是一大抉择。选择降清者多，当遗民者少，因为士绅在家族中扮演了重要角色。"当然，也从另一个侧面说明清朝的皇权专制统治开始进入极盛时期，绝对权力控制一切，家族士人无处可寻独立的政治价值，只有归附朝廷。

清朝张英世家是最为典型的科举世家。一门里通过科举出了两位宰相——张英及其子张廷玉；三世得谥（张英、张廷玉、张若渟）、六代翰林（张英、张廷玉、张若霭、张曾敞、张元宰、张聪贤），以至于张家自

---

① 〔清〕朱彭寿：《旧典备征》，卷三"世家"，中华书局，1982年，第69页。

己都觉得不好意思了。雍正年间,张若霭在殿试中被评为一甲第三名(探花),但其父张廷玉以张氏子弟恩隆过盛为由,两次向雍正皇帝请求,将探花之誉"让于天下寒士"。最后张若霭由一甲第三名降为二甲第一名。

关于这两父子品行的故事还不止如此。张廷玉曾在一位官员家中看到一幅名家画作,回家后将此信息告知了张若霭。不料没过几天这幅画却悬挂在了自己家中。对此,平常谨言慎行的张廷玉大发雷霆,责骂张若霭:"我无介溪(严嵩)之才,汝乃有东楼(严世藩)之好矣!"张若霭不得不立即将此画归还原主。类似重视道德力量的簪缨世族,在清朝还有很多。而当时有远见的政治人物,无不重视家教和子弟学业。如他们的子弟"生于书香世家,延名师,择良友,父兄饱学,从而提命讲解,子弟资质聪明,又好读书,自然直上云霄,乃顺境也"[①]。即其家族成员以其严格的教育而培养出的品行和才干,成为朝廷的骨干、皇权的臂助。由此形成科举的家世传承。

在清朝前期,军功世家仍可与科举世家分庭抗礼,甚至凌驾于科举世家之上,但随着承平日久,疆域已定,治国的需要大过了开疆拓土,科举世家在朝堂上逐渐占了上风。这一点和两汉开国时武德世家占据优势,而长期和平的情况下,以经学传家的门阀士族逐渐上位的情景极为相似。

到了清政权完全稳定,周边战争逐渐停止之后,即使是满蒙贵族子弟想要出仕,也必须走科举这条路线。清朝皇帝在任用满蒙八旗官员时,越来越重视科举出身。因此旗人中多有参加科举考试者,并很快转变为科举世家。像内务府镶黄旗篙申家族,一连九代,除七世祖和素外,皆由科举入仕,家族成员做的官包括内阁学士、兵部侍郎、河道总督、布

---

① 包乐波:《中国历代名人家训精粹》之"白公家训", 时代出版传媒股份、安徽文艺出版社,2010。

政使等等。其他如雍正时鄂尔泰，乾隆时阿桂皆为举人出身；嘉庆时的那彦成，道光时的英和、穆彰阿皆为进士出身。[①]美国人明恩溥指出，"据1910年即宣统二年的统计八旗科举出身官员总计82人，占全部高级官员总人数的20%，满洲、蒙古旗人科举出身的官员，又占旗人官员总数的83%左右"[②]。

不过，虽然科举世家兴盛，但像唐朝之前的那种世家累世为官的局面已无法接续。在科举制度下，任何家族都难以长期掌权，家族会骤起骤落，并不稳定。但中国的家族智慧开始发挥作用，家族建设的重心从庙堂转向了乡里。自宋开始，士大夫看到家族在朝堂上的力量难以持续，为自己及子孙打算，试图在权力体系之外，建立能维持久远的宗族。于是，提倡宗法、祠堂、族田、族学、族谱、族长、家法等蔚然成风。

由此，中国的世家结构亦产生变化：能够做官的家族成为科举世家，不能做官的只能退守乡里，不再具备全国性的影响。以往动辄传承数百年、超越王朝寿命的传统世家消失了，从唐宋变革后剩余的士族也逐渐转化为普通宗族。

二、中央集权对两类世家的侵凌

与世家逐渐退守的趋势不同，清朝皇权的扩张正处于积极进取的时期，并在向历史的高点进发。中央集权的强化导致皇权与世家延续千年的共生关系被持续破坏。特别是在"康乾盛世"时期，中央集权达到高峰，而实现的举措正是拿世家开刀：除了大兴科举、打破累世强族之外，还包括立军机处、限制文官、打击世家等。

---

①张杰：《清代八旗满蒙科举世家述论》，《满族研究》2002年第1期。
②《黑图档》第211册第8页。

从雍正时期所建立的军机处，实际上是通过皇帝自己的"秘书小组"向群臣收权的举措。因为以往困扰了皇权上千年的难题就是君权和相权之间的斗争。明朝朱元璋废除宰相、朱棣建内阁、清朝设军机处，都是为了褫夺相权、加强皇权。乾隆就对朱元璋和朱棣的创制大加赞赏，认为其"立纲陈纪，遗谟远，更胜唐宗"。军机处作为秘书小组独立于朝堂。从此皇帝不是与贵族治天下，而是与亲信共天下。同时在官员管理方面，皇权严格限制文官结党，雍正就以结党为名大举迫害朝廷官员，造成官吏只能唯上是从，助长官场的因循守旧之风，导致体制的僵化。

至于那些真正的政治家族，皇帝则会区别对待。对满蒙军功贵族是通过婚姻关系、科举选拔、侍卫制度等极尽拉拢。雍正九年（1731）十月喀尔喀副将军策旺扎布上奏折请万安，自称"奴才策旺扎布、奴才丹津多尔济、奴才（臣）策凌等跪请圣主万安"。而雍正的朱批则是："尔等如此使朕畅快，何疾不治，何病不除？朕躬甚安，已痊愈。朕之亲切宝贝尔等俱好么？"连"亲切宝贝"这种肉麻词都出来了，足见皇帝对于军功贵族的"感情"。

但同时朝廷又不遗余力地打击各种地方上的世家大族。绵延顺治、康熙、雍正、乾隆四朝的文字狱，就是对诗礼传家的汉族世家的严厉打击。顺治时《明史》案几乎族灭江南庄氏，以及参与《明史》创作的其他江南知识分子家族。康熙《南山集》案前后被杀百余人，桐城方家、戴家受到严重打击。此外，名儒孙奇逢、戴名世、顾炎武都被牵连其中，江南士人多被流放。康熙自己也写诗承认："中原名士多塞北，江南胭脂半辽东。"[①]雍正时文字狱更甚，查嗣庭案、曾静案都祸连多家。其中海宁查氏家族先罹《明史》案，再遇"查嗣庭案"，受害深重。乾隆执政六十多年，制造文字狱一百三十余件，超过历史上其他时期文字狱的总和。

---

①陈祖武：《清初学术思辨录》，社会科学出版社，1992，第79页。

在皇权打击世家的过程中，甚至连皇族、贵族也不放过。如查嗣庭案就牵连出雍正的舅舅隆科多。雍正还将宫廷斗争扩大化，凡与胤礽、胤禩有瓜葛的人都遭到无情的打击。

曹雪芹的祖父曹寅本是康熙眼前的红人。康熙数次南巡就是由曹寅接待的。作为江宁织造，曹家积累了巨额的财富。但等到雍正一上台，就以"骚扰驿站"的罪名将曹寅的后人曹𫖯革职查办，家产被抄没，"百年望族"曹家从此败落。

历史研究一般认为雍正抄没曹家是因为西北用兵急需经费，但究其真正的原因，却不是经济层面，而是政治层面的。在康熙晚年的"九王夺嫡"之争中，曹氏家族其实可以归为废太子胤礽一党，与其有千丝万缕的关系。曹雪芹的舅祖李煦曾因买过一个苏州女子送给胤礽，在雍正即位后被定为"大逆极恶"的"奸党"，于雍正五年由刑部判处死刑，后改为流放。此后雍正皇帝在曹𫖯《恭请圣安》的折子上批斥："为什么不拣省事有益的做，做费事有害的事？因你们向来混账风俗惯了！"[①]其厌恨、打击曹家的意愿已不能更明显了。

在皇权的疑惧之下，世家虽不会被完全消灭，但主观上更加退守乡里，只求自保。当然，地方官要做大事、修大工程时，还是要依赖本地的大族协助解决。像江西婺源的文庙、崇圣祠的建设，以及此后多次修葺改建，都有赖于科举世家程氏家族主持。[②]但科举时代的士族已变为普通的宗族，虽有地方影响，并参与地方治理，却再也无力挑战皇权，影响难以超越乡里。不过，其与皇权之间也不再合作，个体对家族的忠诚逐渐凌驾于国家忠诚之上。

---

① 江宁织造曹𫖯请安折（雍正二年）成爱君：《也为"风俗"进一解》，《红楼梦学刊》2014-09。
② 《婺源县志》卷10雍正二年，"邑人岁贡程寅、州同程宇捐造崇圣祠"。

但另一方面，把有可能挑战皇权的势力尽皆侵凌，其后果对皇权并非有利。本来，在皇权、世家等各方势力均衡的情况下，有可能产生理性商讨、妥协，甚至制度进步。但在世家衰落的情况下，缺乏制约的皇权已走向绝对权力，只能是强化专制，再无他途。

三、世家与皇权的共生关系

中国历史上皇权与世家一直处在权力争夺的两端。但考察其历史轨迹，双方实为共生关系。当两者相互支持时，往往形成可以创造王朝的力量；当两者相互攻杀时，往往意味着改朝换代的乱世来临。从权力的规律来看，皇权也需要外在的制约，中央集权需要适当的分权，绝对权力往往意味着孤家寡人的绝对风险。问题只是在于和谁分权，如何分权。

西方通过贵族地位的世袭制度，与国王分权，虽有斗争，但实际上却是封建王权的保障。欧洲的贵族制度存在了上千年的时间，自然有其道理。而到了法国国王路易十四时期，中央集权大大加强。皇权要实现绝对专制，首先剪除的就是自己的羽毛（如世家、贵族等），恰是自取灭亡之道。但除掉贵族的结果却是王权更加脆弱，不可避免地式微。法王收回贵族权力，聚贵族于凡尔赛，向全国派驻直接向国王负责的"总督"的做法，看来强化了国王的权力，却被大革命一击即垮。具有讽刺意味的是，与国王关系紧密的巴黎贵族第一时间投降，没有谁出来挽救国王的命运。对抗大革命到最后的反而是布列塔尼这些保持着封建传统、拒绝国王派总督进入的骄傲的旧贵族。

古代中国的情况与此类似，世家实际上是皇权的拱卫。特别是信奉孔孟圣贤学说的科举世家，一方面推行儒家学说，维护国家统一，一方面又用孔孟伦理管理家庭，使自己的行为成为整个社会的规范。有学者认为，儒家学说把宗法组织与国家组织协调起来，中国封建社会里，由子孝、妇从、父慈伦理观念所建立的家庭关系，正是民顺、臣忠、君仁的国家社会关系的一个缩影。家庭成为组织国家的基本单元,是国家的一个同构体。国家可以利用宗法家庭这一同构的中间层次,大大扩充对个人的管理、控制能力。①同构效应对维护封建国家的统治,是重要的组织力量和稳定因素。在这种情况下,世家与皇权是相互制约和相互扶持的共生关系。

但在清朝,世家特别是汉族世家与皇家久已离心离德。赖惠敏教授在其《清代的皇权与世家》中认为,明清时代世家的崛起与发展,与明中叶以降江南商品经济、商人群体的兴起紧密相关,这就和中古以前的世家掌权的社会背景大不相同。如婺源程氏家族作为著名的科举世家,自程克鉴至程允中,家族九代,男性410人,拥有科举功名者达174人,有功名者占家族人口的42%以上。在获取功名的174人中,生员134人,贡生33人,举人7人。②但这个家族起初却是凭借程克鉴父子积蓄起来的财富世代应举而形成。这就与古典世家不同,更具有经济基础和政治独立性。

中国历史上,对这些具有相对政治独立性的世家来说,他们的传统习惯是:如果皇权稳固,他们就退守乡里,读书仕进;如果皇权式微,他们便力图匡复;如果皇权已经瓦解,回天无术之时,他们就会理所当然地成为新的皇权角逐者。③

晚清时期,太平天国运动席卷东南半壁,严重打击了官宦世家,不少地方世家大族转瞬几成绝户。汉族的读书士子们趁机再度兴起,做了最后一次挽救皇权的努力。曾国藩、李鸿章、左宗棠原来都是科举出身的读书人,初入官场也是作为文官或幕僚,却都在乱世中走上战场成为

---

① 金观涛、刘青峰:《兴盛与危机——论中国社会超稳定结构》,法律出版社,2011,第二章。
② 顾廷龙主编:《清代朱卷集成》,第155册,台湾成文出版社有限公司,1992年,第3—4页。
③ 田余庆:《东晋门阀政治》后论,北京大学出版社,2005,第200页。

一方统帅。曾国藩在反对太平天国时，考虑到清廷是少数民族政权，不能以民族作为号召，因而想出了以"名教"，也就是儒家礼教作为号召的主意。在其讨伐太平天国的檄文中所激烈反对的，是太平天国对于儒家礼法的违背。在"名教"的旗帜下，曾国藩迅速集结了一批举人和书生作为骨干，率领的兵士都是彼此有着家族关系的农民，这样他们在战斗时会彼此照顾，不会相互抛弃，由此组建了一支有理念、有战斗力的湘军。

在袁世凯的新军之前，湘军算是中国最先进的近代军事力量。有研究者曾对曾国藩的战争秘诀"结硬寨、打呆仗"感到不解。因为从南到北席卷了大半个中国的太平军绝非易与之辈。其正面对阵八旗、绿营都可以轻易摧毁敌人战阵。湘军是由湖南民团组成的，单兵素质不大可能超过八旗和绿营；至于结寨、对战这些正面硬碰硬的战术，恐怕无法阻止野战能力强大的太平军。

实际上，湘军在对阵太平军时能够取胜的真正原因是武器。湘军、淮军的武器不是大刀长矛，而是当时在西方国家也非常先进的后膛火枪。至于"结硬寨、打呆仗"就不难理解了，其实就是后来一战中被广泛采用的"壕堑战"。单兵素质不及太平军的湘军士兵往往能够用不多的兵力就包围太平军，然后就靠躲在壕堑中用火器攻击机动力强大的太平军，慢慢地歼灭太平军的有生力量。

湘军在消灭太平军后势力大涨，在西北平叛、中法战争、甲午战争中努力维护国家领土完整；同时湘军、淮军的头面人物还兴办轮船招商局、开平矿务局、上海机器织布局、电报总局等企业，形成中国最初的官僚资本。当然，湘、淮将领们也攫取了相当大的资源，成为望族。像曾国藩、曾国荃兄弟在攻破太平天国首都天京时，纵容湘军抢掠了大笔财富。李鸿章兄弟六人仅在合肥东乡一处就占地五十万亩以上。合肥李氏家族此后逐渐成为名门望族，影响了中国近现代历史的进程。

不过，就像历代的汉族科举世家一样，这些新兴的由文入武又由武人文的汉族世家虽然力战挽救了清朝，仍遭到皇权的猜疑。在太平天国运动之后，慈禧太后就一再扶持僧格林沁等满蒙军功世家去建功，以打压汉族武装势力的影响。在皇权如此态度下，除少数重臣历任中枢外，这些家族的后人大多在仕途上进取有限。湘军大部被就地解散后，以曾国藩为代表的汉族世家的政治影响也逐渐凋零。

但皇权的打压无法阻止中国现代化的脚步。在晚清大变局中，中国已在经济、政治和文化上部分地进入了现代社会，实务出身的人才大量走上前台。同时，随着西学东渐，新式学校及其所培育的人才甚至留学生都开始进入教育领域和官场士林。新式教育和新式人才的崛起对旧科举带来了极大的冲击，最终导致科举制被废除。在这样的时代背景下，清朝灭亡时除王国维等少数几人之外，并没有出现像明末那样大规模的官员自杀、多个家族为明朝守节、殉难的情形，说明科举世家和汉族知识分子对皇权已无太多感情和节义。中央集权消灭了自己的敌人，也同时消灭了自己的盟友。

四、合肥李氏家族：从科举起家到多元家学

合肥李氏起家于李鸿章的父亲李文安，他与曾国藩为同榜进士，并且将长子李瀚章、二子李鸿章都送到曾国藩门下做学生。

在曾国藩门下学习数年后，李鸿章果然在二十五岁时考中二甲进士，成为当时最年轻的进士。此后李鸿章春风得意，五年内升了七级，成为三品按察使候补道。但在三十五岁时，李鸿章却做出一个惊人的决定——辞去高官，到老师曾国藩门下做一位幕僚，并在镇压太平天国的战争中屡屡建功，成为淮军领袖。

应该说李文安是很有眼光的，他送到曾国藩门下的两个儿子都大有出息。二子李鸿章后来成为直隶总督兼北洋大臣，是淮军和北洋海军的缔造者，洋务运动的领军人物，自不必说。长子李瀚章后来历任湖广总

督、漕运总督、两广总督，并加兵部尚书、赏太子少保衔。至于李文安的其他几个子女鹤章、蕴章、凤章、昭庆，也都各有成就。

李家的成就与严格的世家家教是分不开的。李文安死后，妻子李氏成为家族的女主人。李氏严格掌管家务，审查日常花销账目，让诸子在外打拼有稳定的家族后方。李氏还经常正告子女和孙辈，不要得意忘形，而是要持满戒盈、谦虚谨慎。李氏的严格家教让李家的第三代也人才辈出。李瀚章的二儿子李经楚后来成为交通银行第一任总理，李瀚章的外孙孙多森成为中国银行的第一任总理，近代中国银行业的起步，是有着合肥李氏的家族背景的。李鸿章的大儿子李经方曾经担任出使英国大臣和邮传部左侍郎，后来还兼任晚清第一任邮政总局局长，是中国外交事业和邮政事业的开拓者之一。李鸿章的三儿子李经迈，曾经担任晚清出使奥地利大臣，后经营房地产，成为上海滩富豪。

在清王朝逐渐没落的同时，世家大族作为一支独立的政治力量开始崛起和联合。晚清世家联姻成为风潮。李鸿章在正室夫人去世后，就迎娶了安徽太湖的名媛赵小莲，而赵小莲的祖父，是清朝嘉庆元年的状元赵文楷，其家族四代进士，官场和士林资源深厚。另外，合肥李氏还与李鸿章的老部下、四川总督刘秉璋，先后结了七门姻亲。李鸿章的大哥李瀚章的十个女儿全部嫁入豪门，联姻对象包括光绪帝师孙家鼐的侄子孙传樾，以及光绪另一位帝师孙诒经的儿子孙宝瑄（曾任民国总理的孙宝琦的弟弟）；另外，李瀚章还分别与曾国藩家族、盛宣怀家族、北洋军阀段祺瑞、湖州望族徐仁良、江南首富刘镛等结下姻亲。

在1899年和1901年李瀚章和李鸿章先后去世后，合肥李氏的家族内涵开始转向。曾任李鸿章故居陈列馆馆长的程红说："李鸿章和他兄弟的下一代还能沾到祖宗的光，当官的不少，办外交的不少，第三代也基本上可以享受到祖先的遗产，有人经商，有人出国，到了第四代、第五代，从政的就寥寥无几了，因为出身问题是个大障碍，他们得靠学习，靠自己打拼改变命运，倒是密集地出了许多专业性人才。"

李鸿章的三弟李鹤章的五代孙李道增出生于 1930 年，后来成为清华大学建筑学院首任院长，也是中国工程院院士。李道增曾经回忆说，李家家教甚严，"父亲受礼教的影响，从小就教育我们要守法；家教很严，非常重视小孩的教育，要懂礼貌，懂得做人，每学期成绩单都要给家长看……父亲很重视中文的教育，要我们写大字、练小楷"。一直到二十世纪三十年代，李家仍然有着科举世家的遗风。

李鸿章的长女李菊耦，在李鸿章的安排下嫁给了晚清重臣张佩纶。李菊耦与张佩纶有个孙女叫张煐，后来成为一位有名的作家，并且改名为张爱玲。张爱玲的父亲张志沂作为清朝遗老，在科举制被废除后就失去了进身之途。靠着丰厚的家产，过着堕落的生活。吃喝嫖赌，抽鸦片，讨姨太太，让夫妻感情名存实亡。张爱玲生长在一个没有爱的家庭中，还经常遭到母亲冷落和父亲殴打，导致其长大后感情生活也非常不幸，最后在美国家中孤独去世。

张爱玲在二十三岁就写下小说《倾城之恋》，说道："你如果认识从前的我，也许你会原谅现在的我。"可以想见身处乱世的科举世家，其子弟个人之困顿、家族之凋零。但中国文化本身有着奇异的生命力，其文脉不但未曾随科举世家没落而断绝，反而因西方文化的融汇，在现代文学史上开出了坚韧而美好的花果。

第五节 近代四大文化世家：出身科举却学贯中西的家族

晚清时期，中国的科举制度已经进入末途，无法承担为社会选拔人才、引导教育的使命，科举世家走向没落。但另一方面，长期的科举制度为中国的精英阶层打下了坚实的中国传统学术根基，在此基础上和西方的文化教育相结合，产生了一大批学贯中西的大师级人物和有名的文学世家，其中以义宁陈氏、德清俞氏、常熟翁氏和新会梁氏等为代表。这四大家族被合称为近现代"四大文化世家"。

更重要的是，彼时的知识分子阶层虽然有很多是出身科举，却因眼界的阔大，不再以科举做官为使命，而是肩负着"为万世开太平"的现代知识分子的豪情壮志，为学术中国打开了一个新的天地。

一、义宁陈氏：开创中国学术独立精神与自由思想的一门五杰

中国近现代史上，以学术闻名的家族，首推出自江西修水（古称义宁）的义宁陈氏。这一家族在清末先后出了湖南巡抚陈宝箴、同光体诗代表人物陈三立、画家陈衡恪、史学大师陈寅恪和"中国植物园之父"陈封怀，被称为"陈门五杰"。

义宁陈氏是在清朝中期陈宝箴的祖父陈克绳那一代迁居

修水（义宁）的。陈克绳对培养子弟读书非常重视，在迁居修水安定下来之后，就创办了仙源书屋，作为家塾。后来陈氏家族逐渐壮大，陈克绳就在嘉庆二十三年（1818）主持了四房分家。但即使分了家，陈克绳也力求保持陈家重视教育的传统，特别是在分家文书中强调，无论是出自哪个家庭的孩子，在科举上取得成绩，都要给予重奖。这些举措极大地鼓励了族中子弟读书风气的养成，并且促成了义宁陈氏"耕读传家"传统的形成。

1852 年，二十一岁的陈宝箴在科举考试中中了举人。他虽然年轻，却见识不凡而又踏实肯干。中国传统文化认为，这两种品质集中到一个人身上，此人必成大器。这一点也被曾国藩意识到了，于是着力提拔陈宝箴。而陈宝箴自己虽然和曾国藩一样是儒家学说的信奉者，但思想却更为开放，最终成为维新派的骨干。

陈宝箴面对的是清末乱局，许多人都认为时局无可挽回。而陈宝箴则勇于任事，在担任湖南巡抚时，大力推行新法。在政治层面整饬吏治，裁汰冗员，让官场风气为之一新；在经济层面兴办工商实业，鼓励经济发展；在教育层面开办时务学堂、武备学堂，开启民智、移风易俗。值得一提的是，陈宝箴还向朝廷推荐了张之洞等清末名臣，这些人后来都成为挽救时局的关键人物。

1898 年戊戌变法失败，慈禧太后发动政变夺权，对维新派大肆清算，不但处死了包括谭嗣同在内的"戊戌六君子"，还将湖南维新派骨干陈宝箴革职，永不叙用。陈宝箴被罢官回家后，慈禧还是没有放过他。朝廷又下旨赐陈宝箴自缢。陈宝箴对晚清政治非常失望，他在死前留下遗嘱："陈氏后代当做到六字'不治产，不问政'。"从此义宁陈氏一族很少再涉足政坛，却在文化方面大放异彩。

陈宝箴的儿子陈三立，"维新四公子"之一，是近代同光体诗派的重要代表人物，有"中国最后一位传统诗人"之誉。后来侵华日军想要招纳陈三立，派出代表百般游说，日伺其门。陈三立大怒，命用人拿扫帚将其逐出。最终，他绝食五日，忧愤而死，享年八十五岁。而另一位陈门名士陈衡恪，是近代著名画家。其花鸟画取百家之长而别具一格。他笔下的兰花，风姿绰约，灵动非凡，是兰花画作中的名作。

义宁陈氏中最著名的学术人物，要数陈寅恪了。陈寅恪是中国著名的历史学家、古典文学研究家、语言学家、诗人，先后任职任教于清华大学、西南联大、广西大学、燕京大学、中山大学等，与叶企孙、潘光旦、梅贻琦一起被列为清华大学百年历史上四大哲人，与吕思勉、陈垣、钱穆并称为"前辈史学四大家"。吴宓曾不无感慨地说道："合中西新旧各种学问而统论之，吾必以寅恪为全中国最博学之人，寅恪虽系吾友而实吾师。"又因陈寅恪身出名门而学识过人，被称作"公子的公子，教授之教授"。

陈寅恪除了著述《柳如是别传》等历史著作外，还有不少诗文传世。其中有名篇《忆故居》，展现了一个时代文人的落寞和风骨：

渺渺钟声出远方，

依依林影万鸦藏。

一生负气成今日，

四海无人对夕阳。

最值得铭记的是，1929年6月3日学者王国维跳昆明湖自杀后，陈寅恪在王国维纪念碑铭中首先提出："独立之精神，自由之思想。"他自己也是这样做的。在遭逢乱世危机、被人身攻击和迫害的危难时刻，一直不忘保持学术的尊严。而这两句话，也逐渐成为中国现代知识分子共同信奉的学术精神与价值取向。

在上百年的时间内，无论是学术文化水平，还是精神价值高度，义宁陈氏的家族成就都达到了世界级的水准。江西修水陈家大屋，现在早已成为国家重点文物保护单位。在其衡门上有对联"耕读求真，修善养成百年气质；诗书为本，唯敬涵育一代风华"，在其凤竹堂上的对联则为"凤鸣精神思想，已成百代楷模；竹荫人品学问，养就一门清风"。

二、德清俞氏：四代三人，大家风范，学识兼备，文柄相传

德清俞氏号称中国近代四大文化世家之一。所谓"四大文化世家"，包括广东新会梁氏、浙江德清俞氏、江西义宁陈氏这三家。至于第四大文化世家的说法，是有争议的，有说是浙江建德周氏的，也有说是江苏常熟翁氏的。但德清俞氏却毫无疑问，是排在义宁陈氏之后，可与新会梁氏比肩的文化世家。

俞樾（1821—1907），浙江德清人，字荫甫，号曲园，科举出身，于道光年间考中进士，曾任翰林院编修，不久外放河南学政，正式步入官场。但俞樾不大会做官，和同僚关系很差，第二年遭到御史曹泽弹劾，再过一年就被革职了。俞樾就此结束了短暂的三年官场生涯。这次被革职对于俞樾自己来说是个挫折，但对于中国文化来说却不是一件坏事，正是这个机会，造就了一代学术宗师。

自从被免官之后，俞樾将眼光放到科举八股之外，去研究真正的学术。在此后四十多年的学术生涯中，俞樾以经学研究为主，旁及诸子、史学、训诂学，乃至戏曲、诗词、小说、书法等，著有《春在堂全书》五百卷。作为晚清著名文学家、教育家、书法家、国学大师，俞樾的学术造诣极高，曾先后主讲于苏、沪、杭、湖等地书院，弟子号称三千，现在被奉为国学宗师的章太炎、吴昌硕，以及日本学者井上陈政等人，就是俞樾的亲传弟子。

俞樾读古书虽多，却并非全盘接受。事实上他曾写过医学著作《内经辨言》，指出中医存在的很多问题，是近代提倡废除中医的第一人，这个激进的观点，也开启了百余年来中医兴废论争。

俞樾晚年特别重视对子孙后代的教育。孙子俞陛云、重孙俞平伯都成为中国近现代史上重要的学者。俞樾自己的两个儿子一个早夭一个体弱多病，一直担心俞家的家学从他而绝。但他在晚年得到了一个孙子俞陛云，健康聪颖。俞樾非常高兴，不顾年事已高，推辞了所有其他事务，专心在家教孙子，还亲自编纂了家庭教材《曲园课孙草》。这本书后世的评价极高，被后人奉为经学名典。他还以自撰联、自述诗标示家训，自编教材承载家学，也从此成为德清俞氏的独特家风。

俞陛云自幼读书勤勉用功，俞樾悉心栽培，用《曲园课孙草》教其开笔作文。而俞陛云终不负所望，在光绪戊戌年高中进士三甲的探花。俞樾贺其探花及第的对联写得言深意隽，冷静而清醒："湖山恋我，我恋湖山，然老夫耄矣；科第重人，人重科第，愿小孙勉之。"①

俞樾教小孩教上了瘾。当他的曾孙俞平伯出生时，从出生、满月剃头、开蒙到送私塾读书，俞樾都亲自题诗、撰对或题扇，盼望"培植阶前玉、重探天上花"，临终更将遗训封好后，连同曲园书藏一并交付俞平伯。

值得一提的是，俞樾还是一位朴学大师，他去世前留下《病中呓语》绝句九首，非常神奇地命中了此后的诸多历史事实。比如，俞樾逝世于1907年，但他的诗中却写道："无端横议起平民，从此人间事事新；三五纲常收拾起，一齐都做自由人。"这分明就是1911年的辛亥革命。

作为俞樾曾孙、俞陛云之子，俞平伯十五岁入读北平大学，曾在燕京大学、清华大学、北京大学、北平大学、中国学院等校任教。二十三岁那年俞平伯出版《红楼梦辩》，考证出《红楼梦》原书只有前八十回是曹雪芹所作，后四十回是高鹗续作。这个发现让俞平伯成为当代新红学

---

① 〔清〕俞樾：贺孙中探花联，中华诗词网：http://www.haoshici.com/ca9k9iw.html，2021-01-18。

的开创者,及研究《红楼梦》的第一人。他与胡适一起被誉为新红学的奠基人。不仅如此,俞平伯同时也是著名的诗人、散文家,旧体诗和新体诗无不精通。

德清俞氏,四代三人,都是当时中国的学术大宗师。每一代人都是由学术积累而提升认知,终成大家,俞樾所开创的家风和家教起了重要的作用。更重要的是,俞樾的成就其实超越了科举世家的眼界,将中国古代文化的文脉与现代社会很好地结合,探索了中国文化发展的现代方向。

三、常熟翁氏:状元之才,两代帝师,宰相名臣之家

翁姓来源于周朝时期的姬姓,是周武王曾孙周昭王的后代。关于"翁"成为姓氏的说法有两个:第一个说法是,昭王幼子生下时双手紧握,别人掰不开,唯昭王去掰,应手而开,左掌纹路如篆书的"公"字,右手掌纹如篆书的"羽"字。周昭王于是给幼子取名为"翁",而庶子的后代也就以翁为姓。第二个说法是,昭王的庶子食采于翁山(位于浙江定海或广东翁源,未有定论),其子孙以邑名为姓,从此姓"翁"。但无论哪个说法,都表明翁氏是周昭王庶子的后代。

江苏常熟翁氏大约是在明代才迁居常熟的。翁家到达江南后,作为平民家族,世代以耕读传家,也非常重视子弟的教育。在常熟老城中,有一条巷子就叫作翁家巷。巷子里有一座古色古香的院落,名为彩衣堂,是常熟翁氏的老宅。

清乾隆年间,来自常熟翁氏的翁咸封参加科举考试,一举考中举人,后被任命为海州学正,主管教育和文化事务。海州就是今天的连云港。翁咸封自己的官职不大,但却是主管地方教育的主官,在管理士子和教育事务的同时,也更加重视自家的教育。翁咸封对自己的儿子翁心存悉心培养,终于将翁心存培育为大才。

翁心存在道光二年（1822）考中进士，这就比父亲考中举人又前进了一步。此后翁心存更是屡获升迁，当过工部尚书、户部尚书等，还做过上书房总师傅，侍读咸丰皇帝和恭亲王等人，接着又教授同治皇帝，成为"两朝帝师"。翁心存最后官至体仁阁大学士、正一品，赠太子太保衔。

翁心存不但自己成为两朝帝师，他的三个儿子也都通过教育和科举考试成为一时之选：长子翁同书考中进士后，历任翰林院编修、贵州学政、安徽巡抚；次子翁同爵，曾任陕西巡抚、湖北巡抚、湖广总督；小儿子翁同龢是光绪皇帝的老师，维新派骨干，在近代史上赫赫有名。

其实，翁同龢并不是出生在常熟的，而是出生在父亲任职所在地北京，直到四岁，也就是1834年才随家人回到家乡常熟。翁同龢自幼聪慧好学，在科举考试中大放异彩——十五岁考中秀才，二十二岁中举人，二十六岁那年，以殿试一甲第一名的成绩，考中状元，算得上族中科举成绩第一人。

考中状元的翁同龢后来继承父业，也成为"两朝帝师"。他三十六岁的时候，当上了同治皇帝的老师，后来又教授年仅六岁的小皇帝光绪。光绪小时候害怕打雷，每逢打雷就躲在他怀里，还经常玩他的胡须。作为光绪皇帝的老师，翁同龢与光绪密切相伴了二十四年，情同父子。

翁同龢虽然出身旧学，却是维新派的代表人物之一。但他作为帝党的一员大将，却仍然犯了传统科举知识分子容易犯的"清流"之误，即在中日甲午战争中不了解国际情势而一力主战，对战败负有一定责任；在戊戌变法之前举荐同样缺乏实际政治斗争经验的康有为给光绪，又在变法关键时刻失官回乡，导致帝党无法抵御后党的反攻。随着维新派的失败和光绪皇帝被软禁，翁同龢也险些被杀。还是后党的荣禄对慈禧求情说，"本朝尚没有杀过师傅"，才让翁同龢捡回一条命。在其被罢官回乡后，转为专心研究学问和藏书。

翁同龢在北京城中为官四十多年，积攒了无数的古画奇书。他写过一副对联："入我室皆端人正士，升此堂多古画奇书。"作为一位久经宦海的大学问家，翁同龢回乡后将精力放在治学和培养子弟上，想要将翁家耕读起家、书香传家的文化世家传统发扬光大。

在以治学来培养子弟这一点上，翁家和另外一个文化世家吴越钱氏的做法非常类似。钱氏家族出过中国科学界巨子钱三强、钱学森、钱伟长等。钱伟长的叔父就是国学大师钱穆；钱三强的父亲则是钱玄同。而这些钱氏精英都来自唐末吴越王钱镠这一系的吴越钱氏家族。

事实上，这两大家族不仅作风相似，而且关系密切。翁心存、翁同书、翁同爵、翁同龢，以及后来翁家所出的文化名人，身上流淌的不仅是常熟翁氏的血脉，也有吴越钱氏的家族基因。因为"翁与钱故世为婚姻"：第一代世亲指翁心存五世祖翁大中娶钱祖寿之女，第二代世亲指翁心存高祖俊娶钱祖寿子钱稼臣之女，第三代世亲指翁心存曾祖汝弼娶钱稼臣嗣子钱维城之女。以至于翁心存总结说，"予家与钱氏五叶世亲"①。

翁钱两家之间的密切关系，在科举世家之间绝非罕见。中国的文人好交游，文化世家之间的交往互动也比较多。如新城王氏家族与淄川赵氏家族、临朐冯氏家族都有联姻。新城王士禛的至交好友包括赵执信、田雯、蒲松龄这些名家，其同僚、诗友、乡党遍布北京、扬州、山东等地，相知满天下。这种交往所带来的，是中国读书人之间学术共同体和价值共同体的建立。

到了五四运动之后，翁氏家族仍然保持了"坚持学习、支持教育"的传统，对家族文化始终坚守不弃，且不遗余力进行收集、整理和研究。而且，和吴越钱氏曾经培养出十八位两院院士相类似，常熟翁氏在现当代也出过翁曾源、翁斌孙等文化大家，以及中国工程院院士翁宇庆等人。作

---

① 钱文辉：《常熟望族——翁氏、钱氏的五世姻缘》，《翁同龢研究 2018》，http://www.pinlue.com/article/2018/12/0117/087744214332.html。

为曾经的科举世家，常熟翁氏和吴越钱氏都完美地融入了新的时代。

四、新会梁氏：文化启蒙，名垂青史，隔代家教，爱民忧国

作为清末维新变法的代表人物之一，梁启超出身寒微，自谓不过"中国极南之一岛民"。但他有少年雄心，渴望富国强民，并为此奋斗终生。梁启超于科举出身，并在赴北京科考时恰逢甲午战争，和老师康有为一起号召了影响深远的"公车上书"。此后他积极参与维新变法，在变法失败后远赴日本。其后他再未踏足官场，转而将治国之梦寄托于文化启蒙，而能成一代之绝业，名垂青史。可以说，他的文章影响了中国的命运。

梁启超对子女教育也特别上心，他经常跟子女通信，关心他们的学业、身体。而且梁启超不古板，也没有家长作风，他很关心子女的心理健康，跟自己的孩子交朋友，并将人生感悟润泽在子女身上。他把众多的子女培养成有名的学者、专家，家里九个孩子，出了三个院士。从他这一代开始，梁氏人才鼎盛，莫不在自己的领域做出卓越的成就，造就了令人瞩目的文化世家。

梁启超子女教育的核心理念是成才，并不看重虚名和利益，包括学历、学位这些短期目标。梁启超认为，只有着眼于根本，一个人才能不被短期目标所迷惑，反而能成大才。

梁启超的儿子梁思成，是中国最有名的建筑学家之一，毕生致力于中国古代建筑的研究和保护，和他的妻子林徽因一起，十多年间在极端艰苦的条件下，运用近代科学技术对我国众多有价值的古建筑进行了勘察、测绘、制图，并结合历史文献资料和对老匠师们的访谈，对古建筑文物进行了大面积的保护与调查研究，为中国建筑事业做出了卓越的贡献。在二战期间，梁思成特地建议盟军在轰炸中保护日本历史文化名城京都、奈良。因为那里的珍贵文物古建筑是人类共同的文化财富。可见其人格与见识之高。

梁思成的儿子梁从诫，是中国著名的环保运动推动者。1950年后，梁从诫报考清华建筑系，当时梁思成是清华建筑系的系主任，林徽因是建筑系一级教授。而作为他们儿子的梁从诫却因几分之差落榜，不得不改上第二志愿清华历史系。此亦说明梁家的家风之正。

梁从诫后来走上了环保道路，1993年成立了中国最早的民间环保组织"自然之友"。梁从诫在环境倡导上不遗余力。在政协会议上，作为政协委员的梁从诫提出尽快建立环境民事公益诉讼制度，这推动促成了2015年《环境法》的修订，为中国的环境保护事业做出了突出的贡献。

新会梁氏家族无论是哪一代，都愿意承担对这个国家的责任：梁启超为拯救危难中的国家挺身而出；梁思成为拯救面临消亡的传统城市建筑奔走呼号；梁从诫为拯救世间万物赖以生存的自然环境竭尽心血。我们可以看到，根植于中国大家族血液里的家国情怀和高洁品行，才是中国文人风骨的真正来源。

第六章
近代善财世家

第一节 善财世家：富而好礼，继创有道

在晚清这个千年未有之大变局之下，各种类型的世家，无论是科举文学世家，还是军功武德世家，都在时代剧变中经历了家族自身的改造。与此同时，随着中国的格局变化，以及西学东渐的影响，中国的世家体系结构也出现了重大变化。传统的科举文化世家随着科举制的没落而没落，新的世家在全新的局面中崛起——那就是中国近代善财世家。

在中国古典文化中，"道"是贯穿一切事物的要义，所以中国人并非简单地蔑视财富或推崇财富，而是强调在追求财富的过程中秉持儒家原则，所谓"君子爱财，取之有道"。

如陶朱公、端木赐这些先秦时代的大商人，本身就有着"道"的传承，相传陶朱公是老子的弟子计然的徒弟，端木赐（子贡）更是被孔子赞为"瑚琏之器"的孔子门生。而他们共同的特点都是将"道"贯穿在获取财富和用慈善散财的过程当中，也都为后世建立了诚信公平的商业原则。

所以，善财世家中的"善财"，不但指善于积累财富，取财有道，也意味着善于使用财富，散财有道。家族财富的传承同时取决于这两方面，因此可以理解许多传承多代的大富之家也同时是慈善之家。

特别是到了晚清时期，一系列具有现代商业头脑的中国富豪家族走上历史舞台，除了原有的晋商乔氏家族、曹氏家族之外，来自东南沿海的伍秉鉴家族、张謇家族、盛宣怀家族都曾是中国财富领袖。他们也同时是那个时代的慈善家。其中，盛宣怀死前捐出一半家产做公益事业；张謇本为科举状元之才，中年创业成功后，将一生功业全都报效国家。

一、家族财富如何传承？

财富观念的产生，是人类历史上一次重要的认知革命。实际上，金钱就是从诸多商品的具体使用价值中抽象出来的一般等价物。有了财产的观念，人类向上进步的阶梯就打开了。我们可以试想一下：人类文明史中，有多少进步是和对财富的追求有关的？就会清楚地了解，是什么引领着个体的奋斗汇聚成社会的繁荣。这些进步包括为创造更多的财富而达成的科技创新，为保护私有财产而催生的宪政法治，为更好地利用财富而倡导的慈善公益，等等。

所谓"富而好礼，继创有道"，是指让一个家族强大的力量不仅有德行、权力、文化和武功，也有财富，但这财富并不是普通的财富，而必须是得到善用的财富，是能够在积累的过程中体现出"道"的财富。

在历史上，各个时代的财富家族创造财富的方式并不相同，有依靠权力形成垄断地位的官商，有靠着实业积累家业的商人，有靠抓住贸易机会起家的商人。其商业模式各不相同，但无论采用何种创造财富的方式，在传承财富方面，善财家族几乎都如出一辙，基本上是靠家族子弟的培养，来达到家族繁荣延续的目标。而那些能够将财富绵延数代的大家族，其子弟的培养方向，一般并非简单地强调文化守成和财富守成，而是鼓励其对家族文化传承、创新和善用。

关于传承，是指财富家族对于子弟培养都会强调要继承祖辈商业成功的经验，包括商业文化、家族规矩、商界人脉、慈善传统，等等。当然，这些要素的传承难度是不一样的。像商界人脉和家族规矩，这些是比较容易传承的，但像商业文化其实是很难代代传承的。家族实业、家族财富、家族人脉关系的继承，是一门大学问，是否继承成功，只能由实践来验证。

关于创新，一个家族如果守着固有的创富模式，那么财富就只能被代代摊薄，最终泯于众人。家族要持续发展，就必须要代代有创新。例如清朝康百万家族最为重视的，就是对于子弟创新精神的培养。这让这个家族每一代都能创新商业模式，发掘新的资源，从而让家族的成功得以持续。

善用，是财富家族文化中最重要的一环。一个人对待财富的态度，基本上可以决定这个人的命运和财富的命运。所以，成功的财富家族不但要知道怎么赚钱，更要知道怎么花钱。刘秀的外公，南阳樊氏的樊重，经营有道，以种植业、养殖业和贸易发家，但终生怀有悲悯之心，经常向乡里的农民进行小额贷款，帮助他们渡过难关，最后在临终前还一把火烧了所有的借据。

二、商帮文化：财富家族的另一层保护力量

家庭在经济上最基本的特点是共财，即每一个家庭成员都是共同的财产所有者。有平等的权利，而且他们的收入都属于家庭共有财产的一部分。经商成功的家庭往往以直系家庭或共祖家庭经营者居多。这时企业的形式就是家族企业。中国各个商帮中的企业，最普遍的还是这种家族企业。特别是商帮的核心力量，基本上都是大型家族企业。晋商中的

乔家、曹家、常家，徽商中的鲍家、江家、曹家，洞庭商中的王家、席家等都是如此。

像晋商中乔家的第一代创业者是乔贵发，有三子。兄弟三人在父亲扶持下共同努力，使其企业有了极大发展。但这三兄弟中老三乔全美最能干，乔全美的次子乔致庸接班后，创造了乔家的全盛时期，撑起了晋商商帮的半壁江山。

中国的善财家族逐渐培养出了独具特色的商帮文化和家族传承文化。一般来说，家族企业有其优势，但弱点也很明显。特别是企业做大之后，家族企业内部对产能进行细化会遇到障碍，家庭成员之间产权不明晰。同时，在企业做大、家庭富起来以后，经济利益往往会压倒血缘、亲情，家庭围绕利益和权力的斗争也会很激烈。而商帮实际上就是扩大了的家族，让家族企业除了家族的支持外，还可以得到同乡和大族的支持，以及用商业规范来约束家族成员的行为，并可能提供更多商业机会。

在明清时期，中国的商品经济得到了发展，行业繁杂和数量增多，商人队伍日渐壮大，竞争日益激烈。而封建社会统治者向来推行重本抑末的政策，在社会阶层的排序中，士、农、工、商中商也是屈居末位。对于商人而言，国家没有明文的法律保护，而民间又总对商人有"奸商"的偏见。因而，在那样的年代，商人利用他们天然的乡里、宗族关系联系起来，互相支持，和衷共济。

中国古代有五大商帮、十大商帮等传统。这些商帮大多数是以地域划分的。中国最著名的商帮包括广东粤商、山西晋商、安徽徽商、陕西秦商、福建闽商、江西赣商、江苏苏商、浙江浙商、湖南湘商、山东鲁商，等等。其中在近代史上影最具实力、发展规模也最大的商帮，首推晋商、徽商、粤商和浙商。其中晋商乔致庸家族、粤商伍秉鉴家族都在清末民初有很大影响力。

晋商是中国最早的商人群体，在中国的商界有着接近五百年之久的历史，最具代表的商人一般集中在山西的太谷、祁县和平遥，当时晋商开办的钱庄几乎遍布中华大地。粤商也是一支重要的商业力量，因为开放较早，他们对外投资极广，在中国的对外贸易方面做出了极大的贡献。

至于浙商，现在已经成为我国民营经济发展的主要力量，其经营模式都已经被写入了教科书中。无论是老一代浙商还是新一代浙商，其商业理念都离不开"舍得、和气共赢、低调和敢闯"等。

为什么商帮文化和家族传承文化在中国商人阶层里如此经久不衰？那是因为古代中国的商人向来面临着最为困难和险恶的外部环境，所以他们更加需要依赖家族和商帮的力量，抱团取暖。同时，商帮在规避内部恶性竞争、增强外部竞争力的同时，更可以在封建体制内利用集体的力量更好地保护自己。

在改革开放后复兴的商会，便是新时代商帮文化的载体，商会文化也是商帮文化传承、革新的产物。而粤商是中国近千年历史上最为活跃，也是较为特殊的一个商帮，他们是中国最具市场化和国际化特征的群体，其创业精神和"先行一步"大力推动了中国的民营经济发展。

三、财富家族与政治权力

在政治化程度极高的古代中国，任何事物都有被政治化的可能，都有被权力介入的空间。而财富家族的传承除了取决于家族子弟自身的素质之外，也在很大程度上取决于外在的制度环境。在梳理中国历史上的各种家族历史时，我们不难发现，中国历史上有数代相承的仕宦家族、文化家族、工匠家族，但能够将财富延续几代并持续具备财富创造能力的家族，真的非常少见。即所谓俗彦所云，"富不过三代"。即使有了商帮文化的加持，中国的家族财富仍然是非常脆弱的。

笔者在这里梳理了那些在古代社会里财富传承成功的顶级家族的事

迹，也在此过程中发现了中国财富家族的一些"历史规律"，即大多数家族都长于财富的创造，但短于财富的传承。这里面有内在的家族选择的因素，但更多的是外在的社会政治环境的因素在起作用。

例如，司马迁在《货殖列传》中列举过一些家资丰饶，富埒王侯的大富豪如陶朱公、白圭、乌氏倮等。他们的成功，除了有自身的智慧和对商业灵敏的嗅觉等因素外，还因为这几位都和朝廷关系密切，陶朱公原来在越国和齐国都做过丞相。他们积攒了丰富的人脉资源，行商便利而有保障。但随着政治形势的变化和朝中人事更替，大多数商人的财产很快消耗掉了，甚至被打回原形。

中国古代的商人阶层在政治上一直如履薄冰。即使对于和官家关系密切的官商家族来说，要维护住由权力所带来的商业垄断地位，就必须维护政商关系和权力本身。东汉的豪族强宗，多数是家学渊源、产业丰厚并能世代为官的大家族。如郑兴，是东汉初年大儒，曾任凉州刺史。他的儿子郑众在汉章帝时任大司农，也是名儒。他的曾孙郑太，到汉灵帝时还是"家富于财，有田四百顷"。单一由财富维系的家族地位是不可靠的，必须集知识、财富和权力于一身，才有可能将家族地位延续下去，而其中财富所起的作用甚至都不是最重要的。

到了近现代，权力对于商业的介入和控制仍然广泛存在。如晚清洋务派代表人物盛宣怀，由于攀上李鸿章而暴富，甚至战胜了当时的民商首富，绩溪胡氏的胡雪岩，但也是由于李鸿章去世，家族失去了权力依靠，盛宣怀临死时宣布散掉一半家财，就是因为他知道，没有权力的背书，不但无法继续赚取超额垄断利润，甚至连手里已经获得的财富也很有可能全部失去。看起来是，成也权力，败也权力。

因为外部环境的多变，对中国财富家族来说，传承财富比创造财富甚至更为艰难，有鉴于财富传承的困难性，中国古代社会普遍认为，能够让家族长久传承的更重要的因素，是文化而不是财富。这里的文化，在今天其实指的是企业如何为长远的发展创造更好的社会环境。像参与民心工程、公益慈善，这些有助于企业外部环境改善的项目。这些项目通过回馈社会能够让企业获得更好的社会评价，也可以为企业创造一个友好的发展环境。对中国的商人来说，有些时候会花钱甚至比会挣钱更为重要。而这种"花钱"对路，也是需要认知能力打底的。如果没有对自身和外部的深刻认知是无法找到长久的发展之路的。

而这也是为什么这一章名为"善财传家"而非"财富传家"的原因。只有在家族文化的基础上善用财富，持续为家族事业发展优化外部环境，才能让大富之家基业常青。而单纯着眼于财富本身的家族，其"富不过三代"的命运已可以预见，也不会列入本书中。

回顾中国古代社会的商业大环境变迁，历代王朝采用的多是"重农抑商"等商业政策。但在外部条件不佳的情况下，中国的商人阶层依然有诸多杰出者。他们或能开创商业王朝，存续财富百年，或能助力英雄领袖逐鹿天下，成侯入相，或能作为某个领域内的首富，为善济民，造福一方。另一方面，也是因为中国古代的财富阶层和权力阶层之间的这种无法切割的关系，商人阶层一直以个体、家族或商帮等各种形式，主动或被动地参与了中国社会的塑造，也深度地影响了中国历史的发展。

除了通过"善财"手段创造商业小环境之外，其实对中国的商业精英来说更根本的问题还在于如何参与大环境的塑造，为整体上的商业繁荣奠定制度基础。在中国近代历史中，商人阶层进行社会和政治参与的内容，是商人阶层作为政治的附庸而追求在权力的盛宴上分一杯羹，还是真正用商业精神改造政治打造新的社会，让商业和文明共同成长？对这个问题如何回答，既能考验一个商人的个体格局，也决定了中国近代商人阶层的整体命运。

第二节　浙商家族：吴兴沈氏家族的兴衰

在中国的家族史上，吴兴沈氏是一个非常特殊的存在，其在历史上曾经数次变换过家风传统，从经学传家、武德传家，到科举文学传家，再到善财传家，不一而足。而令人惊叹的是，每一次变换，都能让家族跻身高门之列。作为浙商的代表性人物，沈万三及其家族的兴衰，不但可以显示出浙商家族高超的经商能力，也让人感叹在古代中国政商关系对于商人命运的根本性影响。

一、吴兴沈氏：由武入文易，由文入武难

在东汉建武年间，汉光武帝刘秀遭逢尹良叛乱。时任济阳太守沈戎亲赴前线，劝降了叛将尹良，让汉军兵不血刃平定了叛乱。光武帝因他立下大功而要封他为海昏侯。沈戎却对此兴趣不大。他在功成名就后辞官归隐，举家迁到乌程县，这里也成为此后千年沈氏的家族基地。所以，沈氏家族原本的家风是以武立家，叫作"世传武节"。

乌程县在浙江德清，就是后来的湖州，这个地方改了几次名。三国东吴后期，谪居此地的乌程侯孙皓被朝臣推举成为东吴末代国君，为纪念自己的"龙兴之地"，孙皓在乌程县之上新设一郡，取名吴兴，也就是"吴国兴盛"的意思。这就是吴兴郡望的由来。世居乌程的沈氏家族也就此名为

"吴兴沈氏"。

沈戎辞官后专门培养后代,培育出的子孙很有出息。沈戎有三子:长子沈酆,官至零陵太守;次子沈浒,官至安平相;三子沈景,官至河间相。沈酆又生有四子,都在朝为官。此后虽然朝代变化,但沈家子弟都是世代为官。

因为家传武学,沈氏子弟在江南势力很大。沈充就说过,"男儿不竖豹尾,终不还也"①。但在永嘉南渡后,大量北方士族南迁,开创东南偏安之局,并成为朝廷主导。作为江东"土豪"的沈氏则无法进入权力中心,始终与东晋王朝的主流势力处于对抗状态,从而受到打压。更根本的问题则是,沈家经常在战略选择上犯错误,总是站在失败的一方,因此,发展时起时伏,较为波折。

东晋永嘉南渡后,沈氏宗族作为本土豪强,在江南势力逐渐扩大。世传武节的结果就是沈氏家族拥有强大的私人武装和根深蒂固的经济实力,这为家族在政治上的进取打下了基础。琅琊王氏的大将军王敦在起兵谋反时,就邀约沈氏后裔沈充共同起兵。作为王敦的支持者,沈充率部一万余人去支持王敦。本来约好了和王敦的哥哥王含会合,结果王含失约,沈充的军队遭遇东晋主力部队的截击,被东晋军击败,沈充也被杀死,传首建康。这次参与王敦叛乱及失败,让沈氏家族在整个东晋时期都作为叛将家族而备受打压。

直到东晋灭亡,刘宋王朝代之而起,沈氏家族才重新回到政治舞台中心。沈充一支的后裔沈演之因其"尽心于朝廷"而受到宋文帝器重,担任侍中,领右卫将军,也就是当朝宰相。沈演之也成了南北朝时期吴兴沈

---

① 《晋书·沈充传》率兵临发,谓其妻子曰:"男儿不竖豹尾,终不还也。"古代帝王属车最后一乘建豹尾,故后以"竖豹尾"指建立大功业。

氏进入机要中枢的第一人。此后就一发不可收拾，沈氏子弟世代为官，盛极一时。

特别是在齐朝萧道宗时期，沈氏宗族文武双全，世人瞩目。其中，沈庆之的儿子沈文季成为所向无敌的将军；而沈庆之的侄子沈昭略历任御史大夫、侍中，沈怀文三子沈淡、沈渊、沈冲，同任御史中丞，史称"兄弟三人皆司直，晋宋未有"。就是说弟兄三个都在中央政府担任部长以上职务，非常难得。

南梁侯景之乱中，沈家后裔沈恪曾招集宗族子弟赴援建康，后来辅助陈霸先成就了一番功业。所以自陈朝初创直至陈后主时，沈氏家族都有人历任内外要职，沈氏宗族上升到最显赫的时期。特别是在陈朝期间，沈家出了两个皇后，有五人尚公主。

不过，到了南北朝最后的阶段、陈后主亡国之际，沈家又出了不肖子。史称陈后主"昵近群小，皆委之以衡轴"①。其中所谓"群小"中最著名的就是中书舍人沈客卿，借着沈皇后的权力"奸佞谄惑"。隋灭陈后，将沈客卿等沈氏家族成员或诛杀或流放，以谢陈地百姓。至此，吴兴沈氏也开始走下坡路。

沈氏家族传统的变迁是有着深刻的原因的。在沈充参与王敦叛乱被杀后，沈警又因参与五斗米道叛乱被杀。这两次对朝廷的反抗，让沈家损失惨重。此后刘宋时期的名将沈林子又被刘裕暗害。这些经历都对沈家"以武立家"的家风取向有所影响。到了南北朝时，由于当时南朝的社会风气是崇文抑武，沈氏因此放弃武功家风，转而注重文学。这种转变对沈氏影响很大，有学者就认为沈氏自废武功才导致家族没落。

不过，在唐朝建立后，文武并重，沈氏的文学和武功又受到了重视。

---

① 《陈书·后主纪》："宾礼诸公，唯寄情于文酒；昵近群小，皆委之以衡轴。"

特别是在玄宗时期，太子李亨（后来的唐肃宗）的妃子沈珍珠就来自吴兴沈氏，这让沈氏又回到皇亲国戚的地位。在安史之乱爆发后，太子妃沈珍珠在战乱中失踪，这也成为一个历史谜案。沈珍珠的儿子李适后来即位成为唐德宗。德宗李适是个孝子，他日夜思念母亲沈珍珠，命令全天下寻找母亲的下落。很多人冒名而来，都被揭穿，但李适为了不让后来人惧怕，对于这些骗子没有做太多惩罚，为自己保留一份希望，这样的思亲之情千年之后仍让人感动。另一方面德宗皇帝还大封沈氏族人。颜真卿称这一时期为"沈氏复大"。此后一直到德宗去世和沈氏族人外迁，吴兴沈氏在朝堂上才逐渐淡出。

但即使出了朝堂，沈氏的文学家风还是代代流传，后人中出了很多文人，沈峻、沈文阿、沈洙、沈不害、沈重等足以称美江左、流芳百世。宋朝科学家沈括，清朝文学家沈德潜，更是有名。"五四"之后有两位现代文学大师也是沈氏之后，一位是沈乃熙，笔名夏衍；另一位是沈雁冰，笔名茅盾。

二、百年浙商家族的兴起

像吴兴沈氏这样的千年江南大族，东汉出现于正史后，到南朝为士族之家。宗族巨大，流传下来无数的人口。在元朝时期曾经做到富可敌国的沈万三，一直以来都是商人中的一个传奇，从历史资料记载来看，应该就是吴兴沈氏中的一支。

关于沈万三的籍贯，有多种版本的说法。即便权威如《明史》，也有三种不同的说法：《明史·太祖孝慈高皇后传》中说他是吴兴人，名沈秀；《明史·王行传》说他是吴县人，名沈万三；《明史·纪纲传》说他是吴中人，名沈万三。三个说法均无一例外认为他是浙江人。而此后的浙商也把沈万三认定为浙商的代表性人物。

公元1330年，沈万三出生于平江府（明改苏州府）长洲县（今江苏苏州）东蔡村，本名富，字仲荣，世称"万三"。"万三"者，万户之中三秀，所以又称三秀，是为巨富的别号。

沈万三其实算是个富二代，父亲沈佑于元朝中叶由湖州南浔镇沈家漾迁徙至周东坨，后又迁至银子浜，是一个小有名气的地主，积攒了一千三百多亩的良产。等到沈佑去世后，沈万三几个兄弟分了家产，所以到沈万三这里最后也没有多少，但毕竟给了沈万三以启动资本。

在最初阶段，依靠父亲留下的遗产，沈万三主营传统农业。他很注重水利工程建设，为防止洪水泛滥，在靠近湖水的良田边建造围堤，提高了产量。沈万三还兼并了大量土地，广辟农田。但沈万三也知道这种由土地发家的方式只能得到小的财富，于是在通过做大做稳主业实现了财富积累后，沈万三开始放高利贷，让财富倍增。

在沈万三事业升级的过程中，他的妻子和妻子的家族发挥了重要作用。沈万三娶了江南陆氏的独生女为妻子。陆家是商人，富甲江南，可惜没有后人。陆氏觉得自己已经老了，也看破了红尘，手里的巨额财产假如不传给别人，一旦时局动荡，反而会酿成祸害。他一直以来都很欣赏沈万三的聪明才智和经商信用，于是将全部财产赠送给沈万三，自己出家当了道士。就这样，沈万三又获得了汾湖陆氏的万贯家产。也是从陆家的商业致富经历中沈万三得到了更大的启示：做生意，比务农和放贷都赚钱。所谓"沈万三秀之富得之于吴贾人陆氏"[①]。

在得到陆氏的巨资后，沈万三开始通过三条路径打造自己的商业帝国：通过农业打牢商业基础，通过放贷积累现金流，再通过海外贸易成就商业帝国。所以海外贸易是其事业转型升级的关键。

明朝初年是航海和贸易的黄金时代。在国内市场，沈万三继续垦殖

---

① 《周庄镇志》卷六。

经营，从粮铺开始，大规模开展粮食贸易。之所以从粮食贸易开始，是因为开始做生意，就要做熟悉的行业。当时北方主要的粮食供应都来自苏杭地区，沈万三手中掌握着千顷田产。在粮食贸易获得成功后，什么赚钱，沈万三就干什么。粮铺、酒楼、银号、镖局、典铺、布庄、鱼行，都在各地开办起来。苏州周庄原本是一个小村庄，沈万三在此安家后，依傍水路交通发达的周庄作为商品贸易和流通的基地，把小村子建设成了一个闻名遐迩的集镇。

在海外市场，沈万三又利用北蚬江（古东江）西接京杭大运河、东北经浏河出海的有利条件，"东走沪渎，南通浙境"，把内地的丝绸、瓷器、粮食和手工艺品等运往海外，又将海外的珠宝、象牙、犀角、香料和药材运到中国，从中赚得高额差价。这种"竞以求富为务"的对外贸易活动，主要对象有高丽、日本和南洋等地。很快，他便成为江南第一富豪。

沈万三的长处就在于商业认知能力强，比别人提前看到事情本质，提前看穿行业发展和商业模式的问题。在战乱年代掌握粮食垦殖、在经济恢复期间通过放贷投资、在经济繁荣之时大力发展海外贸易，这些选择都是最佳商路选择。一句话，他比同时代的其他人更清楚钱在哪里，所以他的商业帝国每一步都走在了正确的路径上。

但问题在于，沈家的这种超凡的认知能力仅仅局限在商业领域，对于在中国古代社会中，商业生存所必需的外部环境的认知，则严重缺位。正是这一点导致了沈家乃至整个浙商群体的没落。

三、"富可敌国"的大商家的没落

沈氏家族的没落是个渐进的过程。

作为富可敌国的大商人，沈万三刻意保持与官府的良好关系。沈万三一向把苏州作为重要的经商地，他帮元朝往北方运送粮草，也支持过割据苏州的张士诚大周政权，张士诚也曾为沈万三树碑立传。但沈氏家族的败落恰恰和社会发展趋势背道而驰不无关系。

沈家所受的第一次打击在洪武初年。那一年朱元璋经过长期鏖战终于击败张士诚，一统江南。而作为和张士诚过从甚密的吴兴沈氏家族，此时也面临巨大的危机。沈万三也明白这个道理，便想报效新主以保平安。

沈家和明太祖朱元璋之间的关系，一直为人所津津乐道。据《明史·马皇后传》记载，洪武六年（1373），当沈万三得知京师（今南京）要筑城墙，就主动承担三分之一的费用，修筑洪武门至水西门一带的城墙。随后沈万三还提出帮助朱元璋犒赏军队。但这一举动却惹怒了朱元璋。"吴兴富民沈秀者，助筑都城三之一，又请犒军，帝怒曰：'匹夫犒天子军，乱民也，宜诛。'后谏曰：'……其富敌国，民自不祥。不祥之民，天将灾之，陛下何诛焉？'乃释秀，戍云南。"[①]

翻译过来就是，沈秀沈万三帮助朱元璋修筑了三分之一的城墙，又请求犒赏军队。朱元璋却因此起了杀心，认为"匹夫犒天下之军，乱民也，宜诛之！"沈万三就这样差点被杀掉，最终在马皇后的劝说下，被朱元璋流放到边疆远地，并在流放的途中死去。

这件事背后的原因不难理解，明朝朝廷和沈万三之间早有心结，因为他原来是张士诚的人，包括他的两个儿子，都曾经为张士诚效力。朝廷打压沈家，实际上是害怕沈万三的商业力量影响到他政治上的权力。

不过，历史的记载中或有自相矛盾之处。朱元璋将沈万三流放的这个故事，最早记载于《明史》。朱元璋建立明朝登基为帝的时间是在1368年，而根据莫旦的《吴江志》改编的《吴江县志》中则显示："张士诚据吴时万三已死，二子茂、旺密从海道运米至燕京。"也就是说，早在1356

---

① 《明史·太祖孝慈高皇后马氏》。

年张士诚占据吴会的时候,沈万三就已经去世了。如果这是真的话,朱元璋成为皇帝是在1368年,此时的沈万三就已经去世至少十二年了,所以沈万三被朱元璋流放这种说法,显然是不成立的,两个人应该是从未见过面才对。

那么历史的真相是怎样的呢?笔者认为,沈万三的传说应该是当时江南有钱人的遭遇的历史缩影。这就是洪武年间的三次江南富户迁徙。

明太祖朱元璋出身赤贫人家,对于富户有着仇恨心理。出于打击张士诚的支持者、打击有钱人和建设家乡凤阳这三重考虑,朱元璋在位期间对江南富户进行了三次大迁徙。第一次是洪武三年(1370),苏州、杭州、嘉州、湖州等地四千多家富户被集体强制迁往濠州和凤阳;第二次是洪武十四年(1381),迁富民五千三百户于南京;第三次是洪武三十年(1397),迁富户一万四千三百余户于南京、凤阳等地。

从现代人的眼光来看,这样的迁徙是明显违反经济规律的。其结果是让江南的很多有钱人变成了穷光蛋,而凤阳等地却依然没有发展起来,仍处于贫困落后的境地。

所以,真实情况可能是,后人将朱元璋对江南富户的打压的事迹,集中到了沈万三身上。特别是在洪武三年至六年(1370—1373)的第一次富户迁徙,规模最为巨大。即便当时沈万三可能已不在人世,但在明初对江南富民的严苛政策下,沈家必然遭受过重创。所以,历史上第一次对沈万三家族的打击,其实是针对所有江南富户的。而且越是富有的家族,越是受到打压。而除了上述三次成批的富户移迁之外,云南平定后,朱元璋又不断从内地往云南移民,以充实边疆。江浙富户仍是移民的重要组成部分。以沈万三为代表的浙商在被迫迁往南京、凤阳和云南的过程中损失惨重。而南京和云南就成为沈万三得罪朱元璋并被流放的传说的源头。

不过,富户迁徙和捐输报效等财务上的损失,并没有击垮沈家。直到洪武二十四年（1391）沈家的巨富地位仍然保持着。沈万三的子孙也继承了他的商业基因，家族财富以周庄为基地持续暴发式增长。沈万三一直将周庄当作自己的家园，沈家后人在沈万三死后仍然居住在周庄。不过，沈家后人并没有吸取先辈的教训，在家族兴盛之时又开始结交高官，而不是和政治保持距离。

四、大商人要记取的教训

沈家遭遇的第二次打击也是和明朝政府相关，并且这一次确是直接针对沈家的。《故沈伯熙（庄）墓志铭》记："洪武十九年春，兄至以户役故，缧绁赴秋官，时伯熙亦获戾京师，适与兄同系狱，人则抱其兄痛泣曰：'吾兄素羸，不堪事，今乃至于斯耶！'既而伯熙先出，遂得疾甚，药莫疗……卒于京。"[①]

在洪武十九年（1386）的春天，又是因为和朝廷之间的关系处理不当，沈万三的两个孙子（沈旺之子）沈至、沈庄先后入狱。沈至入狱的直接原因是逃避赋役，沈庄入狱则是直接因为涉嫌"胡党"加逃避赋役。两人被羁押至京并入狱后，被罚没巨款，沈家损失惨重。同年，沈万三的女婿陆仲和被扣上"胡党"的罪名满门抄斩。

沈家遭遇的第三次打击，是受到洪武二十六年（1393）蓝玉案的牵连。这一次打击对沈家来说是最为致命的。

凉国公蓝玉是明初手握军权的一代名将，曾远征击灭北元，功勋卓著。而且蓝玉还是常遇春的小舅子，常遇春的女儿又是懿文太子的王妃，很有希望成为未来的皇后。本来作为皇亲国戚的蓝家和江南商家沈家没有什么联系，却因为一个人而建立了密切的关系。

[①] 卢次农：《故沈伯熙墓志铭有序》，http://blog.sina.com.cn/s/blog_6c9228cb0102yytf.html。

使蓝玉家和沈万三家产生交集的人物叫王行。王行，字止仲，号半轩，是明初有名的大儒。他曾长期在蓝玉府里教书，蓝玉对他很敬重，还数次带他去拜会过丞相胡惟庸，后来胡惟庸被朱元璋抄家，王行怕牵连自己，离开京城到了南方。

在中国古代重农重文就是不重商的环境下，商人的地位远不如秀才或官员，只有考取功名当了官才能算是真正的富贵。沈家人很注重后代的文化教育，为了子弟的功名，他们请来了王行，在家里坐馆教书。

王行在京城有高级圈层关系网。除了蓝玉一家，他还和明初的著名诗人高启、朱棣的谋臣姚广孝等人都是很好的朋友。沈家就靠着王行这层关系开始结识蓝家人。特别是入赘沈家的女婿顾学文，成为蓝玉一家的密友。此外，由王行牵线，姚广孝和沈家的关系也不错。

事情起始于洪武二十五年（1392）懿文太子朱标病死，朱允炆被立为皇太孙成了合法的帝位继承人，朱元璋唯恐孙子太年轻，威望和经验都不足以驾驭天下，万一有"英雄"突起，他创建的大明帝国就可能落入他人之手，于是狠心大开杀戒，把一切可能危及朱家王朝的潜在势力通通铲除。而当时明朝最有权力的高官，正是凉国公蓝玉。

洪武三十一年（1398），蓝玉因为谋反罪被朱元璋拿下。此时沈家刚刚与蓝玉家建立交情不久，却也被牵连在内。此前沈万三女婿顾学文因夺人之妇，早被仇家怀恨在心。蓝玉事发后，仇家即以沈家同蓝家的关系为据，诬告顾学文与蓝玉串同谋逆。于是顾学文全家包括妻族沈家，一共有七十二人被逮捕下狱。在严刑逼供下，顾学文招认曾收到蓝玉"钞一万五千贯"，为他购置粮米、绸缎等物，用来准备起事和赏人。这下，沈家是"蓝玉党"的"证据"就坐实了。

因为沈家蔓延很广，财富遍布全国各地，所以官府对沈家家产和隐匿人口的追踪和刑讯逼供持续了好几年时间。《弘治吴江志》载，案情牵涉"妻族沈旺、沈德全、沈昌年、沈文规、沈文矩、沈文衡、沈文学、沈文载、沈海，凡八人"。其中沈旺是沈万三的儿子，其他人也都是沈万三的子孙。

明太祖朱元璋这一次出手极狠，一个"蓝玉案"株连了三万多人，包括沈氏全家。《周庄镇志卷六·杂记》记："洪武三十一年二月学文坐胡蓝党祸，连万三曾孙（沈）德全六人，并顾氏一门同日凌迟。"就在蓝玉案发的同一年，沈万三女婿顾学文一家及沈氏全族同日被凌迟处死，共杀八十余人，全部家产没收。周庄沈家势力算是被连根铲除了。号称江南第一富豪的周庄沈氏，及沈万三苦心经营的巨大家业，到此覆灭净尽。

第三节　晋商家族：人才培养、股权设计与产业链思维

一、晋商家族的精神取向

晋商是在明清时期全面崛起的。山西晋商中的翘楚被称为"八大家"，指的是乔、常、曹、侯、渠、亢、范、孔这八大家族，其中来自平遥的乔家排在第一位。

晋商家族崛起的经验可以从三个方面来描述：人才培养、股权设计和产业链思维。

和科举文学世家不同，山西地区有的大家族并不将最顶尖的人才送去科举考试，而是送入经商学堂学习，甚至出现科举高中之后反而放弃仕途改为经商的反社会主流现象。因此，晋商汇聚了当地最顶尖的人才。晋商在各个商帮中能够脱颖而出，正是因为晋商家族重视对子孙的教育，提高子孙的道德水平。严格的家教、连绵不断的人才供给，使晋商的家族生意延续数代，甚至十几代。

同时，这些家族也并不排斥科举从政，家族里顶尖人才从商是确定的，而家族里其余资质尚优的人就会去参加科举考试，以形成有利于商业发展的关系。这种家族关系，对于从事贸易转运行业的晋商来说是非常重要的。晋商运送天然优势资源食盐到南方换取粮食、丝绸、茶叶等北方匮乏物资，运往北方销售。同时还供给政府军需用品，进一步与官府形

成良好互利关系。

晋商贩运物资路途遥远，不便携带大量金银，独具产业链思维的晋商由此创立了经营汇兑业务的山西票号，并且以此为资源来承接政府的业务。这让票号的生意得到了政治保障。清朝咸同（1851—1874）时期，山西票号几乎独占全国的汇兑业务，一时间形成了"北号（票号）南庄（钱庄）"的两大地域金融业务格局。从金融到贸易到物流，晋商家族完整地占有了一个产业链，也赚取到了所有环节上的利润。

值得一提的是，在内部股权设计方面，晋商也走在了时代的前面。晋商在十九世纪初期就开始实行股份制，而且已具有现代股份制企业的一些基本特色，如股权的多元化，有相对控股的大股东以及两权分离。到了十九世纪末，太谷曹家更是将其发扬光大，形成了自己的股份制商业帝国。

但晋商的股份制与现代企业的股份制仍然有本质的差别。在晋商那里，股份制主要还是一种筹资方式（以股份的形式投资），虽然企业的管理结构完全不同于现代股份制企业。但却充分发挥了非家族成员参与家族企业的积极性。

在企业管理层面，晋商家族所经营的虽然是家族企业，但却会实行"两权分离"，即家族控制企业的所有权，决定企业的大事，而把经营权交给职业经理人。在用人方面采用"用乡不用亲"的原则，尤其是坚持东家的"三爷"（儿子是少爷，女婿是姑爷，小舅子是舅爷）不许进自己的商号，使家族企业可以实现制度化管理。这正是晋商中出现了许多相当有效的管理制度的原因，也是晋商成功的原因之一。晋商中出现了许多优秀的职业经理人，对晋商成功的延续起了十分重要的作用。

在晋商的鼎盛时期，其活跃领域遍及欧洲、日本、东南亚和阿拉伯国家。特别是在清朝，来自山西的商人阶层成为最富有的商人群体。据史料统计，仅仅把山西几个县域中富户的家产相加，数量就超过了一亿两白银。这个数量甚至比当时国库的存银还要多。晋商家族的历史，也被视为中国商业史上的一段传奇。

二、平遥乔家：敢于打破传统的财富继创之家

平遥乔家的始祖叫作乔贵发，是祁县乔家堡人，普通平民出身。乔贵发年轻的时候做过当铺伙计，后来开过草料铺，还做过豆腐、豆芽和一些杂货生意。乾隆二十一年（1756），黄豆歉收，价钱高涨，而此前为了做豆腐和豆芽生意而囤积了一批黄豆的乔贵发，趁机将黄豆售出，获利颇丰，并以此作为第一桶金，逐渐发展出客栈、商号、票号等多种生意，形成了完整的商业产业链。

1818年，乔贵发的孙子乔致庸出生，算是富三代。而且他还是个不想接班的富三代，最大的梦想是成为文学家，并在科举中出仕当官。有了这个目标的乔致庸读书很用功，在年轻时就已经考中了秀才，不过，随后接连发生的家庭变故让他不得不重新选择命运。乔致庸四岁那年，父母先后去世，大哥乔致广继承了家业，并且和大嫂一起，把乔致庸养大。而就在乔致庸十七岁那年，大哥又突然重病而死。年轻的乔致庸不得不走上前台，成为乔家的商业掌门人。

此时恰是咸丰初年，北方捻军起义和南方太平军起义，让南北茶路断绝，乔家当时在祁县大德兴丝茶庄主营的生意就是丝茶。乔致庸的大哥就是因为生意受到战乱打击做不下去而病倒的。乔致庸上任后做的第一件事，就是疏通南方的茶路、丝路，稳定产业的基本盘。他怀抱"以商救民、以商富国"的梦想，在社会动荡、兵荒马乱的清朝晚期，经历千难万险，打通了茶路、丝绸之路。

此后，在经营茶叶的基础上，乔致庸发现金融产业更为赚钱，于是将自己的商业帝国改为以汇兑为主、茶叶为辅的格局。

光绪十年，乔致庸把大德兴改为大德通，同年专门成立了大德丰票

号，专营汇兑。在乔致庸的经营下，后来大德通和大德丰都成为全国屈指可数的大票号。又经过多年苦心经营，乔家的票号最终开遍全国。

乔致庸曾经为了参加科举考试而读过很多书，他后来经商的很多原则就来自儒家思想。而儒商的基本原则，最初来自孔子的弟子子贡的诚信经商理念，也就是所谓端木遗风，即"君子爱财，取之有道"。秉持"道"的原则，这在以信用为生命的金融产业中，是非常重要的。

不过，相比诚信原则和经商手腕来说，乔致庸的成功更应归结于他用人的成功。无论做什么事业，企业中最宝贵的资产都是人才。这里说的人才，指的是人才团队，而不是单个的员工。作为老板，如何发现人才、组合人才、授权人才、形成团队，是企业成功的核心秘诀。在平时的生意中，别人看的是生意流程，乔致庸看的是人的表现，由此选择、培养和组合人才。

乔致庸在得到人才搭建班底后，便对团队充分信任，最大限度地发挥团队的积极性和聪明才智。这一点和中国当代某些成功企业非常类似。这些现代化企业中，实行的是管理层面的"班长战略"和"呼唤炮火"。即充分授权最基层的管理者，并且调动整个公司的资源给予支持。而在一百多年前，乔致庸所实行的，就是这一套管理方式。

乔致庸的现代管理观念还体现在对企业股权的设计。直到今天，在山西的收藏人来祥生家里，还保留着乔家的票号大德通的四年一届的到期分红账簿，里面详细地记载了光绪三十一年至三十四年东家、掌柜、伙计的分红情况。这里面最引人注目的，就是给伙计的分红。在乔致庸修改过的号规中，各号伙计出师后顶一分身股，身股由一厘起。按这份账期分红，一厘相当于一千七百银两。在清代，一个县官一年的俸银不过五六十两。这在那个还没有现代企业员工持股的年代，他进行员工参股的股份制改革，是一个了不起的创举。

此外就是企业社会责任的承担。现代企业的社会责任有三个层次：对客户的责任、对员工的责任以及企业的战略社会责任。之前说的两点——诚信经商和员工持股，就很好地践行了企业对客户和员工的社会责任。而在企业的战略社会责任方面，乔致庸也毫不含糊。在左宗棠西征和李鸿章北洋水师建设中，乔家都多有助力，甚至为北洋水师捐赠了相当于一艘军舰购置费用的钱款。光绪初年，山西大灾。当时有"光绪三年，人死一半"的说法。面临大灾，乔致庸开仓赈济，挽救了很多人的生命。当然，今天的乔氏家族广为人知，也是因为乔致庸在平遥修建了一座具有极高建筑水平和文化内涵的"乔家大院"，成为山西建筑文化的代表作，也为后世留下了珍贵的文化遗产。

乔致庸的"财富之路"非常清晰：先是通过做大做强主业，稳固商业基础。再进行产业升级，转为当时最有前景的金融产业。而在经营的过程中，以儒家的仁义原则，通过三个层次企业社会责任的承担，取得客户、员工、社会和国家的认可，从而打开更广阔的商业大道。这是一位有格局的商人，也是一位有担当的商人。其"财富之路"与现代企业管理方法的相通之处，正说明在中国传统文化中，蕴含着现代商业文明的因子。中国商业文化的本土资源，值得我们去深入地探寻。

三、太谷曹家：现代循环经济的实践者，晋商发展的关键人物

来自山西太谷的曹三喜家族，是除了乔致庸外，晋商的另一代表性家族。在当时，曹三喜以超前的"循环经济"的理念，塑造了一个产业链完整的商业帝国。

明朝中期，曹三喜的祖辈们把家搬到了山西省太谷县北洸村。后来经过几代繁衍，曹氏家族人口很多，仅仅曹三喜的族中兄弟辈就有一百多人。绝大多数曹家人向来以种地为业，和商业关联不大。但曹家所在的太谷这个地方却并不普通，当时有"金太谷，银祁县，铜平遥"的说法，讲的就是太谷人因经商而富裕，其经商能力和效果在山西都是翘楚。

而世代农民的曹家，到曹三喜这辈，转变为一个商贾巨富家族，不能不说和太谷的商业传统有关。

曹三喜是曹家搬到太谷之后的第十四代传人，在明末清初之时，曹三喜受到太谷经商传统的影响，决定改变祖辈的生活方式。在当时还没有"闯关东"这个概念，而曹三喜一个人就去闯了关东。他到的地方叫作三座塔村，在明清时属于辽东，民国时属于热河省，今天则属于辽宁省朝阳市朝阳县。这里位于辽河平原，是陆路交通枢纽，商贾往来十分便利。曹三喜选择在这个地方创业，也证明了其不凡的商业眼光。

在辽东这块当时商业还不是很发达的地方，曹三喜先是租下土地，种蔬菜、种黄豆，然后开豆腐店，将大豆变成豆腐，又用豆腐渣养猪，使豆腐渣变猪肉，猪粪还可以做肥料继续种菜、大豆和高粱，有了高粱后，他又用高粱酿酒。有了酒，他就开酒行，继而发展到杂货铺、典当行。"循环经济"本身是现代经济理念，但曹三喜在几百年前已经悟出了循环经济的真谛，并将其付诸行动。如此不断循环，曹三喜的财富就像滚雪球一样，越滚越大。

而在具体的经营过程中，曹三喜的理念也很贴近现代化的经营理念，将经营权和所有权分开，采取与现职业经理人制度相似的用人制度。在曹家的企业里，作为出资人的曹三喜一般不负责前台经营，而是沿用晋商的传统，把经营权力赋予前台掌柜，自己做一个把控大方向和监督掌柜的东家。这就很像今天的董事长负责出资，总经理负责经营管理。

曹三喜的循环经济做大后，自然生长直至海外。其商业线路不但覆盖了日本东京，朝鲜平壤，俄国伊尔库茨克、恰克图，蒙古乌兰巴托，印度新德里等周边城市，远的还到了德国柏林、法国巴黎，最远还跨过英吉利海峡到达英国伦敦。几乎世界各地都有曹家的产业和生意合作伙伴。以个人财富而论，有学者统计过，曹三喜可能比当年的沈万三还要富。曹家最鼎盛时有六百四十多座商号，资产高达一千余万两白银，他的员工更是达到了三万七千人，经营范围遍及全世界。

同时，曹三喜对于晋商商帮的发展也起过关键作用。而之所以会如此，是因为曹三喜受到儒家传统中的仁义和诚信的影响。要知道晋商中最大的家族并非曹家，而是平遥的乔家。当时乔梁两家都经营票号，经济的发展让票号的业务越做越大，乔梁两家发行的支票数量也越来越多。金融是建立在信用的基础上的，但票号业务的发展超过了当时人们的认知，很多使用者担心以后不能兑现。有一段时间，很多人集中前去挤兑，让乔梁两家的票号一时难以周转，面临破产危机。

正当乔梁两家面临危难之时，想到曹三喜手中还有大量现金，于是请曹三喜帮忙渡过这一难关。这时曹三喜身边的人出来极力阻拦，说这正是挤垮对手的好时机。但曹三喜没有被众声喧哗蒙蔽双眼，他宣布曹家所有票号均可代乔梁两家帖子兑付现银。曹三喜的仁义和格局帮助乔梁两家渡过了难关，而晋商相互支持和共同发展，终于成为清朝时期中国的第一大商帮。

晋商代表性家族的一个传统是，在创设良好的外部营商环境的同时，家族企业往往还要有进行管理制度创新的能力，无论是人才培养、股权设计，还是产业链思维，都显示出其制度创新能力。乔家、曹家，都是如此。晋商的财富之路告诉我们，在商业领域，只有建立良好的外部营商环境，拥有聚合众人的资源的能力，才会演绎出不凡的格局。

此外不能不提的是，作为曹家由农民家庭走向巨商家族的核心人物，作为晋商在明清时期发展为中国十大商帮之首的关键人物，曹三喜所提供的，不但有超前的管理智慧和商业精神，还将儒家忠、仁、义、信、克己的敬业精神和共享精神引入商界，成为晋商互助共赢传统的实践者，对后世商帮影响巨大。

第四节　徽商家族：成也官家，败也官家

一、官与商的结合

徽商来自古徽州（包括歙县、休宁、婺源、祁门、黟县、绩溪等六县），俗称"徽帮"，是徽州（府）籍商人的总称。徽商与浙商、粤商、晋商一起，组成了中国历史上的"四大商帮"。而徽商也是所有商帮中家族文化传统最为深厚的商帮，并且与浙商经常在政商关系中受损、晋商专注于商业股权和商业模式本身不同，徽商普遍走得离当局朝廷更近，因此更加受到局势环境影响。

明清两代的徽州，向来有"七山半水半分田，两分道路和庄园"的谚语，由于可用耕作的土地奇缺，种地无以生存。《徽州府志》载："徽州保界山谷，山地依原麓，田瘠确，所产至薄，大都一岁所入，不能支什一。小民多执技艺，或贩负就食他郡者，常十九。"顾炎武说：徽州"中家以下皆无田可业。徽人多商贾，盖势其然也"[1]。当时在徽州普遍流传着这样一句话："前世不修，生在徽州；十三四岁，往外一丢；包袱雨伞，夹着就走。"

---

[1] 转引自杜平：《亦儒亦贾看徽商——中国商帮系列之徽商往事（一）》，《金融博览》2015年第10期，第68—71页。

不过，徽州地貌虽然不适合农业耕作，但徽州的位置却是全国南北交通的枢纽。同时，尽管谋生艰难，但作为中原世家大族移民的后代，重视教育的徽州人普遍会将子女送往私塾就学，然后到十三四岁时再让孩子外出闯荡，所谓"十家之村，不废诵读"。

由于徽州的区位优势，徽商主体一开始是以倒卖食盐起家的。明朝初期，为了与蒙古人对抗，明朝政府在北方漫长边境上设置了九个边镇驻军布防，为了吸引商人向驻军运送军粮，明朝政府规定，商人只有向北方边境运送粮食贩卖，才能换取到盐引（一种贩卖食盐的官方凭证），然后到指定地点倒卖食盐谋利。

由于古代食盐的稀缺性和倒买倒卖的暴利，因此尽管路途遥远，徽商仍然不远千里踏上了北上路途，但由于地理距离等因素，在明朝中叶以前，徽商的盐业生意总是做不过相对北方较近的山西商人和陕西商人。

明朝中期以后，随着白银成为通用货币，于是在明朝弘治五年（1492），户部尚书叶淇改革盐法，规定商人不再需要向边境运输粮食，只要向政府盐运司缴纳银子，就可以换取到盐引贩盐，这一变革，史称"开中折色法"。随着变革的推行，原来的塞外商屯逐渐解体，边境商贸日趋衰败，于是，原来经营边境贸易的晋商、陕商转而南下位处两淮地区要地的扬州从事买卖，而这，也给了徽商以崛起的历史机遇。

扬州东临黄海，西接运河，向来是中国的盐业中心，而到了清乾隆年间，两淮地区每年的赋税更是占到了全国商业税收的50%，其中主要是盐税，可谓"关系国库，最为紧要"，而在帝国商业中心与晋商、陕商的较量中，徽商逐渐后来居上，最终几乎垄断了两淮地区的盐业经营，从而奠定了徽商作为商帮在帝国内部的崛起。而盐商也顺理成章地成为徽商中最势大财雄的群体。

值得注意的是，在各个商帮之中，除了和政府官员之间联系紧密之外，徽商的宗族观念最强，作用也最大。其原因在于徽州是一个移民社会，而其他地方的人以当地居民为主。作为当初整个家族或宗族的移民，共同生存与发展的需要强化了宗族观念。其他地方也有许多家庭由别的地方移民而来，但他们是一家一户的移民，而非一个家族或宗族的集体移动，以后融入当地，宗族观念就不强。所以，在其他商帮中家庭的作用在徽商中就扩大为宗族。徽商的"用人唯亲"就不是只用自己家庭的人，而是用自己宗族的人，徽商也在宗族的范围内筹资或实现官商结合，并借助于宗族的族规进行家族生意的管理。

即使在今天中国的家族企业中，这种举族上下成百上千人对商业的投入和专心，也是不多见的。徽商的商帮文化中表现出明显的中国传统家族文化传承。而举族经商的结果，是在徽州形成了一些著名的商人家族，譬如歙县的汪氏家族、江氏家族、鲍氏家族，休宁的吴氏家族，婺源的朱氏家族，等等。这些徽商中的著名家族，都是几代人前赴后继，勤恳敬业，潜心经商，终有所成。

二、徽商中的望族

徽商中的盐商望族以程白庵家族最为著名。程白庵作为一介商人，却有儒者风范，极富人格魅力，下自工商百姓，上同官僚士大夫，无所不交。因为他举止言谈有儒者风范，所以苏州的士大夫们也都非常喜欢和他交游。苏州都太仆先生喜爱他为人淳朴，所以为他住所题词为"白庵"，他也因此被人亲切地称为"白庵翁"。而其他的财富家族多少都与程家有所关联。

徽商中的盐商望族，因为亲近朝廷，家族中多有子弟在朝中做官，而能够左右朝廷政策，从而获得了盐业专卖的垄断性权利。明清两代，徽商几乎垄断了帝国的盐务经营，但垄断的代价就是各种明面或暗底下的高额贿赂和政治"捐纳"。

徽州望族汪姓如汪应庚、汪廷璋多在两淮从事盐业。歙县江姓乡绅江春更领导两淮盐业近五十年，自乾隆中叶后，两淮盐业几为徽商所垄断。鲍漱芳，清代歙县富竭乡棠樾村人。棠樾鲍氏家族世代经商，在两淮官商中具有较大影响。之所以说他，是他比较有政治头脑，1803年在川、楚、陕三地的最后平乱中，他组织富商们捐输军饷有功，被任命为盐运使，成为握有两淮盐业大权的显要人物。整个嘉庆一朝，鲍漱芳多次捐款为朝廷济困。

但成也官家，败也官家。在嘉庆、道光年间，徽商整体已逐渐走向衰落，也与和朝廷的关系过于密切有关。像乾隆朝第一红顶商人、扬州徽商江春，就承担了乾隆六次下江南时要接待的"奉献"，以及其他清廷的政治接待。这些豪华的接待过程让一度富可敌国的江春濒于破产。

即使是在乾隆没下江南的日子里，各种政治捐纳也层出不穷。乾隆三十六年（1771），江春就为皇太后八十寿诞捐银二十万两；乾隆三十八年（1773），清廷用兵金川，江春又捐银四百万两；乾隆四十七年（1782），黄河筑堤，江春捐银二百万两；乾隆五十三年（1788），台湾省林爽文起义，江春又被迫"捐献"军费二百万两，而这还只是明面上的政治捐款，私底下的贿赂和政治关系维护，几乎耗尽了江春的家底。

到江春晚年，江家日益败落，1789年江春死后，财务日渐亏空的清廷随后以整顿盐务为名，逼令江家必须再交出四十万两银子，而家底已经掏空的江家后代无力支付巨额罚款，最终惨遭抄家。到那时为止，江氏家族仅仅明面上对朝廷的"捐纳"就高达一千一百二十万两白银。

清政府对盐商的掠夺，也加强了盐商对消费者的盘剥。所谓羊毛出在羊身上，上述巨额政治成本最终都转嫁到消费者身上，越到清朝后期，这种盘剥也就越厉害。这当然也让贫苦农民更加不满，无形中助推了清末乱局的扩大化。

迫于动乱，徽商们开始大批量返乡避灾，然而他们没想到的是，1854

年太平军先是攻占徽州祁门，随后太平军与清军在徽州展开了长达十二年的拉锯战，无论是太平军还是清军，都在徽州民间实施了残酷的劫掠——"曾国藩驻师祁门，纵兵大掠，而全部窖藏一空"，太平军在徽州期间则"掳掠尽家有，不复遗余粒，逢人便搜囊，勒索金银亟"[1]。同治三年（1864）曾国藩在《豁免皖省钱漕折》中也说："惟安徽用兵十余年，通省沦陷，杀戮之重，焚掠之惨，殆难言喻，实为非常之奇祸，不同偶遇之偏灾。"[2]兵灾如此之严重，十室九空，徽商的本事再大，也难有作为。

不仅如此，从1851年到1875年，太平军和捻军先后在南方和北方兴起，战火广泛波及清朝十八个省的六百多座城市。连年战争导致商路断绝，这就使得徽商们的日常经营陷于瘫痪，"自经兵灾，船稀商散"。作为徽商大本营的徽州更是受到了毁灭性打击，许多家族因而破产。在接踵而来的残酷战争和瘟疫、灾荒的侵袭下，徽商家族整体衰落下去了。

不过，徽商的生命力还是顽强的，就在盐业衰落和局势动荡的背景下，绩溪胡氏的胡雪岩在战火中崛起，成为徽商在中国近代史上最著名的人物。

三、绩溪胡氏：陇西李氏血脉流传，清末中国首富家族

唐朝末年，唐昭宗李晔因躲避朱温叛乱，被迫由长安迁都洛阳。他自知此去必死无疑，便和皇后商量，将襁褓中的第十子，托付给近侍婺源人胡清，速速逃匿。果然，同年仲秋，朱温在洛阳指使属下杀害了李晔，又将其九个儿子缢死，这就是历史上残酷的"一宴杀九王"。胡清逃回家乡徽州，住了下来。胡清作为义父，精心抚养李氏皇家最后一丝

---

[1] 周懋泰诗《重有感》，收录于《徽难哀音》。
[2] 转引自黄来生《徽商没落的现代启示》，《宣城历史文化研究》第146期。

血脉。为安全起见，他将皇子弃李姓改胡姓，并取名"胡昌翼"。后胡昌翼参加科考，得明经科进士。但胡昌翼知道身世后，决定再不踏进官场一步。他从此隐居，闭门专事经学研究，注有《周易专注》，人称"明经公"。

在徽州府绩溪县，胡姓是人数最多的姓氏（约占全县总人口的15%）。居住于此的胡氏族人有四个支脉，即"龙川胡""金紫胡""遵义胡"和"明经胡"，被称为"绩溪四胡"。在这四胡中名人辈出，如北宋名臣胡舜陟、南宋文学家胡仔、明朝户部尚书胡富和兵部尚书胡宗宪、清代徽墨名家胡开文和红顶商人胡雪岩、近现代著名学者胡铁花和胡适都出自绩溪胡氏。其中胡雪岩和胡适都属于四胡中的明经胡。

胡雪岩出身于贫寒人家，十二岁时父亲去世，不得不委身于粮行、商行、钱庄里做杂役，后来才成为钱庄伙计。还在年轻的时候，胡雪岩就显露出不凡的格局。传说他在钱庄做伙计的时候就资助过某位官员。这里有两个版本，版本一是说他资助的对象是后来的浙江巡抚王有龄，版本二说的是他资助的是一个湘军营官，后来这个营官把胡雪岩介绍给了左宗棠。但无论哪种版本，最终的结果都是胡雪岩借助官场势力获得了市场准入资格。

胡雪岩有一项特殊的本领，就是特别会聊天，总是能够和别人聊得很投机，也会站在别人的立场上考虑问题。就这样，他在礼遇别人的同时，也获得了很多人的钦佩和仰慕，以及死心塌地地跟随。同时，胡雪岩有着非凡的商业布局能力，他充分利用政府和商业的力量，有效地调配资源，进行多元化的经营。他的钱庄、药店、丝绸、茶叶发展到遍布江浙，并且各种经营业务之间做到了有效互补。同时他还善于使用金融工具，通过财富集中和有效投放，有目的地壮大相关产业，从而形成了复合式托拉斯的经营模式。这种多元化的经营获利颇丰。在短短几年内，胡雪岩的家产就已超过三千万银两，相当于清朝每年的财政收入。

胡雪岩成为江南首富。他在赚快钱和赚大钱的同时，也承担了企业的社会责任。现代社会里，把企业社会责任首先定义为企业对消费者的社会责任，其次是企业对员工的社会责任，最后是企业的战略社会责任。

在消费者社会责任方面，胡雪岩对消费者做到了"戒欺"和"真不二价"。1878年，五十五岁的胡雪岩创办了"胡庆余堂"药号，在开业时他就提出了"戒欺"和"真不二价"的宗旨，迄今仍然是存续到今天的胡庆余堂的宗旨。在跨越百年的医疗服务中，这家企业尽到了对消费者的社会责任。

在对员工的社会责任方面，胡雪岩设计了中国最早的员工福利制度。胡庆余堂的员工福利很高，所以员工一般都不愿离开企业，有的一直做到去世为止。胡雪岩还尤其关心老年职工，为此还创造了"阳俸"和"阴俸"。阳俸给予那些于胡庆余堂有过贡献但现在年老或生病无法工作的伙计。阴俸是指，即使在这些伙计死后，其家属还可以领取原工资一半的生活补助费。胡雪岩创立的这种职工福利制度，对员工的照顾覆盖终身，甚至及于家属，这是非常罕见的。

至于企业的战略社会责任，胡雪岩因与晚清官场结缘而起家，此后也深度介入政治和社会活动。特别是胡雪岩和左宗棠的合作，如果没有胡雪岩职业商人的信用，左宗棠也不可能找到胡雪岩。

在两人结识后，他先是帮助左宗棠襄办军务，又帮助左宗棠创办了中国最早的官办造船企业福州船政局。更是在左宗棠出兵新疆平叛时，大力帮助筹措西北军饷，为收复新疆领土发挥了重要的作用。

胡雪岩设立的票号和药房胡庆余堂，成为当时中国的标志性商业企业，即使在和西方企业的竞争中也毫不逊色。但可惜的是，胡雪岩的成功靠的是私交甚好的官员在政治上的扶持，失败也是由于清廷的政治斗争。特别是清末在左宗棠和李鸿章的明争暗斗中，胡雪岩作为左宗棠的白手套，受到李鸿章的大力打压，最终被李鸿章的商业代理人盛宣怀设局陷害，惨遭失败。胡家的产业也被清算一空。但胡雪岩的商界传奇却永久地流传了下来。这也算是徽商留给后世的一笔无形资产吧。

| 第五节　粤商家族：谁人敢为天下先？

一、近现代粤商之间千丝万缕的家族联系

其实，所谓"粤商"是一个泛称，其内部可以分为潮商、广府商、客家商等，和福建的闽商也有着千丝万缕的关系。当然，在粤商中成就最大的是来自潮州的潮商。截至今日，世界各地的华人首富多为粤商中的潮商。可以说，粤商在今天的发展已经突破了国界，而成为世界经济的一个重要组成部分。

作为最早睁眼看世界的群体，潮商家族更敢于冒险。他们紧跟时代步伐，勇于拓展海外市场，积极参与国际贸易。粤商家族得风气之先，以强烈的开拓、创新、进取意识，成为中西方贸易交流的桥梁，并且凭借其精准的眼光，在中国社会经济转型的每个关节点上都发挥了重要的作用。

粤商的崛起，与其冒险基因和敢为天下先的性格有关。秦汉时代海外贸易的兴起及"海上丝绸之路"的开通，孕育了粤商天生"乐于面对蓝色海洋、勇于改变陈旧世界的文化血脉"[1]的精神。作为"海上丝绸之路"的起点，广州是幸运

---

[1]《粤商：经营手段的革新者，先进观念的传播者》，2017-11-14，来源：时代在线网 http://www.time-weekly.com/post/247992。

的。但这也离不开广州人爱喝"头啖汤"的冒险精神。

粤商，特别是粤商中的潮商（潮汕籍商人），身上有一种不服气的精神，他们只相信自己，不太相信运气。潮商的崛起自清朝时期，当时清政府开放从泰国采购大米的权利。借助地理优势和灵敏的商业嗅觉，潮商不仅从泰国运输大米，还运输象牙、珠宝等国内稀少物品，很快发了一笔巨财。后来，潮商又转而开拓经营纺纱、印染、油类、化学原料等商业领域。

潮商代代传承的理念就是：敢于开拓、居安思危、思维从不固化。有一句古话说的是"富不过三代"，但泰国首富陈慈簧却打破了这个定论，创造了几代经久不衰的商业神话。陈慈簧家族对于中国和东南亚的经济，都做出了很大的贡献，并且家族投身社会公益事业也成绩斐然，被外界称为"潮汕近代华侨第一大家族"。陈慈簧家族之所以能够经久不衰，最大的原因是这个家族的经商理念和其他家族不一样，他们任人唯贤，兼容广纳，并且每一代人都注重进一步挖掘家族发展空间，以防止现有成果因时局变化而遭受打击。

在中国，很多出名的大富豪都来自潮汕地区，除了潮汕商帮比较出名之外，广府帮、客家帮的名气也比较大，在2014年有16位粤商登上了福布斯全球华人富豪榜，身价高达2218亿。粤商的突出贡献在于对外商业贸易方面。因为广东地区开放较早，他们对外投资极广，在外贸、保险、金融、科技等诸多领域做出了极大的贡献。

粤商之所以能够快速发展，除了广东人身上所具备的冒险精神之外，还有很重要的一点，就是广东历来是开放前沿，而粤商的人脉及其经济影响力并不局限在中国。粤籍华侨人数高达一千多万，分布在全球一百七十个国家和地区。这为粤商的发展拓展了足够广阔的空间。

二、伍氏家族：伍秉鉴的继创进取，成就家族兴旺之路

2001 年美国《华尔街日报》列举了一千年来世界上最富有的五十个人。有六名中国人榜上有名，清朝的伍秉鉴是其中之一，和成吉思汗等人并列。

说起来，伍秉鉴并不是从零起步开始他的事业的，而是一位典型的"继创者"。伍秉鉴又名伍敦元，祖籍福建，祖辈们于康熙初年迁居广州。经过五代人创业积累，伍氏家族才发展起来。等到伍秉鉴的父亲伍国莹时，迈出了重要的一步，在 1783 年，伍国莹成立了怡和行，为广州十三行之一。

嘉庆五年（1800），就在怡和行的外贸生意蒸蒸日上之际，伍国莹突然病死。第四子伍秉钧接班才一年，也撒手人寰。1801 年，三十二岁的伍秉鉴接手怡和行。作为在贸易圈内毫无根基的伍秉鉴，能够做大贸易，全靠内在的四大基本原则和外在的政策环境利好。

所谓四大基本原则，第一是以高品质产品带动生产和流通链条。嘉庆二十一年（1816）的伦敦拍卖会上，"怡和行"茶叶就被鉴定为最优等。而持续的高质量产品来自严格管理。伍秉鉴经常甩开茶商，直接派自己人到产区，全程监控茶叶的生产、采摘、加工、包装和运输等环节，现场采购，节约成本。久而久之，怡和行就跟产区的茶农保持了长期合作关系，茶叶质量也有了保证。在所有的外销茶叶中，伍家的茶叶被英国商界认为是质量最上乘的。

第二是以良好信誉打开世界市场大门。伍秉鉴认为，信誉比银子更重要，赔钱可以再赚，赔了信誉就永远赚不回来了。有了优质的产品和严格的管理，怡和行的经营更加自信。它讲究以诚待客，公平买卖，不缺斤短两、以次充好。怡和行做中西贸易，主要经营丝织品、茶叶和瓷器。他立足广州，主要是跟英国人做贸易，英国人每年都要从他手里买

走数百万两银子的丝织品、茶叶和瓷器。不夸张地说，伍秉鉴的怡和行一度成为世界级的跨国财团，同时又把产业放大到国外，甚至债务也放到国外，是英国东印度公司最大的债权人。

第三是通过利益均沾广交朋友。怡和行的朋友包括客户、伙伴、同行等方方面面的人脉。做生意要讲有钱同赚，有利共享。伍秉鉴还曾免除生意伙伴的欠债，在海内外博得了慷慨之名。随着伍秉鉴声誉日隆，大多数行商逐渐听命于他，伍秉鉴成了毫无争议的行商领袖。

第四是价值投资瞄准未来。据说人们所熟知的福布斯排行榜的创始人美国铁路大王约翰·福布斯，就是伍秉鉴的干儿子。道光九年（1829），十七岁的美国打工仔约翰·穆瑞·福布斯首次随商船来到广州，在怡和行当学徒工。伍秉鉴很欣赏这个机智乖巧的美国小男孩，不久就收他为干儿子。八年后，二十五岁的福布斯打算回国发展。临行前，伍秉鉴交给他一张数额不斐的银票，并告诉他可以用这笔钱进行投资。福布斯拿着这笔钱到美国投资铁路建设，最终建成了美国的铁路运输系统，他还投资了证券和保险业务。当然，这期间伍秉鉴也赚取了不少利润。

而所谓的政策环境利好，指的是从康熙年间，广州成为中国向世界通商的唯一口岸。伍秉鉴的财富源起于鸦片战争之前，清廷闭关锁国，只开放了广州港口与世界进行经济贸易，史称"一口通商"。广州垄断对外贸易的就是民间十三家商行，简称"十三行"，伍秉鉴的"怡和行"是十三行的商业领袖。福建人善于经商和开拓的性格，加上闽粤两省占尽了中国海洋贸易的地理优势，让伍秉鉴的商业帝国逐渐在贸易垄断中成型。

1834年，据伍家自己估计，财产已有2600万银元。如果换算的话，相当于今天的50亿元人民币。而当时的英国首富也不过700万银元的资产。北京的整套四合院也不过200两白银。

但在鸦片战争后，伍家开始没落。《南京条约》签订后，清政府下令商行出资 300 万银元用以偿还债务，他一个人就为清政府偿还债务 100 万银元，伍秉鉴在鸦片战争中前后共出资 200 多万两白银，占总赔款的 7%。清政府也从这件事上看出了便宜，在鸦片战争后签订的一系列丧权条约，都要伍家出钱。不仅如此，伍秉鉴还被多次以通敌之类的借口罚款。从 1800 年到 1843 年，伍氏家族总共"捐出"1600 万两白银，可谓损失惨重。

但对伍家而言损害更大的并不是战争赔款，而是贸易垄断地位的失去。应该说，《南京条约》后的赔款对于怡和洋行来说，并不算伤筋动骨，但鸦片战争之后，清政府被迫开放了更多通商口岸，广州十三行的"一口通商"下的独占贸易权的时代一去不复返了。伍家的商业帝国也就此崩塌。

从伍秉鉴的财富之路来看，他有世界眼光，有经营思维，有商业成就。迄今为止在海外做生意的企业家还极少有超过伍秉鉴的成就的。但是"五口通商"后经济环境、制度环境发生巨变，竞争者增多，贸易垄断地位不再，像伍家这样的商业组织便表现出强烈的不适应，从而被淘汰出局。事实表明，一个成熟的现代企业，必须要具备适应市场变化的资源和能力，而不能只依赖行业垄断和政策保护。

三、有潮水的地方就有潮商

作为粤商组成部分之一的潮商，是中国最有成就的商帮之一，也是粤商中最为活跃的部分。从明代中后期开始，大批潮州人就开始涌向海外进行商业冒险。1684 年，清政府"海禁"终结，沿海居民可以重新开展正常的国际贸易。此时政府规定，所有的商船要编号并在船头涂色加以区分：苏州黑色，浙江白色，福建绿色，潮州红色。潮州商船因此得名"红头船"。

到清朝末年，驾驶着"红头船"的潮商们的活动已遍及世界各个角落，形成了"有潮水的地方就有潮商"的局面。面向海洋的商人缺乏国家力量的保护，必须依靠自身的力量保护自己。同时，潮商崇拜关公，因为他代表了潮商所认可的诚信品质。在潮商眼中，尽忠尽义的关帝既是财神，更是诚实守信商业道德的化身。

现在回过头来看，改革开放后广东民营企业的成功，在很大程度上正是得益于粤商特别是潮商传统上所具有的独立自主、冒险精神、灵活变通、契约精神、合作精神等。具体说来：

一、独立自主：不像欧洲商人那样一开始就得到重商主义的国家力量的保护，粤商特别是潮州商人想要通过在陌生的环境里进行长途海上贩运以获得巨额商业利润，必须依靠自身的力量保护自己。因此他们和习惯于走科举仕进路线的晋商和徽商不同，成了具有强烈独立自主意识的商人群体，具有较为独立的民间商人形态。

二、冒险精神：与晋商的稳健经营不同，潮商属于中国商业江湖中的冒险者。潮商缘起于广东沿海之地，海洋性格使其勇于冒险，善于冒险。海船本身投资巨大，一艘航海商船可容纳数百甚至上千人，载重三四千担，其建造投资，少则数百成千两白银，多则上万两白银，一旦遇上海难，其巨额商船投资即刻化为乌有。在其他领域，潮商总是做"吃螃蟹"的第一人。同属粤商的广府商人和客家商人，其实都分享了这一特性，用粤语说，要饮"头啖汤"。但另一方面潮州商人擅于控制风险，多元化经营让其维持稳健发展。

三、灵活变通：潮商从不将自己的生产经营局限于某一固定的框架之中，注重灵活变通，"上得快，转得快，变得快"正是这种写照。包括潮商在内的粤商往往自有资金不多，技术力量也不雄厚，但他们会"借"。一是借钱发挥，二是借才发挥。粤商文化信奉"开放包容不排外"，"不搞独食、有钱大家赚"。

四、契约精神：做生意离不开信用，必须以诚实为本。在《潮州会馆碑记》中对潮商就有这样的评价："公平处事，则大小咸宜；忠信相孚，则物我各得。"

五、合作抱团：潮商不仅懂得通过联姻来壮大家业，而且擅于通过地缘关系来建立商会组织、笼络人心、壮大势力。1938年建立的泰国潮州会馆，便是一个典型的例子。"三个潮汕人霸一条街"的传统，让潮商在与其他族群的竞争中占有优势。一直到今天，国际潮商大会仍然是潮汕人团结的标志。当然，潮商所讲究的"义"更多的是基于同乡的关系而建立，排他性极强，这对于世界性商业合作又是一个障碍。

第六节　不断演进的善财家族传承方式

每一种类型的家族，都有自己的传承密码。本书将历史上的世家传承和经验进行了深入梳理，发现其中最重要的就是以"礼、经、文、武、财"为核心的家族文化传承。原因很简单，家族的振兴归根结底靠的是人。有什么样的家族文化，就会培养出什么样的家族成员和领袖。他们是否拥有驾驭家族事业的信念和能力，就成为这个家族的辉煌能否持续下去的最重要因素。

以善财家族为例，其家族传承涉及三个层面，即家族文化传承、家族企业传承和家族财富传承，但实际上真正能够决定一个家族命运的，是其文化传承。当然，作为家族传承密码的家族文化从来都不是一成不变的。每一类家族的每一代人都可以对家族文化进行重新阐释和实践，使其成为家族事业继承和创新的有效动能。这也是为什么本书将善财家族的传承密码定义为"善财传家，继创有道"的原因。具体说来，"继创"的作用可以贯穿在家族企业传承、家族财富传承和家族文化传承三个重要的领域。

一、家族企业传承

所谓家族企业，是以血缘关系为纽带，以家族利益为目标，由一个或数个家族掌握全部或大部分企业资产和股份、家族成员出任企业的主要领导职务,并有意愿将所有权和控制权传给后代的企业。

家族企业的传承需要设计。中国的潮商在早期经营时,由于社会经济管理模式还不健全,往往沿袭宗法传统,倚仗家族裙带关系,以"夫妻店""父子店"的形式实行个体家庭式管理。当公司发展规模扩大后,很多潮商也会采用现代公司企业管理方式,但掌权人和主要领导人都是由家族成员或家族姻亲担任;在企业管理和传承上也尽可能地由家族成员参与。由一个家族而不只是一个大家长参与企业管理,可以更有效地保护家族共有财产,协调家族成员的关系,还能培养后辈。因此这种以家庭、家族共有财产为基础的经营管理制度一直被保持下来。

同时,为了商业资本的积累和集中,有企业的家族一般很少选择分家,因为这意味着企业经营被打乱。如果要家族成员继承管理企业,则需要从小培养接班人,实现企业在家族成员之间的整体性传递。中国传统的善财家族都着力培养接班人,因为家业需要继承,发展需要创新。

在家族传承设计中做得比较好的是粤商家族中的李锦记家族,在从内地迁到香港后,李家曾经发生过家族内部的斗争,整个家族陷入分崩离析的境地。第三代掌门人李文达试图一劳永逸地化解因为家族成员内斗而导致的企业经营风险,于是建立家族委员会,包括李氏家族的七位核心成员。作为核心的家族委员会不谈经营,主要研究的是家族规则、家族价值观以及如何教育家族子弟。正是通过子女教育和家族规则的创新设计,让作为企业继承人的家族成员们没有闹分家,而是和衷共济,推动企业的永续发展。数十年过去了,李锦记的品牌越做越大,成为华人圈内有名的家族企业。

在中国,大多数家族企业采用的是李锦记的做法,即家族成员既掌控企业的所有权,也掌控企业的经营管理权。但也有很多家族企业在传承时选择用职业经理人管理企业。像清朝晋商家族的"掌柜"制度,其实就是现代职业经理人制度的前身。即家族企业的所有权仍归某家族所有，而"掌柜"负责打理企业或商铺的日常经营，掌握经营管理权。日升昌票号的创始人、大掌柜雷履泰，原日升昌票号的二掌柜、后创办蔚泰厚等"蔚字六联号"票号并出任大掌柜的毛鸿翙，都是杰出的职业经理人。晋商乔家等在中国历史上最早采用了股份制，并建立了行业信用体系。因此，晋商家族有条件实行所有权和经营权的分离，让职业经理人成为企业股份持有者、掌握管理职能，同时还受到作为大股东的乔氏家族的制约。这在当时促进了晋商家族的企业不断发展壮大，而较少受到家族成员变迁的影响。

同时，因为家族的延续与社会的延续是高度相关的，所以家族企业传承还特别需要企业社会责任的承担，在帮助社会发展的同时，为家族企业传承塑造良好的外部环境。如徽商胡雪岩曾捐助左宗棠西征军费、药材，在钱塘江设义渡扶助百姓；晋商乔致庸在大灾之年赈济灾民等。

潮商五大家族之一的陈弼臣家族，是东南亚最大的商业银行盘古银行的创办人，家族总资产超过四百三十亿美元。陈家的第三代陈智思于1965年出生于香港，十五岁到美国读书，十八岁患上罕见疾病血管收缩症。这也是他后来关注慈善的原因之一。

1988年陈智思大学毕业后第一份工作便是在华尔街第一波士顿公司内任职。1989年回到香港后帮助父亲打理家族企业的保险公司。陈智思在接班后，立即推行"商界展关怀"计划，成为香港商界实践"企业社会责任"的象征。而家族企业更随着商业向善而获得新的成长机遇。这也说明，企业社会责任和企业利润导向并不是也不应该是矛盾的，承担更多的社会责任有利于家族企业的发展。

当然，家族企业毕竟也是企业，仍以创造利润为优先考量。管理学大师彼得·德鲁克曾说："事实上，只有在获利很高的情况下，公司才能做出社会贡献。说得更直率一些，一家破产的公司并不是人们为之工作的理想企业，也不能成为一个好邻居或社区中的好成员。"[1]这应该是家族企业真正的使命驱动所在，也显示出企业的优先使命仍是利润，在此基础上才能通过传承设计、股权设计、管理设计、慈善设计等，实现自己的家国情怀。

二、家族财富传承

由于现代社会发明了很多金融工具，诸如家族信托等，实际上现代家族财富传承的可靠性还是比较大的。但即使是在最简单的"继承"层面，仍然需要整体性的财富传承策划。这其实是家族责任感的第二重体现，即对财富的责任。

在清朝末年，作为胡雪岩的对手，盛宣怀因在商战中使用手段陷害胡雪岩致其破产，而长期被视为商界小人。但这只是盛宣怀作为李鸿章的白手套所使用的无情商业战术。实际上，盛宣怀作为清末官商的代表，创办了许多开时代先河的事业，如中国第一家民用股份制企业——轮船招商局；中国第一个电报局——中国电报总局；中国第一家内河小火轮公司；中国第一家银行——中国通商银行；中国第一条铁路干线——京汉铁路；中国第一个钢铁联合企业——汉冶萍公司、中国第一所高等师范学堂——南洋公学（今交通大学）、中国第一个勘矿公司、中国第一座公共图书馆、中国第一所近代大学——北洋大学堂（今天津大学），甚至他还创办了中国红十字会。当然，在创办这些实业的过程中，盛宣怀自己也没闲着，直到把自己变成当时的中国首富。

盛宣怀晚年时，在家族财产的传承上借鉴了三井住友家族不分家产的做法，设立"存本用息"的分家析产遗嘱，实际上这就是一种家族财

---

[1] [美]彼得·德鲁克著：《管理：使命、责任、实务（使命篇）》，机械工业出版社，2006，第62页。

产信托。三井家的"不分家"是有制度设计的，所谓"不分家产已历数百年，家有议会，会有宪法，子孙继承弗替"。盛宣怀家也借鉴三井家族的做法，于1914年设立至善堂地产总管理处，旨在建立遗嘱执行的组织机制。盛宣怀还特意请了李鸿章之子李经方作为执行人，根据他所立的遗嘱进行家族财富管理。

1920年1月23日，在遗产清理小组第四次会议上，确定"公中、五房各半得五百八十万零三千零五十七两一钱九分四厘"并愚斋义庄所得产业清单；确定五房分配明细，即仁、义、礼、智、信五份产业清单，以备五房抓阄分配。这就意味着盛宣怀将家族财产的一半拿出来做慈善事业，办义庄。而另一半则通过复杂的设计惠及整个家族。盛家资产构成的情况是：做慈善义庄的资产是以权益类的股票资产为主，留给家人五房的资产则以房产等固定资产为主。愚斋义庄的资金使用以资产的利息为上限，而五房则以分配到的实际资产为准，即"家产庄息"的析产传承机制。

有意思的是，这个遗产分配机制还可以惠及第二代直到第五代。盛宣怀在第一次分配中除了给五房儿女等直系血缘的一代以"直产外息"，即直接分配房产或地产的所有权之外，对上辈和同辈等"外人"则只赋予其财产的使用权。而在这第一次分配中得息的受益人过世后，会将其名下的遗产分配给儿女和孙辈，基本原则是"人人有份，顺位分配"。这个设计中，受益人结构上至家族长辈，下至重孙第三代，中间兼顾妻妾和管家。所谓"兼顾五代、人产确定"。

不过最值得注意的是，盛宣怀通过财富传承来追求家族永续和以德传家，特别关注家族未出生的后世"德者"。他让遗嘱执行人李经方与银行之间约定"凡吾名下之款，吾子孙将来有德者，该银行当然付给，无德者亦无从妄取分文"。这样的遗嘱安排，不但保障了财富的善用，也让财富在引导家族成员成长方面发挥了积极的作用。现代许多财富传承的金融工具，讲究如何做好分类，需要在保障子孙、财富永续和惠及社会方面取得平衡，究其本质，和盛宣怀遗嘱的精神内涵是相当一致的。

三、家族文化传承

家族文化传承是最重要的传承，实际上是一种责任的体现，而且超越了对企业和财富的责任，上升到了对"人"的责任层次。家族文化传承的难点就是家族的有形资本传承向无形资本传承的转换。事实上，不仅是善财家族，在中国历史上的所有世家其实都面临着家族核心资产——家族文化如何"继承"和"创新"的难题。

一个家族的核心文化传统是由这个家族的创始人直接塑造的。对于家族企业来说，创办人的身上也凝聚了太多企业的核心竞争力。比如创办人的关系网、价值理念、领导风格、创造性、对实务的变通能力、接班人的素质、接班人团队能力，等等，这些都不是看得到的资产，但是却对企业经营有着重要的作用，所以被称为企业的"无形资产"。

除了创办人之外，创办人所领导的家族成员也对企业的无形资产有所贡献。比如家族成员间关系融洽、团结互助也是企业的无形资产。包括兄弟团结，接班而不争产的传统，这些都可被视为广义的家族文化。家族企业竞争力就来源于这些无形资产。

然而，无形资产有一个很重要的属性，就是交接非常困难，这就成为家业传承的一大挑战。无形资产，作为家族对企业的特殊贡献，决定了企业是否应该继续由家族来经营管理。所以盘点这些无形资产，是传承规划的第一步；而在家族成员培养、企业管理实践中去体现这些家族文化，则是更为关键的一步。

苏州贝氏家族是中国保持兴盛十五代的传奇家族。这主要得益于其"诗书传家，乐善好施"的家教与强调德行和责任的家族文化。贝聿铭的叔祖父、"颜料大王"贝润生认为，"以产遗子孙，不如以德遗子孙，以独有之产遗子孙，不如以公有之产遗子孙"①，他把自己花巨资修缮一新的狮子林，给全体族人享用。此外，他在园子里设立了贝氏祠堂，并在旁边捐资建立了贝氏承训义庄，用来赡养、救济族人。贝润生与贝聿铭的祖父贝哉安共同捐资在苏州城开办了中国第一个新式幼儿园，二人对苏州的公益事业和慈善事业做出了巨大贡献。

贝理泰有五个儿子、四个孙子都从事银行业工作。其中三子贝祖贻毕业于苏州东吴大学，曾供职于盛宣怀创办的汉冶萍煤铁公司统计部。1914年贝祖贻得当时的财政部部长宋子文赏识，任中华民国中央银行总裁，同时还是中国银行的创始人之一。新中国成立前夕，孔祥熙一人就卷走了一亿三千万美元，而身为中银总裁的贝祖贻却没拿过一分公款。

在战乱的年代，贝氏家族不同的分支去往不同的国家，许多以前的名门望族，特别是江南的善财家族纷纷败落，唯有苏州贝氏家族得以保全，并且每个支派都出了了不起的人物，包括世界级建筑大师贝聿铭，这也说明家族掌门人的远见。苏州贝氏传承十五代而不没落，一直都是名门望族，在历史上也是罕见的。

一个大家族之所以能打破"富不过三代"的怪圈兴盛百年，这并不是偶然。作为建筑师的贝聿铭也一直坚信，建筑不是流行时尚，而是千秋大业，要对社会历史负责。他从不为自己的设计辩解，他认为建筑物本身就是最佳的宣言。从美国国家艺术馆、肯尼迪图书馆、香港中银大厦、法国罗浮宫金字塔，到家乡的苏州博物馆，建筑大师贝聿铭的作品每一件都是经典之作。

贝聿铭曾经这样谈自己的建筑理念，"最重要的是如何解决建筑物与自然环境之间的协调，其次是如何将现代与传统相融合。虽然这一建筑

---

① 张一苇：《神秘的东方贵族：贝聿铭和他的家族》，苏州大学出版社，2014，第55页。

建于现代,但我有责任尊重千百年发展而来的传统。而事实上,这两者也是相关的"[1]。这样高远的想法和祖辈固守银行家的节操等做法是一脉相承的。

贝氏家族的家族文化传统显示,相比于人脉关系等无形资产来说,家族文化传承更为重要。这种精神传承的财富观既体现在家族的财产管理实践之中,也诉之于其家族家书、家训等文字,形成了独具特色的治家理念,成为可以直接"继承"和"创新"的对象。贝氏家族文化中最为宝贵的部分,其实是在家族传承的过程中,将家族命运与家国情怀自觉联系,以及对人类历史永恒性的认知,这也成为家族文化的主要内核。正是由于家族文化所孕育的个体才德与社会责任,才奠定了这个名门望族可持续发展的根基。

四、善财家族的三重风险

在对家族史的研究中,不难发现,善财家族的传承经常面临着三重风险,不消除这些风险,家族传承就始终蒙着阴影,这对于家族和企业的可持续发展是极为不利的。这三重风险具体说来:

一是内部风险,主要是家族自身结构的变化。即随着家族人口的不断增加,家族内的利益关系就变得更加复杂,就更容易产生矛盾。而家族内斗很可能让家族和企业都受到重创。

二是市场风险,即家族企业是否有足够的资源用来成长、扩张,就需要考虑外部资金,像是从银行贷款或者将企业上市卖出部分股权来集资。然而外部融资必然会使创业家族的股权稀释,家族必须面对外部投资人的介入,及丧失控股权的风险。这是家族企业要面对的成长与控制

---

[1] [德]波姆:《贝聿铭谈贝聿铭》,林兵,译,文汇出版社,2004。

的两难。

三是制度风险，即税制、金融政策、环保、劳工等政策变化，都可能对家族的企业和财富产生冲击。特别是在全球经济波动的年代，国内外政局和政策的变化会直接影响到家族的财富命运。

多年前曾有学者通过对中国香港、中国台湾和新加坡三地的华人家族企业的相互比较得出结论：香港家族企业制度设计最为不足，外部制度环境也逐渐恶化，家族企业的损失也最严重。据统计，香港家族企业在交接班时间段里，股票异常变动率是-120%。也就是说，在接班前两年到后三年这五年时间里，这些家族每一百块钱的企业价值全部败光还不够，连再投资的二十块也赔光。中国台湾的状况比中国香港好一些，这个数字是-45%。新加坡的状况最好，表现为上下波动。而如果将华人家族企业作为一个整体来看待的话，总的来说华人家族企业的传承能力尚不如欧洲和日本。在市场风险对所有家族都是均等的情况下，这种传承能力的不足，很大程度上就是由外部制度风险和家族治理风险所带来的共同结果。

基于本书所描写的家族历史，我们知道，其实无论哪种类型的世家，无论面临什么样的社会环境变迁，其家族内部治理风险的关键点，仍在于整个家族最大的无形资产——家族文化的塑造和传承。这甚至比家族成员的基因传承更为重要。因为基因的传承所塑造的家族成员的能力秉性及其相互之间的关系，随着代际的推移必然淡化。而家族制度、家风文化等则可保持数百上千年，甚至可以超越一个王朝的寿命。

家族文化传统的延续，需要每一代人的创造性继承，而这又在很大程度上取决于家族教育的质量如何。其实所有传承方式的有效性，最终都取决于人的传承。这也是为什么那些古往今来的中西贵族世家，无论外在条件如何，都重视和强调以家族传统来教育子弟，以保证在家风流传的前提下，家族人才辈出，不会断代。

从中西方比较的视角来看，中国的家族传承文化更加近似于欧洲，而不是美国。因为美国文化很明显更重视创业而非传承。像亚马逊创始人杰夫·贝佐斯（Jeff Bezos）和Facebook创始人马克·扎克伯克（Mark Zuckerberg）那样的创业者才是家喻户晓的人物。美国的商学院教给学生的都是如何创建自己的企业。而在欧洲，更重视传承和积累的作用，这个风气从王室到商家都存在，因此欧洲的百年老店比美国多得多。日本比欧洲更加注重传承，其百年老店甚至千年老店的数量，都是世界第一。

所谓家族文化的传承，其真正价值是背后隐藏的价值观、思维方式和行为方式，这关系到家族的智慧经验是否得到了传承、家族财富和权力能否延续、家族企业能否持续发展。不同家族都需要根据自己的特点，帮助年轻一代掌握知识、提升能力、强化家族成员间的联系、培养对家族文化的热爱，这样才能为家族和家族事业的可持续发展做好准备。

五、善财家族的家国情怀

另外一个值得重视的现象是，正是在解决家族自身传承风险的过程中，人们发现政治和社会环境的重要性，以及国运对于家运的巨大影响。而世家文化在自身存续和发展的过程中也逐渐外溢，与国家和社会不断产生互动，形成家族文化持续更新和现代化的动力。

在中国传统观念中，对国的责任感其实就是对家的责任感的延伸。中国人将"国"和"家"这两个词组合在一起代表国家，将"孝"和"忠"作为个体重要的价值追求。这就是中国人家国情怀的底色。

无论哪个时代，中国世家大族和"士"这个阶层都有着极大的重叠。而在中国历史传统中，士大夫这个阶层是历代王朝的精神支柱，传承所系，也是社会上最富有家国情怀的精英群体。其心之所向，是"为天地立心，为生民立命，为往圣继绝学，为万世开太平"。在纷乱不断，总是需要权威掌舵的中国古代，"士权"几乎和皇权一样重要。

随着历史的变迁，中国精英阶层也在不断迭代，但士人掌握"士权"的传统却是一以贯之的，并且其以家族为"士权"载体的传统也一直没有改变。从先秦贵族阶层，到两汉武德家族、三国两晋南北朝的门阀士族、隋唐"五姓七望"、宋元明清的科举士子，到清末民初的善财家族，都是通过家族教育培养子弟，成为国之栋梁，在某种意义上实现了"家国一体"。

而在近现代，很多善财家族虽然没有"士"的名号，却并不缺乏"士"的志向，进而秉承了"以天下为己任"的精神。一个大商人赚了钱之后，总是会想到回馈乡里，报效国家。贝氏家族、张謇等人都是中国儒商"家国情怀"的杰出代表。

张謇本是科举出身，在光绪二十年（1894）得中状元。那一年他已四十二岁。但他非常明白自己最想做的是什么，那就是在十九世纪的乱世中救国救民于水火之中。他认为，只有教育和实业才能救国，于是在仕途大好的前景之下，他毅然选择弃官从商。在张謇的一生中，他创办了二十多个企业、三百七十多所学校，为中国近代民族工业的兴起和教育事业的发展贡献良多，被称为"状元实业家"。

但成为中国巨富的张謇从未忘却自己的初心。只要有机会，就积极参与社会公共事务。状元张謇作为当时著名的实业家，积极鼓吹立宪。1903年商部成立后他被政府任命为"商部头等顾问官"，1907年在天津甚至还举行了有史以来第一次市政选举，并和其他商人共同推动了"天津县议事会"的产生。

在清末的立宪运动中，商人群体一直非常活跃。张謇作为代表发起预备立宪公会，成为立宪运动的领袖，这也是后来辛亥革命能够和平成功的民情基础。因为辛亥革命虽然是革命派发动的，但随后的各省独立，最终让革命成功，则是立宪派起了最重要的作用。特别值得一提的是，也是张謇起草了清帝退位诏书，并幕后主持了南北议和。时人称他为"民国的助产士"。

作为一个有着强烈家国情怀的企业家，张謇最终将他所有的财产全部捐献了出去，可称是当时企业家报国第一人。而纵观当时的中国，做同样选择的商人不在少数，实业救国是当时商人们的普遍理想，捐赠家产去救灾、抗日的不计其数。也是为此，那一代中国私营企业主被称为"民族资本家"。

在中国评价一个企业家，如果只看他持续经营、为自己赚取了多少财富，那是完全不够格的，远不能达到社会对企业家的期望。无论在古代社会还是现代社会，一个企业家是否受人尊敬，不仅仅在于他创造了多少物质财富，更在于他解决了多少社会问题，创造了多少就业和税收，传播了何种价值和精神，是否让社会更加进步、世界更加美好。

后记
中国世家的传承密码

传统将我们和过去的历史、祖先的智慧链接起来,使我们知道自己来自何处。

当《世家记》的写作告一段落之时,笔者掩卷而思,对那些参与塑造了中国历史传统的家族充满敬意。这些家族存续着中国传统文化中最精华的部分。华夏文明历史悠久,代代有创造、代代有传承,虽历经苦难却难以磨灭,正是因为祖先们以血脉延续文明,以文明更新血脉。

历史学家汤因比认为,历史总是面临转折,这是因为构成现代世界的各种动力都不具备永恒不变的要素。而家族在古代史上却产生了异乎寻常的长期动力。在中国的历史上,超越王朝寿命的延续数百年甚至上千年的世家比比皆是。在这一过程中,家族对于普通人的意义可能远比我们想象的要大得多。原因很简单,在古代天灾不断、战乱频仍的情况下,一个普通人,没有家族的支持,根本活不下来。无论从哪个角度来审视,世家文化都可以说是中国最重要的传统文化之一。

中国的世家传统源远流长,甚至流布海外,生生不息。从先秦的贵族礼学世家,到两汉的武德世家,三国两晋南北朝的经学门阀士族,再到隋唐的"五姓七望",宋元明清的科举文学世家,以及明清崛起的善财世家，中国的世家和世家文化经历了多次迭代进入现代社会。

总的看来，在承平统一的时代，礼学、经学、文学、善财等世家会发挥重要作用；而在分裂乱世的时代，武德世家和部分经学门阀会强势崛起。但无论何种时代，无论哪种世家，都涉及家族的传承和延续的问题。在中国古代险恶的政治环境下，这个问题在大多数情况下都是世家领袖必须关注的核心问题。

很多中国家族都将家族文化作为塑造门风和培养子弟的最主要工具，由此形成了一种开放的文化传统。像中国人熟知的"诗礼传家"家训，实际上就融合了贵族世家、门阀士族和科举世家的家学传统；中国人的"家国情怀"则与那些世代保家卫国的武德家族和科举世家的士大夫情怀有着直接的关系；无论中外，"富不过三代"的古训都提醒着善财家族的子弟们财富传承之不易。

但这些优秀的传统却并不是一帆风顺地传承至今的。是的，中国的传统文化不是静静地躺在书本上，或者飘荡在学堂里的高声朗诵中，而是在残酷的历史中经历了多次濒于灭绝式的灾难后"活"下来的。

家族传承从来不是一件容易的事情。在历史上，即便有着优秀的家族文化和良好的家学教育，也敌不过历史大环境的变迁。在中国的家族史上，世家大族群体经历过多次灭绝式的大屠杀，和多次财富的大清洗，很多名门望族就此退出历史舞台。这是世家的浩劫，也是国家的浩劫。试想，如果一个国家连这些世家大族也无法保全自身，整个社会的惨状可想而知。

不过在中国，世家传承的基因可称坚韧。除了一些世家动辄有着数百、上千年的历史，可以熬过多次社会大洗牌之外，即使在某个动乱时代，某种类型的世家成批地消失了，但没过多久，总会有新的、带着适应新时代基因的世家大族在朝堂或江湖上崛起。中国的世家大族虽然历经内外打击，却总是能够因应历史的变化，不断地演进、变迁和迭代。这说明中国家族具有强大的整体传承能力，这种能力让中国的家族在不同的时代都具有深远绵长的生命力。

中国古代世家的传承密码其实并非家族财富、家族权力、家族文化，甚至也不是家族责任感，而是一种看似很玄的东西——家族智慧，也就是家族的自我认知、关于外部世界的知识体系，以及对子弟培养教育的核心价值。大多数中国世家的智慧是，对于有天赋的少数家族子弟，传之以智；对于资质普通的大部分家族子弟，传之以仁。所谓"智者不惑，仁者不忧，勇者不惧"。家族智慧的水平和类型也决定了家族子弟的人生取向。

当然，这种家族智慧在不同类型的世家那里，表现为不同的内涵。也就是说，每一类型的家族所理解的家族智慧和传承秘诀其实是不一样的。在本书中，作者将中国人的家族传承密码归纳为"礼、经、文、武、财"。这是产生于一代又一代人生命实践中的家族智慧。

贵族世家更加强调对于"礼"的坚守，以及家族对于国家的责任，属于典型的责任驱动；武德世家和门阀士族则着重通过武学、经学等家族教育提升子弟的能力，使得家族里人才辈出，算得上是能力驱动；科举世家是通过读书仕进而让家族能够掌控政治权力，应归于知识驱动；善财世家最需要的是制度环境利于商业发展，从而让家族企业、家族财富和家族文化得到综合性的传承，属于制度驱动的范畴。

以贵族世家的"以礼传家"和门阀士族的"以经传家"为例，其实可以把两者的传家内容定义为"责任驱动"，将对于家族的责任和对于国家和社会的责任联系起来。因为责任感是培养年轻人做大事的不二法门。汉朝时的弘农杨氏、颍川陈氏家族，以及东晋时的顶级门阀琅琊王氏和陈郡谢氏，虽然位列门阀士族，以经学传家，但同时对于经学要义中的

"礼"是作为门风而坚守的。弘农杨氏的清廉家风，琅琊王氏的孝悌友爱，都已经成为中国传统文化中的经典门风。

这样的门风需要时时地锤炼教育才能养成。如东晋顶级门阀陈郡谢氏，其青年子弟在正常的教育之外，还经常聚会，讨论重要问题，交流未来志向。有一次，谢安问子侄们《诗经》中哪一句最好，侄子谢玄认为是"昔我往矣，杨柳依依；今我来思，雨雪霏霏"。此句咏怀深远，向来是《诗经》中的名句。但谢安却说，这不是他心目中的理想答案。才女谢道韫称："吉甫作颂，穆如清风。仲山甫永怀，以慰其心。"这句话关怀生命，被谢安认为有雅人深致。不过，谢安自己最欣赏的《诗经》中的话却是"訏谟定命，远猷辰告"，也就是胸怀远大的志向并公之于众。他认为这才应是从政者追求的"雅"。短短的一番对谈，看似讨论古书，实为以此教育子弟不应以个人情感为先，而应以天下为怀。在这样的家族氛围里，很容易培养精英的责任意识。如果一个人能够以天下为己任，其眼界情怀自然比别人更加高远。

回溯既往，在时间的冲刷下，如此光荣、慷慨、有趣的家族文化，连同这些家族一起，早已湮没于历史的风尘之中。实际上，仅仅在谢安的这番话被说出的十年后，顶级家族陈郡谢氏就已没落，大多数子弟在孙恩叛乱中被对世家大族怀有刻骨仇恨的叛军所杀。又过了百年，江南就已在流传"旧时王谢堂前燕，飞入寻常百姓家"的诗句。

但奇妙的是，千年以下，虽人物已逝，但风骨长存，那些世家及其所创造的精神文化，又好像从未离开过。我们读起当时人物的言论，如此历历在目，宛如亲见。那些鲜活的家族人物、以天下为己任的家国情怀，就这样经由历史的淘洗冲刷而成为不朽，并且被不同家族的后人所复制和践行。甚至这些家族文化作为中国传统文化的一部分，还深深地影响到当代中国人的情感和选择。

现代社会能够从这些传统中汲取到何种营养呢？我认为，就像是古人也在为自己的人生寻找方向一样，现代人的一生同样要为自己寻找到意义感。无论你是主动做一件事，还是被动做一件事，无论是做大事还是做小事，需要花费的精力其实是一样的，所以让生命更有意义的方式，就是确保我们所做的事情是有价值的。这就需要对自我和世界的双向发现。如果没有这种发现，大多数人在找不到自我时，就只能靠他人的认可来维持人生意义，这是一种无奈的人生。

而我们的国家、我们的历史、我们的现实感，才能让我们真正地生活。中国人对家的重视举世无双：世界上只有中国人将"国"和"家"这两个词组合在一起代表国家；在全世界的华人圈，谈起共同的文化使命，无不认同的就是"家国情怀"；即使是普通中国人，也不同于西方人，习惯于把姓氏放在名字的前面，这不但是一种对于祖先的尊重，更是在提醒自己不忘来处。中国文化传统历经数千年而未中断，实在是由于每一代人的坚守和创造。本书对历史的垂直讲述，无非是让我们在时间的海洋里更顺利地发现自我，以及生活的意义。

无论是对于一个人，还是一个家族来说，来自灵魂内在的使命驱动都会带来比其他类型的驱动更大的意义感。所谓传统，能够流传经年，一定是对这个社会中的很多人有利，因而得到长久的认同。因为我们的祖先也并不是随随便便地就确立自己的信仰。他们也发现了，其实所有生活的意义无非就是通过世界这个镜像来确证自我存在的价值。在中国古代历史上，世家传统往往超越了王朝和国界。无论我们所拥有的是一个大家族还是一个小家庭，在为"家"而奋斗的一生中，找到的是生活的意义和文明的价值，那些值得我们用生命追求的使命。

使命虽然会让人感到沉重，但在很多时候，沉重的使命往往正是生活意义的来源。所以，每当感受到现实生活重压的时候，笔者都会想起米兰·昆德拉《不能承受的生命之轻》中的一段话："也许最沉重的负担同时也是一种生活最为充实的象征，负担越沉，我们的生活也就越贴近大地，越趋近真切和实在。相反，完全没有负担，人变得比大气还轻，会高高地飞起，离别大地亦即离别真实的生活。他将变得似真非真，运动自由而毫无意义。"